D0925558

Respuestas de los ángeles

DIANA COOPER

Autora del best seller *Angel Inspiration*

Respuestas de los ángeles

Lo que los ángeles me dijeron

EDICIONES OBELISCO

Si este libro le ha interesado y desea que le mantengamos informado de
nuestras publicaciones, escríbanos indicándonos qué temas son de su interés
(Astrología, Autoayuda, Ciencias Ocultas, Artes Marciales, Naturismo,
Espiritualidad, Tradición...) y gustosamente le complaceremos.

Puede consultar nuestro catálogo en www.edicionesobelisco.com

Colección Angelología
RESPUESTAS DE LOS ÁNGELES
Diana Cooper

1.ª edición: mayo de 2009

Título original: *Angel Answers. What the angels told me*

Traducción: *Verónica d'Ornellas*
Maquetación: *Natàlia Campillo*
Corrección: *Mª Ángeles Olivera*
Diseño de cubierta: *Marta Rovira*

© 2007, Diana Cooper
(Reservados todos los derechos)
© 2009, Ediciones Obelisco, S. L.
(Reservados los derechos para la presente edición)

Edita: Ediciones Obelisco S. L.
Pere IV, 78 (Edif. Pedro IV) 3.ª planta, 5.ª puerta.
08005 Barcelona - España
Tel. 93 309 85 25 - Fax 93 309 85 23
E-mail: info@edicionesobelisco.com

Paracas, 59 C1275AFA Buenos Aires - Argentina
Tel. (541-14) 305 06 33 - Fax: (541-14) 304 78 20

ISBN: 978-84-9777-554-0
Depósito Legal: B-15.721-2009

Printed in Spain

Impreso en España en los talleres gráficos de Romanyà/Valls S. A.
Verdaguer, 1 - 08786 Capellades (Barcelona)

Dedico este libro a mi nieto especial,
Finn, con mucho amor.

Agradecimientos

Quiero dar las gracias a todas las personas que me han contado sus historias y sus experiencias. Un agradecimiento especial a Mary Robinson y a Heather Agnew por ofrecerme su apoyo y su ayuda inagotables de tantas formas distintas. Greg Stuart me ha permitido escribir al hacerse cargo de muchas de mis responsabilidades y siempre ha estado al otro lado del teléfono con sus sabios consejos. Una y otra vez, Roger Kirby lo ha dejado todo para poder reparar mis sistemas informáticos con infinita paciencia y con un humor cálido. Y quiero dar las gracias a Helen Coyle, mi editora de la versión inglesa, por sus comentarios amables, pero agudos.

Y, por supuesto, mi gratitud, como siempre, a los ángeles, los unicornios y los grandes Maestros por su orientación, sus respuestas, sus constantes ánimos y su energía.

Introducción

Cuando tenía cuarenta y dos años y me encontraba hundida en la desesperación ante el proceso de mi divorcio, se me apareció un ángel. Ese ser luminoso de metro ochenta me dejó entrever mi futuro, en el cual yo estaba de pie sobre una tarima, hablando sobre temas espirituales en una sala llena de gente. Todos los presentes tenían auras de los colores del arco iris y el ángel me indicó que eso significaba que eran personas abiertas y desarrolladas espiritualmente.

Ese valioso momento de iluminación hizo que la esperanza y el sentido volvieran a mi vida. Hasta ese instante, yo no sabía nada sobre los ángeles, ni había pensado en ellos. Tampoco tenía conocimientos sobre religión o espiritualidad. Me guardé este secreto para mí durante un tiempo, pero cuando finalmente me atreví a explicárselo a la gente, me dijeron: «¿Por qué tú? No es justo. ¡Ni siquiera eras una persona espiritual!». Así que comencé a meditar para obtener una respuesta y se me dijo que todo el mundo recibe una visión en algún momento de su vida, pero que la mayoría rechaza esos destellos diciendo que es sólo su imaginación. Yo me aferré a la mía y la convertí en realidad.

No obstante, tuvieron que pasar otros diez años antes de que empezara a trabajar con los ángeles. En esta ocasión, me pidieron que hablara sobre ellos a la gente. Un poco horrorizada, me negué. ¿Quién era yo para hacer algo así? Sin duda, ¡todos iban a creer que yo era rara! Pero la petición se repitió y ellos cuestionaron si era mi ego o mi Yo Superior el que estaba haciendo mi trabajo. De modo que accedí. Recuerdo bien que descendí por las escaleras con la bata puesta para decirle a mi hija que en el futuro iba a dar lecciones sobre los ángeles. Nos miramos completamente emocionadas. Eso cambió mi vida y, desde entonces, me he estado comunicando con los ángeles y he viajado por todo el mundo para difundir su luz. Después, también escribí *A Little Light on Angels* y *Angel Inspiration* siguiendo sus instrucciones específicas.

Unos años más tarde, ellos me invitaron a que presentara cierta información sobre la Atlántida. Todo comenzó con un sueño en el que, de una forma muy tentadora, me transmitieron la primera parte de una novela espiritual en la que un monje tibetano entrega un rollo de pergamino de la Atlántida a un joven llamado Marcus y le dice que lo traduzca y que difunda ese conocimiento. Esto me condujo a iniciar una búsqueda y, con el tiempo, acabé escribiendo una trilogía, *The Silent Stones*, *The Codes of Power* y *The Web of Light*; en todas estas novelas se incorporó información espiritual, especialmente de la Atlántida.

Y entonces los ángeles de la Atlántida, los seres de alta frecuencia que tienen la sabiduría y los conocimientos de la Atlántida, grabaron en mí que iban a regresar para ayudar a la humanidad. Me pidieron que escribiera sobre la Época

Dorada de la Atlántida, un período de mil quinientos años en el que el cielo reinó en la Tierra y en el que los ciudadanos tenían dones y poderes que se encontraban más allá de nuestra comprensión actual. Se trataba de una enorme tarea, pero ellos trabajaron conmigo y con mi amiga Shaaron Hutton, que es un canal asombroso, y juntas escribimos *Discover Atlantis*.

Después de eso, ¡dejé de escribir durante un año! No obstante, dondequiera que fuera, me hacían preguntas no sólo sobre los ángeles, sino también sobre el mundo espiritual y la desconcertante realidad que los humanos han creado para sí mismos. Parece que todo el mundo está despertando y empezando a hacer preguntas, de modo que, en este libro, los ángeles responden a algunas de las más frecuentes que plantean las personas que están intentando comprender la vida, como, por ejemplo: ¿Por qué permite Dios que haya terremotos? ¿Dónde estaba el ángel cuando ese niño murió? Si hubiera un Dios, sin duda, Él no dejaría que todas esas cosas horribles ocurrieran. ¿Cuál fue la causa del 11 de septiembre? ¿Dónde estaba ubicada la Atlántida y por qué se hundió? Espero que obtengas una sensación de paz y claridad cuando comprendas el gran orden divino de las cosas.

Tu ángel de la guarda

Todo el mundo tiene su propio ángel de la guarda, de modo que tú también tienes uno que ha sido designado para ayudarte. Aunque no seas consciente de él, puedes sentir su presencia. Puedes tener muchos ángeles cerca de ti que pueden responder a tus preguntas, pero te resultará más fácil recibir las respuestas de tu propio ángel de la guarda.

Puedes entrar en contacto con los ángeles para obtener respuestas personales o cósmicas. Éstos son algunos métodos que podrías probar tú mismo. Si la sensación que tienes no es de amor y de paz, entonces no se trata de un ángel de luz, porque un ángel de luz siempre te envolverá con paz y te dará una respuesta llena de amor. Simplemente imagina que colocan un manto azul de protección sobre ti y abre los ojos.

Para conectar con tu ángel de la guarda

1. Siéntate cómodamente en un lugar tranquilo en el que nadie te moleste.
2. Si es posible, enciende una vela y dedícala a tu conexión con tu ángel.
3. Respira tranquilamente. Al inspirar, concéntrate en el amor y al espirar en la paz.
4. Cuando te sientas relajado, inspira amor y espira el color dorado hasta que te encuentres en el interior de un capullo dorado.
5. Imagina, percibe y piensa que tu ángel de la guarda está delante de ti. Puedes sentir que te toca o el aroma de un perfume, o es posible que no ocurra nada. Confía en que tu ángel está cerca, que lo has atraído al pensar en él.
6. Formula claramente la pregunta a tu ángel.
7. Permanece sentado en silencio durante unos minutos, concentrándote en relajar el cuerpo.
8. Es posible que recibas una respuesta durante este período, pero quizás tengas que esperar, porque, con frecuencia, las respuestas llegan más tarde, cuando menos las esperas.
9. Durante este ejercicio te has abierto, así que imagina que estás tirando de tu aura hacia ti, como si fuera un

manto, y coloca un símbolo de protección, como una cruz o un *ankh*, delante, detrás, a cada lado, arriba y debajo de ti. Si quieres, también puedes poner un círculo de luz dorada alrededor de ti.

10. Luego, abre los ojos.
11. ¡Ten paciencia! Repite este ejercicio a diario, hasta que te respondan.

A medida que empieces a habituarte a comunicarte con tu ángel, realiza las preguntas cuando tengas un momento de tranquilidad, quizás cuando estés dando un paseo a pie, o conduciendo, o cuando estés en el jardín. Pero recuerda que debes permitir que tu mente deje de dar vueltas durante el tiempo suficiente como para que puedas oír la respuesta. También puedes pedir elucidación justo antes de irte a dormir por la noche. La respuesta puede llegar a través de un sueño o como la comprensión en los días siguientes.

Las respuestas no llegan necesariamente de la manera que uno espera. Es posible que súbitamente tengas un pensamiento o una percepción, pero es más probable que escuches a un amigo o amiga decir algo que contiene la respuesta. Puedes oírlo en la radio o leerlo en un libro. Los ángeles se asegurarán de que la respuesta se te presente de alguna manera. Tu tarea consiste en permanecer alerta y escuchar.

Establecer contacto con los ángeles cambió mi vida y la inspiró. A ti puede ocurrirte lo mismo. Yo soy una persona extremadamente curiosa y, a lo largo de los años, he realizado muchas preguntas a los ángeles y siempre he obtenido una respuesta. A veces todavía no estoy preparada para comprender su respuesta. No obstante, aquí te ofrezco algunas de las respuestas angélicas que recibí para algunos de los enigmas de la vida; espero que las encuentres reconfortantes, útiles e inspiradoras. Recuerda que para cada problema hay una solución a un nivel más elevado, y que los ángeles pueden ayudarte a encontrarla. Lo único que tienes que hacer es pedir.

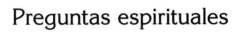

Preguntas espirituales

Ángeles

¿Qué son los ángeles?
Los ángeles son seres espirituales elevados que proceden del corazón de Dios y cumplen con Su mandato. Viven en el séptimo cielo, que es otra manera de describir la séptima dimensión. Su frecuencia es tan liviana y tan elevada que normalmente son invisibles para los humanos.

¿Tienen libre albedrío?
Los ángeles de luz no tienen libertad para elegir. Deben cumplir con la voluntad de Dios y siempre actúan para el mayor bien, difundiendo el amor y la luz.

¿Son del género masculino o femenino?
Son andróginos y están más allá de la sexualidad.

¿Cuál es su misión?
Su misión es servir a la Fuente de Todo Lo Que Es. Los ángeles de la guarda actúan como mensajeros e intermediarios entre los reinos humanos y Dios. Los ángeles supe-

riores tienen un abanico infinito de responsabilidades que cumplir.

¿Por qué ahora se habla de los ángeles en todas partes?
Porque la frecuencia en el planeta está elevándose y más humanos están percibiendo su presencia. Aunque a menudo es algo inconsciente, la gente está empezando a preguntar sobre ellos. Y, además, cada vez más personas están estableciendo realmente contacto con los reinos angélicos y hablando de la sabiduría que ellos les transmiten.

¿Hay más ángeles en la Tierra ahora? Y, si es así, ¿por qué?

Actualmente hay más ángeles que nunca en vuestro planeta. Uno de los motivos es que existen más almas que se han encarnado y cada una de ellas es cuidada por un ángel de la guarda. El segundo motivo es que, por mandato divino, vuestro planeta debe aumentar su frecuencia a través de dos dimensiones, lo cual representa una grandísima transformación. Para facilitar este hecho, millones de ángeles están siendo dirigidos a la Tierra. Están ayudando a unir a los trabajadores de luz, coordenando planes para el bien del planeta, ofreciendo consuelo a aquellas personas cuyos seres queridos están muriendo, estabilizando a la gente mientras los niveles de luz aumentan y haciendo brillar la luz dondequiera que les sea posible.

Si los ángeles son seres de luz, ¿por qué no siempre salvan a la gente de la muerte, el daño o las heridas?

Tu Yo Superior realiza ciertas elecciones para tu crecimiento y experiencia. Si ello implica tener un accidente como una manera de despertar la fuerza que hay en ti para que tomes un camino distinto o para enseñarte una cualidad como la paciencia, ningún ángel de luz está autorizado para revocar una decisión de ese tipo. Si tu alma establece un contrato divino para morir en un momento determinado, tu ángel de la guarda no puede utilizar su voluntad para que tú permanezcas en un cuerpo físico.

Todo es divinamente perfecto, incluida la muerte, que constituye la puerta a la libertad, el amor y la luz.

¿Hay ángeles en las nubes que tienen forma de ángeles?

Si un ángel descansa un rato en el cielo, cuando las condiciones climáticas son las adecuadas, se forma una condensación alrededor de su vibración y se crea una nube a partir de esa forma. Es posible que la forma angélica ya se haya desvanecido, pero puedes estar seguro de que estuvo allí.

En una magnífica tarde soleada, una amiga y yo estábamos caminando junto al mar. Miramos hacia arriba y vimos miles de nubes de ángeles perfectamente formadas encima de nosotras. El cielo azul parecía la cúpula de una catedral pintada con unos seres alados blancos, con filas y filas de ellos. Se mantuvieron así durante media hora antes de empezar a disgregarse y alejarse. He visto muchas nubes con forma de ángeles, pero esa vez fue la más asombrosa.

¿Los senderos de nube que veo en ocasiones son escaleras de ángeles?

Sí, una multitud de ángeles ha pasado por ahí dejando tras ella una estela de vapor, como un sendero o unas escaleras.

Margaret me dijo:
«He visto ángeles a menudo, pero en esta ocasión he mirado hacia arriba y he visto un gran número de ángeles atravesando el cielo. Se estaban

moviendo con mucha rapidez, como si estuvieran realizando una misión. Cuando desaparecieron, se formó una larga estela de nube ahí donde habían pasado».

Ángeles de la guarda

¿Cuándo establece contacto el ángel de la guarda con el bebé recién nacido?
El ángel de la guarda del niño está presente durante el parto y conecta con su carga inmediatamente después. En la mayoría de los casos, ha cuidado del bebé durante todo el embarazo.

¿El mismo ángel de la guarda permanece con una persona a lo largo de su vida?
Sí.

¿El mismo ángel de la guarda se queda con un individuo a lo largo de todas sus vidas?
Un ángel de la guarda te es asignado para cada vida, dependiendo de tu nivel de desarrollo espiritual. Puesto que tu ángel evoluciona igual que tú, es posible que el mismo ser vele por ti en diversas vidas consecutivas.

¿Qué hacen los ángeles de la guarda?
Guardan el anteproyecto divino para tu vida, el cual contiene tu potencial más elevado posible. Ellos te lo recuerdan constantemente. Además, te consuelan cuando estás triste, te cantan cuando necesitas que te animen, se aseguran de que te encuentres con las personas adecuadas en el momen-

to apropiado y te salvan si no te ha llegado la hora de morir. Conducen tus oraciones a Dios y actúan como intermediarios entre Dios y tú cuando es necesario.

¿Debo pedir ayuda?

Claro que sí. Puesto que tienes libre albedrío, tu ángel de la guarda no puede ayudarte a menos que tú se lo pidas. Puede susurrarte cosas y esperar que tú te dejes guiar, pero no puede entrar para ayudarte sin tu permiso.

¿Debería darles las gracias?

Por supuesto. Como es arriba, es abajo. A los ángeles les encanta que los aprecien, al igual que a ti, y el hecho de que les ofrezcas un «gracias» sincero abre las puertas a la abundancia. Simplemente envía un pequeño «gracias» cuando te des cuenta de que te han ayudado. Es incluso más poderoso darles las gracias cuando les pides algo, porque eso demuestra tu fe de que la ayuda va a llegar.

¿Cómo puede ayudarme mi ángel de la guarda?

Tu ángel de la guarda pude reunirse contigo en tus sueños y ofrecerte una orientación ¡que te resulta más fácil de escuchar que cuando estás despierto! Probablemente no recordarás conscientemente esos encuentros, pero los mensajes quedarán registrados. Si estás abierto y preparado, el ángel puede sanar tu espíritu o guiarte hasta el sanador perfecto. Puede conducir tus mensajes al ángel de la guarda de otra persona, con el objetivo de mejorar una relación o una situación. Tu ángel te trae consuelo constantemente y te envuelve con amor. Puede protegerte para que no sufras ningún daño y, si no ha llegado tu hora de morir, salvarte de un final prematuro.

¿Ayuda el hecho de comentar a los ángeles lo que va mal?
No. Cuando te concentras en lo que va mal, los ángeles no pueden hacer nada para ayudarte. Imaginas lo que no quieres y el universo interpreta eso como una instrucción. Lo más útil es crear una visión del resultado que deseas y describírselo a los ángeles. Añade siempre una oración dejando claro que tú sólo quieres aquello que sea para el mayor bien. Esta afirmación permite que los ángeles hagan caso omiso de tu petición si es que existe algo mejor existe para ti.

¿Puede nuestro ángel de la guarda traernos el amor?
Si lo pides y, más importante aún, si estás verdaderamente preparado o preparada, tu ángel de la guarda hará lo posible para que encuentres al amor de tu vida.

¿Nuestro ángel de la guarda puede salvarnos la vida físicamente?
Sí. Muchas personas han sido salvadas físicamente mediante la intervención de su ángel. El ser de luz también puede sincronizar los acontecimientos para que el médico que necesitas esté presente en un momento de crisis, para que una persona que pasaba por ahí tenga un kit de primeros auxilios o para que tú no estés presente en un accidente. Puede ayudarte de un millón de maneras distintas.

Molly iba por una carretera en bicicleta cuando un automóvil giró a toda velocidad en la esquina y la embistió. El impacto la lanzó muy alto por los aires. Súbitamente, Molly se encontró flotando hacia abajo en cámara lenta. Cayó tan suavemente que ni siquiera se le formó ningún moratón. Estaba ilesa y ninguno de los testigos del accidente podía creer lo que había visto. Molly está convencida de que su ángel de la guarda la sostuvo y la protegió.

¿Por qué no escucho a mi ángel de la guarda?

Si no escuchas, podrías perderte las oportunidades que se te presentan o dejar que tu vida se vaya por la tangente. Cuando estás en silencio e inmóvil tu ángel de la guarda puede transmitir orientación a tu mente. Ésta llega en forma de pensamiento o de idea, de modo que debes dedicar cierto tiempo a la contemplación y al descanso, para que te alcance.

¿Los ángeles de la guarda se enfadan con las personas que tienen a su cargo?

Los ángeles de la guarda tienen una paciencia infinita e irradian sólo amor. El enfado es una emoción humana.

¿Las personas tienen solamente un ángel de la guarda?

Sí, sólo tienes un ángel de la guarda, aunque a menudo otros ángeles también trabajan contigo. También tienes guías y asistentes.

¿También nos rodean otros ángeles?

Cuando empiezas a trabajar con los ángeles, es posible que más de uno sea atraído hacia tu energía. Entonces, al indicar a los ángeles que ayuden a alguien que los necesita, te conviertes en el puente de luz a través del cual ellos pueden entrar en el campo de energía de la otra persona. Algunas personas están rodeadas por cientos de ángeles.

¿De dónde vienen los ángeles?
Vienen del corazón de Dios.

¿Los ángeles han sido humanos alguna vez?
Los ángeles son espíritu puro y no han tenido una encarnación física. Los únicos seres de la jerarquía angélica que realizan un trabajo espiritual en un cuerpo son algunos delfines. Muy pocos seres inefablemente evolucionados o centrados en el corazón, como la Virgen María, pertenecen a los reinos angélicos, así como a las esferas humanas.

Arcángeles

¿Qué son los arcángeles?
Los arcángeles son ángeles de frecuencia muy alta que supervisan a los ángeles de la guarda. Exsten varios millares de arcángeles, pero hasta hace poco tiempo, muy pocos trabajaban con la humanidad. Sin embargo, ahora hay cientos que conectan directamente con las personas y los grupos que pueden canalizar su luz y difundirla.

¿Qué hacen los arcángeles?
Los arcángeles dirigen a los ángeles de la guarda. También realizan grandes proyectos para ayudaros en la Tierra. Transmiten ideas e información a los poderosos Principados y poderes que son seres de frecuencias todavía más altas. Algunos arcángeles, como el arcángel Miguel o el arcángel Gabriel, tienen papeles muy concretos para ayudar a la humanidad.

¿Quién es el arcángel Miguel?

Con frecuencia, se representa al arcángel Miguel sostenien-do un escudo y una espada de la verdad. Esto se debe a que su energía te protegerá, te proporcionará valor y te liberará de tu propio ser inferior. Colocará un manto de protección de color azul intenso alrededor de tu persona para mante-nerte a salvo de las energías dañinas, o cortará cualquier cuerda que te retenga. ¡Recuerda que debes pedir! Su nom-bre significa «el que es como Dios».

¿Quién es el arcángel Gabriel?

El arcángel Gabriel se ve en un rayo de luz de color blan-co puro porque él trae la purificación a las situaciones que te rodean y te ayuda a tener claridad. Su energía tam-bién te ayuda a transmutar las emociones negativas y los pensamientos más bajos. Su nombre significa «Dios es mi fuerza».

Arcángel Uriel

El arcángel Uriel suele representarse con un manto de co-lor rojo rubí, que simboliza el oro de la sabiduría y el mo-rado de la majestuosidad. Él trae, literalmente, sabiduría y te ayuda a erradicar tus miedos. Uriel está a cargo de los ángeles de paz, aquellos que envuelven a las personas y a las situaciones agitadas. Su nombre significa «fuego de Dios».

Arcángel Rafael

El arcángel Rafael es el arcángel sanador. Puedes pedirle ayu-da durante la meditación o mientras duermes, y él te ayuda-rá de la forma que sea posible kármicamente. Él te permitirá abrir tu tercer ojo, para que desarrolles tanto la clarividencia como la capacidad de calmar tu mente agitada y la de otras personas. Rafael es también el ángel de la Abundancia y puede abrir las puertas de la prosperidad, la felicidad, el amor o lo que tu corazón desee. Incluso te protegerá en tus viajes. Su nombre significa «Dios ha sanado».

¿Quiénes son los ángeles de la Atlántida?

La gente de la Atlántida Dorada, una época lejana de grandes logros espirituales, estaba mucho más desarrollada que los humanos de la actualidad. Cada persona era asistida por un ángel de la guarda de la misma frecuencia que tienen vuestros arcángeles actualmente. Puesto que ahora la vibración del planeta está aumentando y ha llegado la hora de que la energía del cielo regrese a la Tierra, los ángeles de la Atlántida están retornando. Están buscando a personas con las que poder trabajar para ayudar a traer otra vez la sabiduría de la Atlántida. Si sientes que te gustaría ayudar, medita y ofrécete a trabajar con ellos. Sabrás que tu oferta ha sido aceptada porque te encontrarás en situaciones en las que podrás hablar de temas espirituales o difundir la luz de alguna otra manera.

MEDITACIÓN PARA ENCONTRARTE CON LOS ÁNGELES DE LA ATLÁNTIDA

Siéntate en silencio en un lugar donde nadie te moleste.
— Inspira y espira apaciblemente hasta que te sientas relajado.
— Imagina un mar azul, hermoso y sereno.
— Un delfín se acerca a tu persona y te toca de una forma juguetona.

- Cuando alargas la mano para tocarlo, una luz de color blanco azulado fluye hacia tu corazón.
- Tú sonríes y resplandeces, mientras el delfín desaparece y un ángel de luz blanca pura aparece delante de ti.
- Da las gracias al ángel de la Atlántida por aparecer.
- Siéntate en silencio para que la orientación pueda empezar a llegarte.

Es posible que tengas que realizar esta operación varias veces, hasta que sientas una verdadera conexión.

¿Quiénes son los ángeles que están por encima de los arcángeles?

Los Principados vibran a una frecuencia superior a los arcángeles. Están a cargo de ciudades, grandes empresas, edificios gubernamentales, escuelas de grandes dimensiones, hospitales, países o grandes proyectos. Como todos los ángeles, ellos no pueden interferir con el libre albedrío humano y solamente les es posible ayudar a tu mundo si son invitados por los humanos. De manera que, si deseas ayudar a tu comunidad o a tu país, visualiza la perfección que deseas. Ciertamente, a ojos de Dios, la perfección divina ya es una realidad. Los Principados pueden tomar la energía de tu visión para que la situación tenga el resultado más elevado posible.

¿Quiénes son los Señores del Karma?

Son ángeles sumamente evolucionados, llamados los Poderes, que tienen una frecuencia superior a la de los Principados y que están a cargo del karma individual, familiar, ancestral, del país y del mundo. Ellos supervisan los registros akásicos, en los cuales se registran todos los actos humanos; es un balance cósmico.

¿Quiénes son los ángeles del nacimiento
y de la muerte?
Ellos también provienen de las esferas de los Poderes. Velan los nacimientos para asegurarse de que los bebés nacen en el momento adecuado y de una manera perfecta para su karma, lo cual no cumple necesariamente con las expectativas de los humanos. Y también supervisan el proceso de muerte para comprobar que el espíritu de la persona realiza la transición en el momento óptimo para el progreso de su alma.

¿Quiénes son los ángeles más elevados?
Las *virtudes* actualmente están concentradas en la Tierra, y envían rayos de luz a las mentes y a los corazones de la humanidad para facilitar cambios en la consciencia.

Los *dominios* son conocidos como ángeles de piedad porque propagan el amor y la compasión. Están ayudando a la humanidad a avanzar en una dirección más espiritual.

Los *tronos* reciben sabiduría divina directamente de la Fuente y la transmiten de una manera que la humanidad pueda entenderla. Ellos cuidan de los planetas. La Dama Gaia, que está a cargo de la Tierra, es un trono.

Los *querubines* también se denominan ángeles de la sabiduría y son los guardianes de las estrellas y de los cielos.

Los *serafines* rodean a la Divinidad y cantan alabanzas al Creador. Al hacerlo, mantienen la vibración de la creación. Luego, a través del poder del amor, dirigen la energía que emana de la Fuente hacia los universos.

Espíritus guías y asistentes

¿Qué son los espíritus guías?
Los espíritus guías son aquellos que, por lo general, han experimentado alguna encarnación. Luego, después de la muerte, son formados en los planos interiores para ayudar y guiar a la gente desde el mundo de los espíritus. Algunos de los más veteranos están sumamente evolucionados. También hay algunos guías especiales que nunca han vivido en la Tierra, pero normalmente establecen contacto con las personas que tienen a su cargo para una misión concreta.

¿Cuál es la diferencia entre un espíritu guía y un ángel?
Los ángeles son seres espirituales puros que nunca han experimentado la vida en un cuerpo físico y que tampoco tienen libre albedrío. Su voluntad es la voluntad divina. Además, tu ángel de la guarda te es asignado cuando naces y permanece contigo a lo largo de toda tu encarnación y va evolucionando como tú.

Normalmente un espíritu guía ha vivido en un cuerpo humano y, por tanto, comprende las limitaciones, así como las tentaciones, del libre albedrío. Es posible que no se queden contigo durante toda la vida, porque los guías son atraídos hacia ti según tu nivel de luz en un período determinado. Un espíritu particular puede trabajar contigo durante un período breve y luego marcharse. Puedes tener varios espíritus guías a la vez y cada uno de ellos te ofrecerá orientación sobre un aspecto distinto de tu vida. Por ejemplo, puedes tener un guía que es sanador, otro que es una monja, un tercero que sea un maestro sabio y otro que sea un experto que te ofrece consejos acerca de los negocios. Además, puedes tener uno que te proporcione valor y fuerza. Cada uno de ellos, o todos, se acercan a ti cuando necesitas su experiencia.

Los espíritus guías evolucionan mediante el servicio, de modo que su desarrollo espiritual no depende del tuyo.

Siento que mi abuela está cerca de mí. ¿Es ella mi guía?
Es posible, pero es poco probable, ya que los guías reciben una formación específica para desempeñar su papel. Es más probable que ella sea tu asistente, porque tienes seres queridos que son espíritus y desean permanecer cerca de ti y ayudarte desde el otro lado. Muchos de ellos ayudan a los humanos desde el lado de la vida donde están los espíritus.

Cuando hablo de mi abuela, que es un espíritu, las luces se encienden y se apagan. ¿Se trata de mi imaginación?
Cuando tus seres queridos fallecen, todavía se sienten cerca de ti. A menudo, al no interponer los velos de la ilusión entre vosotros, ellos te quieren todavía más. Intentan llamar tu atención para que percibas su presencia, y encender y apagar una luz es una manera de hacerlo. Encender y apagar un electrodoméstico es otra de sus formas favoritas de indicar su proximidad, mientras que algunos llaman a las puertas y otros mueven una cortina simulando una ráfaga de aire.

> Tras la muerte de su marido, Jill se sentía muy deprimida. En el primer aniversario de su muerte, ella se encontraba en la cocina cuando, de repente, la radio se encendió y empezó a sonar la canción favorita de los dos. «Sé que era él, que regresó para animarme, y fue muy agradable», me dijo Jill.

A mi tío le encantaba apostar en las carreras de caballos. Murió hace dos años y a menudo siento que está cerca de mí cuando paso por el lugar de apuestas. Estoy seguro de que en una ocasión me transmitió el nombre de un caballo y estuve tentado a apostar por él. Afortunadamente no lo hice, porque perdió. ¿Me estoy imaginando esas cosas?

Si el espíritu de tu tío está en la Tierra en sus lugares favoritos, es muy posible que sientas su presencia cuando estás ahí. Quizás todavía esté experimentando la emoción de apostar a través de ti. Otra posibilidad es que te visite desde el mundo de los espíritus en un lugar conocido, porque te quiere. En cuanto a las apuestas: si no confiabas en su sabiduría en vida, ¡no lo hagas sólo porque ahora él está en forma de espíritu!

¿Todo el mundo tiene un espíritu guía?
La mayoría de las personas tiene al menos uno. Recuerda que no todos los espíritus guías están sumamente evolucionados.

¿Qué hacen los espíritus guía?
Ayudan a los ángeles. Además, organizan las cosas para que tú estés en el lugar correcto en el momento adecuado para ciertos encuentros y acontecimientos y te ofrecen orientación y ayuda en proyectos como escribir un libro o realizar un plan creativo. Te envían energía y, en ocasiones, te transmiten enseñanzas o información.

¿Quiénes son los maestros ascendidos?
Son aquellos que han aprendido y dominado las lecciones de la Tierra y han ascendido a una frecuencia más alta. Al trabajar con los arcángeles, supervisan las encarnaciones de las almas evolucionadas en vuestro planeta. Los más avanzados se conocen con el nombre de los Iluminados.

¿Quién es Kumeka?

Kumeka es un señor de la luz que ha aceptado de buen grado trabajar con vuestro planeta durante los cambios que se aproximan como Maestro del Octavo Rayo. Procede de otro universo y nunca se ha encarnado en un cuerpo físico. Puedes llamarlo para una transmutación superior y para una profunda limpieza interna.

Los ángeles oscuros

¿Qué son los ángeles oscuros?

Hay ángeles oscuros en la Tierra porque es un plano de dualidad. Esto significa que todo lo que está en la luz tiene su equivalente en la oscuridad, porque la sombra ayuda a acentuar la luz.

¿Cuál es el propósito de los ángeles oscuros?

Los ángeles oscuros sirven fundamentalmente a la Divinidad y, para ello, colocan tentaciones en vuestro camino y os ponen a prueba. Sin embargo, si escuchas y respondes a sus estímulos, acabarás fuera de tu camino espiritual. Entonces estarás confuso en un mundo de ilusiones y hechizos, hasta que des media vuelta para volver a incorporar la luz. Ejercita siempre tus poderes de discernimiento, distinción, sentido común y altruismo, así como tu propio sentido de lo que está bien y lo que está mal.

¿Cómo puedo asegurarme de que ningún ángel oscuro se me acerque?

Mantén el corazón abierto y sé compasivo, bondadoso y cariñoso. Actúa para el mayor bien y jamás impulsado por un deseo egoísta. Asegúrate de que tus pensamientos sean positivos y sanos. Entonces ningún ángel oscuro te tocará.

¿Por qué mi ángel de la guarda no me protege de los ángeles oscuros?

Las personas que escuchan a los ángeles oscuros los han invitado a venir mediante sus pensamientos de poder, su engrandecimiento de sí mismas y sus deseos más bajos. Tienen libre albedrío para hacerlo, pero si alguien llama a un ángel oscuro, su ángel de la guarda debe mantenerse al margen. Cada uno de vosotros es el Creador o la Creadora en su propio mundo personal, y si un ser humano desea excluir a lo divino, ésa es su prerrogativa.

¿Los ángeles oscuros tienen libre albedrío?

Sí. Al igual que los seres humanos, ellos no están sujetos a la voluntad divina, y ése es el motivo por el cual intentan desviar a las almas débiles o egoístas.

¿Los políticos que optan por la guerra escuchan a los ángeles oscuros?

Sí, los ángeles oscuros graban en esos enormes egos pensamientos de guerra y de poder. Los ángeles de luz susurran sólo paz, conciliación y cooperación.

¿Todos tenemos un ángel oscuro?

¡No! Solamente las personas que cierran sus corazones y permiten que el ego las domine atraen a los ángeles oscuros, que les susurran hablándoles del poder personal, las riquezas y la gloria.

¿Un ángel oscuro podría hablarle a un líder religioso?

Claro que sí. Si ese líder predica desde el ego en lugar de hacerlo desde la integridad, un ángel oscuro puede acercarse a él con pensamientos de separación, venganza u odio. Los ángeles de luz solamente difunden la unidad, el hecho de estar juntos, la armonía y el amor.

La Atlántida

¿Realmente existió la Atlántida?

La Atlántida existió como tierra firme. Los extraordinarios poderes de las personas y su avanzada tecnología espiritual se han interpretado como mitos o leyendas por parte de las civilizaciones posteriores que no encuentran explicación a los logros de los atlantes.

¿Qué era?

La Atlántida era un experimento controlado pensado para comprobar si los humanos podían entrar completamente en un cuerpo físico, experimentar emociones y sexualidad, y aun así mantener su divinidad. Falló en cinco ocasiones porque la humanidad recurrió al control y a la crueldad, y, finalmente, el continente fue sumergido por una gran inundación. Sin embargo, la Atlántida produjo un extraordinario período en el que la energía en el planeta fue más alta de lo que ha sido jamás.

¿Dónde estaba?

Al principio, la Atlántida era un continente físico que se extendía por el océano Atlántico. Sin embargo, cada vez que la Atlántida era destruida, iba quedando menos superficie de tierra. Finalmente, sólo quedaron cinco islas, y hay algunas cimas de montañas que son el recordatorio de una gran civilización.

¿Cuándo existió?
El experimento duró 240.000 años y, finalmente, fue abandonado en el año 10.000 a. C.

¿Por qué fue tan importante la Atlántida?
Fue la civilización que más duró, de modo que prácticamente todos los que se han encarnado actualmente experimentaron una vida allí. El último intento se controló totalmente, ya que la Atlántida permaneció protegida por una cúpula para que nada pudiera entrar o salir. En ninguna otra época ha desarrollado la gente una tecnología espiritual tan avanzada, y lo más importante es que las masas alcanzaron la Unidad durante varios siglos. Durante ese período mantuvieron la frecuencia del cielo en la Tierra.

¿Cómo podía la gente para mantener su frecuencia alta?
Nadie poseía nada, porque las personas se consideraban colectivamente cuidadoras sabias de la Tierra y de todo lo que había en ella.

Eran conscientes de que todo es divino (las rocas, las plantas y los animales, así como los seres humanos), de modo que honraban y respetaban al Dios en Todas Las Cosas.

Comprendían el poder de la gratitud y hacían que la abundancia fluyera continuamente hacia ellos.

No tenían ambiciones personales, sino vidas relajadas y contemplativas.

No tenían ni pensamientos ni palabras negativas. Todo era positivo, lo cual producía resultados que influían en el mayor bien de todos.

No tenían tiempos verbales para expresar el pasado o el futuro, de modo que vivían en el eterno presente satisfecho, lo cual creaba, automáticamente, un futuro feliz.

Obraban de acuerdo con el precepto: trata a los demás como te gustaría que te traten.

Jamás recibían sin dar, ni daban sin recibir, de modo que mantenían su karma equilibrado en todo momento, lo cual se reflejaba en una buena salud y unas vidas afortunadas.

Expresaban constantemente su creatividad en el arte, la música, los deportes, los juegos y la simple diversión.

Hacían lo que más les gustaba y eran apoyados por sus familias y por la comunidad.

¿Cuánto tiempo duró la Atlántida Dorada?
Mil quinientos años.

¿Qué dones espirituales y clarividentes tenían?
Todos eran clarividentes y podían ver energías alrededor de las personas, los animales y las plantas, de modo que podían sentir empatía por todas las formas de vida. Puesto que todo era transparente, existía una sinceridad y una confianza absolutas. Podían transmitir imágenes desde largas distancias al tercer ojo de otras personas.

Eran clariaudientes, capaces de enviar y recibir mensajes verbales a través de largas distancias, de las personas, así como de los ángeles. Puesto que todos se centraban en su corazón y sentían empatía, la clarisentencia era natural para ellos. Podían percibir los sentimientos de otras personas, así como las emociones y las impresiones plasmadas en los objetos, de modo que podían «leerlos».

Todos eran sanadores y algunos se habían formado en sanación avanzada. Muchos desarrollaron dones como la teleportación, el control de la mente, la telequinesia y la levitación. Los iniciados aprendían a dominar la gravedad y la manifestación.

¿Qué era el templo de Poseidón?

A veces conocido como la catedral de las Alturas Sagradas, era un gran templo construido sobre una de las siete cumbres que daban a las llanuras de la Atlántida. Era el hogar de los sumos sacerdotes y sacerdotisas, y albergaba el Gran Cristal, la Esfinge de la Atlántida y las cámaras de iniciación avanzada.

¿Qué era el Gran Cristal?

Era un cristal de cuarzo gigante constituido de pura energía de la Fuente, que actuaba como generador de energía, como computadora central y como portal dimensional. A través de él, los sumos sacerdotes y sacerdotisas controlaban el clima, activaban la cúpula sobre el continente y transmitían enseñanzas espirituales y nuevas tecnologías a los cristales más pequeños.

¿Es cierto que el Gran Cristal está en el fondo del océano en el centro del triángulo de las Bermudas?

Sí. Cuando actualmente los iluminados necesitan usar el portal, el Gran Cristal es activado y todo lo que está dentro del triángulo de las Bermudas pasa por una rápida transformación interdimensional, que implicaba la desaparición en una frecuencia más alta. Ciertamente, las almas de todos los que resultan afectados han aceptado participar en esta experiencia.

¿Cuántos sumos sacerdotes y sacerdotisas había?
En cualquier momento dado, había doce sumos sacerdotes y sacerdotisas conocidos colectivamente como Alta. Los que estaban activos al comienzo del último experimento, laEra Dorada de la Atlántida, escogieron a los 84.000 voluntarios que esparcieron las semillas por el continente. Cada sumo sacerdote o sacerdotisa estaba a cargo del desarrollo de una región y aportaba su propia individualidad a esa zona. Cuando la Atlántida Dorada aumentó su frecuencia, fueron sustituidos por otros Grandes. No obstante, al final de la Atlántida, los doce originales regresaron otra vez para llevarse a los supervivientes de sus regiones y sacarlos al mundo.

¿Los sumos sacerdotes o sacerdotisas se casaron alguna vez durante la Atlántida Dorada?
No. Toda su energía estaba destinada a servir a su pueblo para el mayor bien.

Si la vida en la Atlántida Dorada era tan maravillosa, ¿por qué cesó?
La vida en la Tierra es cíclica. La gente ya no podía mantener la pureza de la frecuencia de esa época. Todo se hacía para el bien común, hasta que uno de los Magos mejor formados consideró que podía usar parte del poder para la satisfacción de su propio ego. Entonces la Atlántida empezó a decaer.

¿Qué características humanas provocaron la caída de la Atlántida?

El deseo de poder personal, de control, y la arrogancia fueron las características decisivas.

¿Es cierto que los que nos encontramos en la Tierra seguimos los pasos de la caída de la Atlántida?

Sí y no. En su arrogancia, los últimos atlantes pensaron que podían controlar y manipular a la naturaleza. Por tanto, estaban intentando cambiar a Dios. Modificaron genéticamente las plantas, experimentaron con animales y los clonaron, implantaron cajas de control o chips en los humanos y los animales, y toleraron la esclavitud. Vosotros también habéis caído en estas prácticas. Los líderes recibieron varias advertencias, pero eligieron ignorarlas. Eso fue lo que hizo que los iluminados decidieran que había que poner fin al experimento.

Si más personas os concentráis en la luz y en el bien, es posible que evitéis tener el mismo destino que la Atlántida. Cada una de las decisiones que tomáis, como individuos y colectivamente, marca la diferencia.

¿Los que provocaron la caída de la Atlántida se han encarnado en la actualidad?

La gran mayoría ha regresado para intentar enmendar lo que fue mal entonces.

¿Qué tecnología tenían?

Su avanzada tecnología se basaba en el poder del cristal y en el control de la mente. Gran parte de ella era asombrosa y está más allá de vuestra comprensión actual.

Ellos impulsaban unas enormes naves voladoras que viajaban silenciosamente a grandes velocidades.

Desmaterializaban objetos y volvían a materializarlos en otro lugar, moviendo grandes piedras y construyendo ciudades «futuristas» de esa manera.

Llegaban a otros planetas para tener acceso a minerales y metales, y luego los moldeaban con el poder de la mente para utilizarlos.

Su red informática era increíble. La que tenéis actualmente está en una etapa muy inicial en comparación con ella.

Tenían técnicas médicas y quirúrgicas superiores, así como sistemas de telecomunicación.

Podían controlar el clima, tanto localmente como en todo el continente.

Los cráneos de cristal

¿Qué eran los cráneos de cristal?
En la Era dorada, los sumos sacerdotes o sacerdotisas crearon doce cráneos de cristal, uno para cada región. Los cráneos fueron forjados a partir de su única pieza sólida individual de cuarzo. Se les dio forma mediante el control mental y el poder del pensamiento, y ése es el motivo por el cual vuestros científicos no pueden encontrar ningún rastro de las herramientas que utilizaron. Eran ordenadores avanzados.

¿Qué aspecto tenían?
Tenían el tamaño y la forma de un cráneo humano. Poseían una mandíbula que se movía y podían hablar y cantar. Dentro del cuarzo había una red de prismas y lentes, los cuales iluminaban el rostro y los ojos, para que cada uno de ellos irradiara una belleza única.

¿Por qué eligieron esa forma?
Se pensaba que el cráneo contenía la expresión de la consciencia humana. Al usar esa parte del cuerpo como un ordenador también se sugería la capacidad del espíritu y del alma de viajar en el tiempo y el espacio.

¿Cuál era la finalidad de los cráneos de cristal?
Guardaban archivos; eran unos ordenadores sumamente avanzados, uno para cada una de las doce tribus de la Atlántida. En ellos, los sumos sacerdotes y sacerdotisas programaban los conocimientos de los orígenes humanos, los misterios esotéricos de la vida y muchas cosas más. Las personas asignadas para trabajar con ellos añadían toda la sabiduría y los conocimientos de su tribu particular. Así, cada uno de ellos contenía un magnífico registro de los tiempos. Su finalidad era proporcionar un tesoro de información para la humanidad cuando ésta estuviera preparada para comprender los conceptos ocultos que contenían. Solamente se tendrá acceso a esa información cuando las personas sean capaces de elevar sus frecuencias para sintonizar con la vibración de los cráneos y «leerlos».

¿Qué es el cráneo decimotercero?
El cráneo de cristal decimotercero, el Maestro, fue forjado a partir de una amatista, y la información de los doce fue descargada en él. La amatista está conectada con el cerebro. Tiene inclusiones químicas que le confieren un tono violeta y ayudan a guardar información, y ése es el motivo por el cual ese cristal fue elegido para guardar archivos.

> Me dicen que, puesto que la amatista está relacionada con el cerebro, ayuda a aliviar los dolores de

cabeza y las migrañas. Para hacer esto, acuéstate y coloca una amatista sobre tu tercer ojo, que está en el centro de la frente. Si quieres, puedes adherirla con cinta adhesiva. Coloca otra unos dos centímetros y medio por encima de la cabeza y una a cada lado de la garganta. Si tienes dolor de cabeza con náuseas, coloca otra sobre el plexo solar. Una amatista debajo de tu almohada por la noche te ayudará a dormir porque serena el ritmo de las ondas cerebrales.

¿Qué ocurrió con los cráneos de cristal cuando cayó la Atlántida?

Justo antes de la destrucción final de las islas, las sacerdotisas de los templos en los que se guardaban los cráneos desafiaron el peligro y la muerte para llevarse lo que tenían a su cargo a nuevas ubicaciones. Cada uno de ellos fue ocultado, para que fuera descubierto cuando la humanidad estuviera preparada. Los doce se ubicaron en un lugar seguro; el decimotercero, el cráneo maestro de amatista, que tenía una frecuencia mucho más alta, fue desmaterializado y conducido a los planos espirituales, donde han sido entregados a la Esfinge.

¿Han encontrado algún cráneo?
Solamente ha aparecido uno.

En 1927, Anna Mitchell-Hedges estaba ayudando a su padre, un arqueólogo, a explorar una de las ciudades mayas perdidas en la Hondura Británica, actualmente conocida como Belice. En una ocasión, ella vio un destello de luz en una grieta, bajó y salió con el cráneo de cristal. Ella ha sido su guardiana y cuidadora a lo largo de su vida, y todavía lo custodia en su casa en Canadá. Este cráneo fue el que salvó Afrodita, la suma sacerdotisa de la Atlántida, que posteriormente fue venerada como diosa griega. Contiene toda la sabiduría de su tribu. Se conoce como el cráneo maya y se le han atribuido extraños poderes. A veces, la gente siente un olor entre dulce y amargo, oye voces o cantos, o ve un aura a su alrededor. Se dice que sana y dice profecías.

¿Y los otros cráneos de cristal que se hallaron?

No son de la Atlántida. Fueron forjados en Egipto por los sabios de la tribu que se marchó de la Atlántida y no contienen la pureza de información de los cráneos atlantes.

¿Cuándo se hallarán los otros cráneos de la Atlántida?
Cuando estéis preparados. Si los humanos tuvieran acceso a la información contenida en ellos en su actual estado de consciencia, vuestro planeta estallaría.

¿Dónde están ahora?
Están todos a salvo, ocultos, y los hallaréis cuando sus «guardianes» estén preparados para cuidar de ellos.

¿Serán hallados algún día?
Sí. En el tiempo del espíritu.

2012

¿Qué importancia tiene el año 2012?
El solsticio de invierno del año 2012 anuncia el fin de una
vieja era y el comienzo de algo nuevo. Señala el fin de un ciclo astrológico de 26.000 años y el inicio de un nuevo ciclo.
Además, es el comienzo de una transición de veinte años
de duración. Una nueva energía, más alta, ya ha empezado
a llegar a la Tierra como preparación para los cambios que
se esperan, y una luz masiva será vertida hacia vosotros durante ese año. La Dama Gaia, el inmenso ángel a cargo de
la Tierra, ha decretado que vuestro planeta y todo lo que
hay en él debe elevar su consciencia, de modo que, si estáis
preparados, tendréis una oportunidad extraordinaria para
el crecimiento espiritual, una ocasión única en estos tiempos. Os habéis estado preparando para esto durante cientos
de años.

*¿Por qué va a tener lugar esa transformación en el año
2012?*
Cada 26.000 años, o cada 25.920 años, para ser exactos,
se produce una alineación poco frecuente y extraordinaria
entre la Tierra, el Sol y la Vía Láctea, en la que el tiempo
se detiene durante un instante. Esto se conoce como *momento cósmico*, un tiempo de lo desconocido y lo milagroso,
cuando pueden ocurrir cosas que se hallan más allá de la
comprensión humana. Al mismo tiempo, los planetas Neptuno, Plutón y Urano están configurados para interactuar.
La esperada aceleración en la espiritualidad puede tener lugar lentamente para vuestra percepción humana, pero en
términos cósmicos será muy rápida.

Unos antiguos escritos en sánscrito describen este momento cósmico como la pausa entre la espiración y la inspiración de Brahma o Dios. Un astrólogo me dijo que Neptuno representa la espiritualidad más elevada, Plutón la transformación y Urano el cambio, y que, cuando estas energías trabajen juntas, ello tendrá un fuerte impacto en el planeta. Esto ofrece el potencial de una enorme transformación en la consciencia y estamos llamados a utilizar sabiamente esas altas energías.

¿Qué harán los ángeles durante el solsticio de invierno de 2012?

Los ángeles se congregarán para ayudarte a aceptar la nueva energía que estará disponible en ese momento. Ellos te piden que te prepares. Reserva algún tiempo para la oración y la meditación, o, si eso te resulta difícil, simplemente enciende una vela y pide a las fuerzas divinas que te ayuden. Quizás prefieras dar un paseo tranquilo por la naturaleza, pero, por favor, reconoce la importancia de esta época para tu crecimiento espiritual y el de todas las personas en tu planeta.

¿Qué va a ocurrir en el solsticio de invierno de 2012?

La actual proyección es que algunas personas entrarán en la cuarta dimensión, mientras que unas pocas, las que estén preparadas, ascenderán. Otras que también podrían hacerlo se quedarán para actuar como faros de luz para guiar a las personas de la Tierra que están despertando en estos momentos. Los ángeles no prevén un cambio súbito o drástico. Simplemente, el momento cósmico y las energías disponibles ofrecerán una oportunidad extraordinaria para la iluminación. Se espera que millones de almas aprovechen esta oportunidad espiritual única.

¿Qué significa entrar en la cuarta dimensión?
Cuando elevas tu consciencia a la frecuencia de la cuarta dimensión, tu chakra del corazón se abre. Con un corazón abierto, no puedes hacer daño a otra forma de vida, porque reconoces que al hacerlo te estás haciendo daño a ti mismo. Puesto que entonces tienes una percepción global y cósmica expandida, buscas la paz. Se espera que los movimientos de paz tengan un gran impulso en esta época.

¿Qué significa vivir en la quinta dimensión?
Implica comprender que formas parte de la Unidad, y actuar con los demás como te gustaría que te trataran a ti.

¿Qué es la ascensión?
Cuando asciendes a una frecuencia más alta traes más luz del alma a tu vida. Puedes albergar tanta energía divina que ya no puedas sustentar un cuerpo físico, en cuyo caso puedes elegir fallecer.

Los mayas se refirieron al 21 de diciembre de 2012 como el Día de la Creación. ¿Qué es el Día de la Creación? y, ¿realmente ocurrirá algo?
Los sabios de la cultura maya profetizaron que la energía que llegará en el Día de la Creación encenderá la fuerza *kundalini* en muchos seres humanos. Esto activará, una vez más, sus chakras, los cuales funcionaban plenamente en la Época Dorada de la Atlántida, pero se cerraron cuando la gran civilización se hundió. Cuando los chakras superiores de estos individuos se abran, los recuerdos genéticos de su

verdadero Yo divino serán estimulados y ellos volverán a experimentar posibilidades infinitas. La luz de la Fuente a la que podrán tener acceso entonces se derramará a través de sus chakras superiores y fluirá hacia su chakra de la Estrella de la Tierra, el cual está debajo de sus pies. Esto, a su vez, los conecta, a través de las líneas *ley*, directamente con las pirámides.

Las pirámides son ordenadores cósmicos que también actúan como subestaciones y generadores de energía, pero han perdido su poder. Cuando la luz de la humanidad vuelva a conectar con ellas y las recargue con energía de la Fuente, se producirá un renacimiento de la consciencia superior en la Tierra.

Si suficientes personas se abren a la iluminación y al amor, esto, sin duda, tendrá lugar. No será algo repentino, sino que se iniciará el proceso.

¿Qué es el Gran Calendario de las Pléyades?

Es un calendario cósmico basado en el movimiento de las Pléyades. Este calendario finaliza el 21 de diciembre de 2012. Al mismo tiempo, energías más altas llegarán a la Tierra, provenientes de otras galaxias. Se las hará descender a través de las Pléyades, que actúa como un transformador, para que los humanos y los animales puedan recibir la fuerza dirigida hacia ellos. Muchos niños de las estrellas, aquellos cuyas almas llegan a vuestro planeta provenientes de otras estrellas y galaxias, pasarán un tiempo en las Pléyades ajustando sus vibraciones y aprendiendo cosas sobre la Tierra antes de que una madre humana les dé a luz. Después del año 2012, estos niños de alta frecuencia podrán encarnarse directamente, ya que sus madres igualarán su resonancia.

¿Las almas vienen a la Tierra a través de otros planetas que no sean las Pléyades?

Ciertamente. Hay centros de formación en los otros planetas, estrellas y galaxias. Por ejemplo, muchos trabajadores de luz han aprendido lo que es la iluminación en las universidades de Orión, antes de venir a la Tierra. Otros se forman en tecnología y aspectos de la sanación en Sirio. Algunos aprenden lo que es centrar el corazón en Andrómeda o en Venus, mientras que otros se forman en Marte sobre el arte de utilizar su poder como guerreros para proteger a los desvalidos, los débiles y los indefensos. También hay quienes han recibido su formación en varias universidades cósmicas antes de desempeñar importantes papeles en la Tierra en la actualidad.

Si las alineaciones astrológicas previstas para el año 2012 causaron desastres anteriormente, ¿por qué habría de ser diferente esta vez?

En el pasado, la consciencia de la humanidad era tan escasa que cuando esta alineación tuvo lugar desencadenó guerras y desastres naturales. En esas eras eso no afectó demasiado al cosmos. Sin embargo, ahora las cosas son distintas.

El cambio que está teniendo lugar actualmente en vuestro mundo es un microcosmos del macrocosmos, porque todo vuestro universo va a elevar su vibración. La Tierra está en el centro y, como tal, tiene un papel fundamental en su progresión futura. La Dama Gaia ha decretado ahora que vuestro planeta y todo lo que hay en ella pasara de una frecuencia de la tercera dimensión a una frecuencia de la quinta dimensión. Esto quiere decir que debe tener lugar un cambio, y ésta es la primera vez que esto ocurre esto en eones. Puesto que la baja frecuencia en la Tierra actualmente está impidiendo que todo el universo avance, muchísima ayuda se está concentrando en la humanidad. ¡El cosmos depende de vosotros!

¿Qué ayuda se le está ofreciendo a la Tierra para prepararla para el año 2012?
Debido al decreto universal de que la Tierra comenzará a ascender en el año 2012, se han organizado alineaciones astrológicas beneficiosas para preparar a la humanidad para ese acontecimiento.

La convergencia armónica de 1987 trajo energías superiores y elevó la consciencia de la gente en general.

La concordancia armónica de 2004 otorgó más energía divina femenina para despertar la compasión y abrir los corazones.

Está teniendo lugar un doble tránsito de poco frecuente y auspicioso Venus. Este planeta transitó por el Sol durante la concordancia armónica el 8 de junio de 2004. Lo hará una segunda vez el 6 de junio de 2012. Esta conjunción especial ofrece importantísimas oportunidades para el crecimiento espiritual. Empieza a equilibrar las energías masculina y femenina dentro de los individuos y en la consciencia colectiva, e incluye el potencial de acelerar la ascensión individual y planetaria. Para que esto tenga lugar, debéis estar preparados para elevar vuestras vibraciones y valorar genuinamente todas las formas de vida.

El 21 de diciembre de 2012 tendrán lugar unas alineaciones especiales.

Los ángeles están acudiendo en masa a la Tierra para ayudar a la humanidad de una forma que no tiene precedentes.

Se está atrayendo la atención hacia la sabiduría de los delfines y las ballenas.

Están naciendo niños con frecuencias más altas y se están encarnando almas viejas.

Al cumplir con tu parte, no sólo estás ayudando a los demás y al planeta, sino que tu propio viaje personal también se enriquecerá gloriosamente.

¿Qué ocurrirá con los que no estén preparados para entrar en una consciencia superior?

Si no estás preparado, no verás la puerta abierta y al final de tu reencarnación actual continuarás el viaje de tu alma en otro planeta de la tercera dimensión, que todavía incluya el dolor y la separación de una comprensión más baja.

Los maoríes, los chamanes africanos y los chamanes indios nativos americanos profetizan un período de purificación de veinticinco años, seguido de un cambio en la conciencia. ¿Está ocurriendo eso?

Esa purificación ya está teniendo lugar.

¿Qué es el período de purificación de veinticinco años?

En agosto de 1987 se produjo una configuración astrológica conocida como la Convergencia Armónica. En esa época, muchos trabajadores de luz acudieron a las cimas de las colinas o a lugares sagrados para rezar y meditar para pedir ayuda para la Tierra. La luz de las plegarias enviadas a los cielos fue tan enorme que St. Germain, el Maestro Iluminado, llevó las plegarias a la Fuente para pedir ayuda para la humanidad. Por la gracia divina, se le permitió devolver a la gente en todas partes la Llama Violeta para empezar a transmutar la energía de negatividad que había a vuestro alrededor. Aunque antes de eso la Llama Violeta había permanecido disponible para grupos selectos, esa disponibilidad masiva marcó el comienzo de un período de purificación de veinte años.

Desde entonces, la propia Gaia ha expulsado toxinas, el karma creado por la inhumanidad. Así, se ha servido de los terremotos, los volcanes, los huracanes, loas inundaciones, los tsunamis y los incendios, desastre tras desastre, en los que muchas almas se han marchado del planeta, llevándose con ellas la energía negativa para ser sanadas y transmutadas en el mundo de los espíritus.

Las plegarias sinceras ofrecidas por todo el mundo en respuesta a los traumas en todas partes han ayudado a purificar todos los continentes. Y, sin embargo, todavía queda mucho por hacer.

¿La Llama Violeta se ha unido a la Llama Plateada? Y, ¿por qué?

Los ángeles han observado maravillados y encantados cómo los trabajadores de luz han purificado sus energías y sanado a otras personas. Como resultado de ello, en otro acto de beneficencia divina, el Rayo Plateado de la Gracia y la Armonía se unió a la Llama Violeta de la Transmutación.

La Llama Violeta transmuta la energía negativa.

El Rayo Plateado trae algo más elevado y más hermoso para sustituir a lo viejo.

¿Qué es la Llama Violeta Dorada y Plateada de la quinta dimensión?

El Rayo Dorado ahora se ha unido a la Llama Violeta Plateada. Está aportando sabiduría, amor angélico y protección a las cualidades de transmutación y armonía. Así, se trata de una combinación verdaderamente poderosa que eleva vuestra consciencia a la quinta dimensión.

Cómo usar la Llama Violeta Dorada y Plateada:

1. Dondequiera que estés, puedes convocar a la Llama Violeta Dorada y Plateada. Piensa en una llama que incluya todos los tonos de lila, pasando por el morado, hasta llegar al plateado, y que centellee con el color dorado. Si puedes, visualízalo.

2. Imagina que rodea a las personas que están discutiendo.

3. Envíala a las personas que están enfermas, indispuestas o desequilibradas. Si hay algo que va mal en tu cuerpo físico, deja que la llama Violeta Dorada y Plateada bañe esa parte de ti.

4. Si, de alguna manera, te sientes enfadado, asustado o negativo, imagina la llama alrededor de ti. Siente que disuelve lo viejo y lo sustituye por felicidad. Puedes hacer lo mismo para otras personas.

5. Transmítela a lugares donde ha habido una guerra o un desastre.

6. Imagina que fluye por los postes de electricidad, por las líneas telefónicas y por internet para purificar la red.

¿Todavía estaré aquí después del solsticio de invierno de 2012?

Eso depende de las decisiones más elevadas que haya tomado tu alma. Aunque muchos elegirán marcharse de la realidad de la tercera dimensión antes de esa fecha, o poco después, la gran mayoría permanecerá aquí.

¿Vale la pena ahorrar para un pensión?

Todavía eres responsable de tu economía en tus años dorados. Puedes ahorrar para una pensión o abrir tu consciencia de abundancia y manifestar esa abundancia para ti. El mundo continuará existiendo, aunque existirán cambios.

Energía

¿Cómo funciona la energía?
El mundo está lleno de energía, tanto visible como invisible. Actualmente, los humanos responden únicamente a lo que pueden ver y tocar; en otras palabras, a grupos de partículas que son lo suficientemente densas como para ser sólidas. Esto quiere decir que vuestros puntos de referencia son los objetos, los cuales constituyen agrupaciones de materia de baja frecuencia. No obstante, la energía más liviana e invisible también se está desplazando y cambiando, y afecta a aquello que es visible.

Un ejemplo es la electricidad (o el gas, ambos invisibles), que produce energía, calor y luz y afecta considerablemente a vuestra vida.

Vuestros pensamientos también tienen una carga que no podéis ver, pero que, no obstante, influye en la materia densa.

Ejemplo
Un hombre tenía problemas estomacales. Sufrió una intervención quirúrgica de estómago y, por motivos médicos, no le cerraron la herida, sino que le insertaron una placa transparente. Los médicos pudieron ver que, cuando el hombre se enfadaba o se agitaba, esa zona de su estómago se inflamaba y se congestionaba. Cuando le ponían música suave o cuando estaba tranquilo, su estómago se relajaba visiblemente y el color se suavizaba. Pudieron observar cómo sus pensamientos influían, literalmente, en su cuerpo físico.

¿Cómo puede un grano de arena que se desplaza en el Sahara afectar a una flor en el trópico?

Puesto que todo está constituido por energía, si un átomo cambia, el mundo entero resulta sutilmente afectado.

Ejemplo

Lanzas un guijarro a una charca, las ondas llegan hasta la orilla y un poco de tierra cae en el agua. Una semilla estaba descansando en la tierra. Ahora crece y se convierte en una bella planta en la orilla del agua. Un niño recoge la flor y se la lleva a su madre, que se está muriendo. Colocan la flor sobre el féretro de su madre, donde su sencilla belleza llega al corazón de un anciano. Éste decide ponerse en contacto con su hijo, al que no ve desde hace años. Y así continúa la historia... todo porque un día lanzaste un guijarro a una charca.

Todo es una respuesta a la energía. ¿Qué significa eso?

Tus pensamientos y creencias envían al universo impulsos que afectan a todos y a todo lo que te rodea. Algunas de tus energías son magnéticas y atraen el bien hacia ti. Otras son repelentes, de modo que si las irradias, las personas, los acontecimientos y las circunstancias positivos te evitarán.

Ejemplos

Si estás necesitado, inconscientemente emites vibraciones que atraen a personas que precisan que alguien las necesite, mientras que repelen a las que son independientes. Por tanto, los amigos que tienes son una respuesta a la energía que emites. Si transformas tu actitud de estar necesitado, volviéndote independiente y autónomo, tus amigos rescatadores se marcharán automáticamente de tu vida o se comportarán de una manera distinta contigo, sin que tú hagas o digas nada.

Si crees que nunca vas a tener suficiente dinero, esa creencia aleja a todas las formas de fondos, los cuales se mantendrán a cierta distancia. Cuando empieces a dar la bienvenida a la prosperidad en tu vida, nuevas puertas de abundancia se abrirán automáticamente mientras atraes la riqueza.

Han entrado a mi casa a robar en dos ocasiones. Mi casa es idéntica a las de los vecinos, así que seguramente esto debe de ser simplemente mala suerte.

La mala suerte no existe. Los pensamientos y los sentimientos de todas las personas que viven en una casa irradian una energía colectiva y atraen tanto buenas como malas experiencias. Si todos los que viven en la casa son tranquilos y tienen un sentimiento de valía y de confianza, entonces su hogar tiene un aura de protección a su alrededor que impide que entren a robar. Si las personas de la casa discuten y son discordantes, el aura del hogar se rompe. No obstante, si sólo una persona en la casa tiene miedo de que se produzca un ataque o una pérdida, o si está enfadada o es desconfiada, se abre una grieta en el escudo protector que rodea al hogar, el cual se torna vulnerable. Un potencial ladrón se sentirá atraído inconscientemente hacia esa vivienda en particular.

¿Qué puedo hacer para que mi casa esté a salvo?

Permite que tu hogar sea feliz y armonioso. Llénalo de paz y amor, y luego pide a los ángeles que lo protejan. Por favor, confía en que lo harán y libera todas las preocupaciones al respecto.

Pasos para fortalecer la luz alrededor de tu casa:

1. Mantén tu casa limpia, bien arreglada y ordenada. Las vibraciones negativas se forman en torno al desorden y la suciedad.

2. Abre las ventanas y limpia toda la casa por dentro y por fuera, tocando un cuenco cantor, batiendo las palmas, recitando el «Om» o poniendo pebetes en cada rincón. Hacer alguna de estas cosas, o varias, hace que se desvanezcan las energías oscuras o estancadas. Presta especial atención a las esquinas. Repite esto siempre que surja la desarmonía, que se digan palabras duras o si has estado con personas con una comprensión inferior o en una muchedumbre.

3. Cocina, haz las tareas del hogar y otras labores con alegría. Cuanto más rías y más feliz estés, más rápidamente se formará la energía alrededor de tu hogar.

4. Escucha una música bonita, cuelga cuadros bellos y pon flores en la casa.

5. Haz cosas con las que disfrutes.

6. Todos los días, dedica un rato a meditar, rezar y agradecer todas las cosas. Éstos son tres actos que crean una poderosa aura protectora.

7. Da las gracias al ángel de tu hogar por cuidar de él.

¿Puedo cambiar algo en mi vida?
Sí. Eres dueño de tu destino. Tus pensamientos y tus emociones emiten las vibraciones energéticas que atraen hacia ti a personas, situaciones, acontecimientos y cosas materiales. Transforma tus creencias y tu vida cambiará.

¿Qué debo hacer para modificar mi situación?
Si quieres transformar algo en serio, debes tenerlo claro. Primero, decide qué quieres realmente, sin dejarte influir

por nadie. Luego, concéntrate en tu visión, habla de ella, imagínala y actúa como si ya hubiera ocurrido.

Pide a tus ángeles que te muestren lo que te está manteniendo, inconscientemente, atascado en tu situación. Cuando adquieras consciencia de los miedos que te impiden avanzar, reza para pedir ayuda para superarlos. A continuación, siéntate en silencio y medita, dejando que los bloqueos más profundos salgan a la superficie.

Cuando estés preparado para asumir la responsabilidad para resolverlos, estarás listo para que lo nuevo aparezca en tu vida. Entonces, ése será el momento de vivir el cambio que deseas.

Recuerda que, en cuanto estés preparado, tus guías y ángeles abrirán las puertas de lo nuevo.

> Tanto Marguerite como Claire querían tener una relación. Pasaban horas escribiendo listas del tipo de compañero que deseaban. Hablaban sin cesar sobre ello y se quejaban de sus antiguos novios. Por fin tenían claro qué era lo que realmente estaban buscando.
>
> Llegado este punto, Marguerite conoció a un hombre y sintió que estaba enamorada de él, pero, transcurrido cierto tiempo, empezó a quejarse de él a su amiga. Se concentraba en todas las cosas que no le gustaban de los hombres, y de él en particular. La relación acabó al poco tiempo. Marguerite decidió que no quería que le volvieran a hacer daño nunca más y cerró su corazón. Ella no se había enfrentado al segundo paso que era necesario para crear un cambio.
>
> Claire observó esto y se dio cuenta de que todavía tenía muchas creencias inconscientes y

miedos sobre el compromiso. Decidió asumir la responsabilidad de su parte en cada relación en su vida. En su mente, repasó toda su historia con cada hombre, desde su padre, su tío y su hermano, hasta los chicos con los que había jugado de niña, los amantes que había tenido y su ex marido. En cada etapa, plasmó por escrito sus pensamientos y sus sentimientos acerca de cada uno de ellos, buenos y malos. Luego, cerró los ojos y visualizó que las situaciones desgraciadas se arreglaban. En cada caso, ella animaba y consolaba a su niña interior herida. Después, perdonó a las otras personas y se perdonó a sí misma, y dio las gracias a todos por las lecciones felices e infelices que le habían traído. Por último, quemó la hoja de papel.

Sin que ella se diera cuenta, tuvo lugar una inmensa transformación energética. Dos días más tarde, se enteró de que su ex marido súbitamente le había propuesto matrimonio a la que era su pareja desde hacía mucho tiempo, después de haber manifestado siempre que jamás se volvería a casar. En menos de un mes, Claire había conocido a un compañero muy adecuado para ella y todavía están juntos.

¿Qué me impide hacer los cambios que realmente deseo en mi vida?

Es frecuente estar estancado debido a los miedos inconscientes y a las actitudes rígidas. Cuando medites, busca en tu interior los bloqueos y las creencias ocultos. Haz esfuerzos decididos para pensar y actuar de una forma positiva, abierta, afirmadora de la vida, y ésta cambiará.

¿Y si yo cambio y eso hace daño a otra persona?

Tú eres responsable de tu propia vida y los demás de las suyas. Ciertamente, nunca deberías hacer daño a alguien de forma deliberada o maliciosa. No obstante, si te mantienes fiel a ti mismo, el universo modificará todas las situaciones para el mayor bien de todos los implicados.

Yo estaba inmóvil cuando un vehículo me embistió. Sin duda, soy inocente, ¿no es así?

Esto es una cuestión de energía, no de culpa o inocencia. En algún nivel, fuiste un imán para el accidente. Recuerda que la ira, tanto si es consciente como si es negada, atrae ese tipo de acontecimientos.

Hazte estas preguntas. ¿Dejas que otras personas te maltraten emocional o físicamente? ¿Te sientes utilizada, sientes que no te aprecian, que no te comprenden o que no vales lo suficiente? Si la respuesta es afirmativa, estarás conteniendo una esfera de ira en tu interior. Es hora de que reclames tu poder.

Mi amigo es el que está enfadado. Yo soy amistoso y afable, pero me atacan. ¿Por qué?

La ira de tu amigo es consciente y las consecuencias son obvias. Tú, sin embargo, en tu infancia, aprendiste a enterrar la ira y a ser amable con todo el mundo para obtener el amor, la atención y la popularidad que anhelabas. Con el tiempo, ser agradable con todo el mundo empezó a ser algo natural en ti, pero eso tuvo un precio. Les entregaste tu poder para hacer lo que querías. Entonces tuviste que negar la ira que sentías. La ira enterrada está dentro de tus campos energéticos y atrae a esos problemas.

¿Qué puedo hacer con mi ira reprimida?

Bajo la ira hay miedo, que es la negación de tu Yo Divino. Eso te separa de tu verdadera magnificencia. Abre tu corazón a la Fuente y tus sentimientos más bajos se desvanecerán.

> Reprimir tu ira se convirtió en un mecanismo de supervivencia, porque cuando eras una niña pequeña y vulnerable creías que tenías que ser amable para ser querida. Recuerda, simplemente, que tu niña interior necesita que la tranquilicen asegurándole que puede mostrar sus sentimientos sin peligro. Palabras como «Pero yo soy, realmente, una persona agradable», o «Pero me gusta ser amable con la gente» pueden salir de tus labios y ayudar a que tú te resistas a apreciar la verdad.
>
> Empieza por observar tus pensamientos. Éstos salen de tu consciencia como burbujas y contienen pistas sobre lo que está ocurriendo realmente dentro de ti. En lugar de decirte: «Ese pensamiento no vale nada» o «Realmente no me siento así», reconoce cada uno de ellos y acepta que procede de alguna parte de tu interior. Luego recuerda a tu niña interior que no tiene nada de malo sentirte enfadada o disgustada, y ayúdala a encontrar una forma segura de expresar eso.

Mi amigo dice que soy un accidente que espera a ocurrir. ¿Qué quiere decir eso?

Quizás tu amigo pueda percibir tu frustración o tu ira, que es como una bomba que no ha explosionado y que está esperando a hacerlo y causar problemas en tu vida. Otra posibilidad es que tus miedos puedan atraer un «accidente». Existe una manera de evitar esa molestia. Aprende a reconocer tus verdaderos sentimientos y encuentra valor para expresarlos adecuadamente. Eso desactivará la tensión oculta.

Quiero salir con una minifalda y un top corto, como hace mi amiga, pero mi hermano dice que eso es buscarse problemas. ¿Qué debería hacer?
¿Qué quieres atraer? Tu ropa y tu forma de vestir son señales abiertas para otras personas, mientras que tus creencias y tus actitudes también emiten energía inconsciente. Esos mensajes atraen a amigos, a conocidos y a situaciones hacia ti. Cualquier problema que atraigas hacia ti se convierte en tu karma.

Mi amiga llama a su hija «diablillo». Lo dice en broma, pero me preocupa que esa palabra afecte a la niña. ¿Es posible?
Todas las palabras tienen una resonancia en la persona, así como en la consciencia colectiva, y atraerán esa energía hacia la niña para impactar en ella.

¿Eso es cierto también cuando le das las gracias a alguien y le dices que es un ángel?
Claro que sí. A través de la vibración de la palabra, la persona a la que llamas «ángel» es bendecida con energía angélica.

Karma

¿Qué es exactamente el karma?
El karma es una manera de asegurarte de que aprendes a asumir la responsabilidad de tus actos devolviéndote las

consecuencias de tus decisiones. Es el mecanismo mediante el cual aprendes y evolucionas, y significa, literalmente, «rueda» o «círculo». Puesto que garantiza que todas las cosas se solucionen espiritualmente a lo largo de las vidas, es una falacia pensar que cualquiera puede «salirse con la suya».

¿Cómo se puede evitar tener un mal karma?
Dando y recibiendo equilibradamente. Si das algo, permítete recibir en igual medida, y si te dan algo, devuélvelo de alguna manera. Esto incluye tomar algo del estado o del gobierno, así que si aceptas un beneficio, asegúrate de dar a la comunidad algo a cambio.

¿Cómo castiga Dios a las personas que han hecho cosas crueles?
Dios es amor. El amor no castiga ni condena. Le muestra al alma una manera de existir más elevada y ablanda el corazón con amor y comprensión. No obstante, después de cada vida, durante su evaluación, el alma de la persona que ha hecho daño toma conciencia de las consecuencias de sus actos. El Yo Superior quiere experimentar por sí mismo lo que ha hecho a otra persona y, además, compensar por el daño. El karma es una elección del alma para poder experimentar y equilibrarse.

¿Quién decide sobre el karma?
Después de morir, pasas por un examen de la vida con el apoyo de tu ángel y de tus guías. Ves y comprendes las verdaderas consecuencias de tus pensamientos, tus palabras y tus actos. Tus asesores espirituales y tú decidís entonces lo que necesitas experimentar para aprender las lecciones de esa vida y corregir cualquier error.

¿Quiénes son los Señores del Karma y qué hacen?
Los Señores del Karma son un grupo de ángeles sumamente evolucionados que están a cargo del equilibrio entre el bien y el mal, lo bueno y lo malo. Ellos toman decisiones sobre las deudas individuales, nacionales, colectivas y mundiales. Puesto que, en algunos casos, estas cargas se son muy grandes, puedes acercarte a los Señores del Karma durante la meditación y pedirles una dispensa divina.

Puedes solicitar que liberen parte de tu karma, o todo, lo cual, si te lo conceden, hará que tus desafíos más difíciles te resulten más fáciles. También puedes pedir exención divina para tus amigos, tu familia, tus antepasados, un país o el mundo. Cada vez que ese tipo de gracia se concede, aligera la carga de todos.

¿Qué es el karma instantáneo?
Es la devolución inmediata de las consecuencias de tus pensamientos, palabras o actos, para que tu cuenta kármica se mantenga equilibrada. Por ejemplo, si por la mañana le das a alguien menos cambio del que debes, pronto descubrirás que te han quitado un poco de dinero. Aparentemente, un alma menos evolucionada se sale con la suya a corto plazo, de manera que el karma instantáneo te informa del universo sobre tu nivel espiritual.

¿Quién está cualificado para el karma instantáneo?
Hasta hace poco tiempo, solamente las personas que estaban lo suficientemente evolucionadas tenían derecho al karma instantáneo. Sin embargo, esta gracia está siendo ampliada para que más almas puedan tener acceso a esta posibilidad.

¿Cómo se reduce el volumen del karma acumulado?

A menudo, el acuerdo espiritual con el arcángel que supervisa tu progreso terrenal implica hacer pagos regulares para tu karma acumulado. En términos kármicos, esto ocurre en forma de desafíos, cargas o la obligación de servir a una persona o una sociedad.

¿Quién decide sobre nuestro karma?

El universo trabaja con la energía. Cuando tu espíritu fallezca, revisarás tu vida con tus guías y ángeles para ver las consecuencias de tus actos, de los buenos y amorosos, así como de aquellos basados en el miedo o en la ira. Juntos decidiréis lo que todavía necesitas aprender y cómo vas a compensar a aquellos a los que has hecho daño o herido de alguna manera. Antes de tu siguiente encarnación, esto se programa genéticamente en tu persona en forma de limitaciones o dones, y tus guías y ángeles se asegurarán de que te encuentres con las personas y las situaciones perfectas en el momento adecuado para realizar el anteproyecto de tu vida. Sin embargo, tu actitud hacia tus situaciones afecta profundamente tu plan de compensación.

Si tienes una enorme acumulación de deudas kármicas, es posible que elijas una encarnación sumamente difícil, para así ocuparte de gran parte de ellas en una vida. Solamente un alma decidida hará algo así. Muchas personas prefieren experimentar gradualmente a lo largo de varias vidas.

¿Cuánto libre albedrío tenemos realmente?

Tu sobrealma elige libremente tu herencia genética, tus circunstancias y las personas y situaciones de tu vida. Cuando un estado es kármico, en otras palabras, ha sido decidido por tu alma antes de tu nacimiento, debes ocuparte de él. Tus guías y tus ángeles se encargan de sincronizar encuentros y de asegurarse de que estás en el lugar adecuado en el momento correcto. Tus sistemas de creencia son kármicos; son el resultado del condicionamiento de vidas anteriores y de la familia. El modo en que respondes a las situaciones decretadas por tu alma depende de tu personalidad, la cual toma decisiones y elige tu actitud. Tus pensamientos, palabras y actos afectan profundamente a tus situaciones, y si tus reacciones son constantemente iluminadas, tu vida cambia.

Si planeas un viaje en tren, sabes de antemano en qué estaciones va a detenerse. Están grabadas en piedra. Sin embargo, puedes decidir libremente bajarte en determinado lugar y explorarlo. Puedes elegir si vas a hablar o no con otros pasajeros, o si vas a mirar el paisaje, o a leer un libro, o dormir. Dependiendo de tu temperamento, encontrarás cosas sobre las que refunfuñar o te tomarás a la ligera las dificultades inevitables.

Ejemplo

El querido hijo único de Doug y Margaret fue asesinado y ellos estaban, comprensiblemente, desconsolados. Su matrimonio, al estar sometido a tanta tensión, se rompió. Doug empezó a beber y a ahogar sus penas. Margaret decidió dedicar su vida a un bien mayor. Se marchó a África a trabajar en un orfanato y encontró una felicidad y una satisfacción renovadas. Ambos se enfrentaron a la misma circunstancia kármica, elegida por sus almas, pero cada personalidad reaccionó de una manera distinta.

¿Se está creando nuevo karma ahora?

Sí, pero no tanto como mucha gente imagina. Muchos de los acontecimientos pavorosos que ocurren constituyen la conclusión de un viejo karma.

¿Hay una solución espiritual para todas las cosas?

Ciertamente, sí. A la larga, nadie se sale con la suya, de modo que nunca existe ninguna necesidad de que los seres humanos se tomen la venganza por su propia mano.

El karma de largo alcance garantiza que todas las cosas se solucionen de una manera divinamente perfecta, aunque esto puede tardar varias vidas, dependiendo de los dictados de las almas implicadas.

¿Y qué pasa con el sistema judicial?

Los humanos son co-creadores, co-gobernantes en la Tierra. La justicia con integridad ayuda a equilibrar el karma, pero únicamente cuando el criminal es capaz de ver el error en su forma de actuar. La rehabilitación disuelve el karma. Para el crecimiento de la humanidad, es importante que se vea que se hace justicia. (*Véase El pago del karma*, p. 81).

¿La humanidad ha caído tan bajo como lo hizo antes de la caída de la Atlántida?

Puesto que los conocimientos tecnológicos actuales no son tan avanzados como los de la Atlántida, la oportunidad de descenso es más limitada. No obstante, ya se ha observado una tendencia paralela hacia el mal. El mundo espiritual se entristece al ver que la humanidad está cayendo, una vez más, en la tentación de la manipulación genética, la clonación y el uso de chips de silicona, la experimentación con energía nuclear y la medicación para controlar, enriquecer o servir al ego.

Incluso en las épocas más oscuras de la Atlántida, los líderes llegaron a rechazar el uso de combustibles fósiles por resultar demasiado dañinos para el planeta. Actualmente estáis maltratando a la Madre Tierra mucho más de lo que lo hicieron los atlantes. Ellos llegaron a un punto sin retorno. Los ángeles os recuerdan que todavía podéis cambiar vuestras vidas y regresar a la gloria de una forma de vida más elevada.

Acción para ayudar al planeta
Respeta activamente todas las formas de vida. Intenta no comprar o dar apoyo a aquello que se produce rebajando a otro ser humano, animal o vegetal.

Oración de intención superior

Ángeles de luz, llenad mi corazón de amor y de respeto por todas las formas de vida. Ayudadme a reconocer lo divino en todas las cosas, para que mediante el pensamiento, la palabra y la acción, me alinee con la voluntad superior. Fortaleced mi intención de vivir mi vida de acuerdo con la visión más pura. Al mismo tiempo, abridme a la compasión hacia aquellos que transgreden las Leyes Espirituales. Amén.

Dije una mentira para no herir los sentimientos de mi madre. ¿Eso produce karma?
Cuando intentas proteger a otra alma del sufrimiento, estás impidiendo que aprenda sus lecciones y eso produce karma. Quizás podrías considerar la posibilidad de que en reali-

dad estuvieras intentando protegerte de sentir el dolor de tu madre.

Un perro pasó corriendo delante de mi automóvil y lo maté. ¿Tengo una deuda kármica?
Si conducías de una forma cauta, no tienes ninguna deuda kármica, pero si lo hacías de una forma imprudente, entonces sí la tienes. En ocasiones, los consiguientes sentimientos de culpa se convierten en una carga, aunque el acto en sí no cumple los requisitos para una penalización. Recuerda que el universo te proporciona aquello que crees merecer.

¿Por qué ese perro eligió mi vehículo para ser atropellado?
Podrían existir varias razones. Éstas son algunas preguntas que podrían permitirte descubrir por qué atrajiste esa situación: ¿Pudiste centrarte en medio del horror? ¿Sentiste compasión por el animal o estabas pensando en ti? ¿Eso te recordó que debías conducir más atentamente? ¿Intentaste encontrar al propietario del perro y consolarlo? ¿Fuiste capaz de mantener al perro en la luz y rezar por él? ¿Fue una llamada que te dijo que tu vida iba por mal camino? En el momento del accidente, ¿estabas enfadado o tuviste sentimientos asesinos?

¿Cómo sé que todavía me queda karma por pagar?
Si todavía tienes karma, tu vida te lo presentará en forma de desafíos, limitaciones o el deseo de ayudar a los demás.

> A John no le gustaban especialmente los niños, pero su trabajo como conductor incluía el transporte escolar. Él intentaba zafarse, pero siempre

acababa transportando niños. Lo que John quería realmente era convertirse en chofer privado. Asistió a un curso de regresión a vidas anteriores en el que tomó conciencia de que en otra vida había sido cruel con los jovencitos. Se dio cuenta de que estaba pagando su karma y realizó un ejercicio en el que se perdonó a sí mismo y recibió el perdón de los espíritus de aquellos a los que había hecho daño. Por primera vez en su vida, John se sintió contento. En menos de un mes, surgió el empleo de sus sueños y él supo que su deuda kármica con la juventud estaba saldada.

A mi hijo le ocurren cosas trágicas. Al parecer, todos sus amigos han muerto y su novia se suicidó.
Tu hijo cree en la tragedia. Atrae a su vida a personas que tienen contratos para morir en circunstancias tristes. Nada de eso es una casualidad. Sería realmente útil que tu hijo cambiara su sistema de creencias.

Ejercicio para cambiar tus creencias
Cuando no te gusta lo que está ocurriendo en tu vida, debes cambiar tus creencias inconscientes para atraer algo más feliz.

1. Cuando te concentres en lo que ha ocurrido, fíjate en qué pensamientos aparecen y anótalos. No pases por alto ninguno de ellos.
2. Existirán pautas dentro de serie de pensamientos. Extrae las principales creencias.
3. Luego escribe lo opuesto, lo positivo que deseas atraer.
4. Imagina que las cosas buenas ocurren.

5. Realiza afirmaciones de lo que quieres crear.
6. Perdónate por atraer lo viejo.

VISUALIZACIÓN PARA DESCUBRIR
Y SANAR TUS CREENCIAS

Ésta es una visualización que puede ayudarte a identificar la causa subyacente de tus problemas y luego solventarlos.

— Encuentra un tiempo y un espacio en los que puedas estar en silencio y que nadie te moleste.
— Quizás quieras encender una vela y llamar a tu ángel para que te ayude. No tienes que creer en los ángeles para recibir su asistencia.
— Mentalmente, da las gracias a tus procesos inconscientes por intentar protegerte y recuérdales que ahora estás preparado para traer las causas a la percepción consciente y poder solucionarlas.
— Concéntrate en lo que ha ocurrido y sé consciente de dónde está la tensión en tu cuerpo.
— Respira mientras entras en esa parte de ti y pide que salga a la superficie cualquier imagen o recuerdo.
— Si se te presenta un recuerdo o una imagen, háblale. Averigua qué está intentando decirte. Tranquilízalo y ayúdalo a que se sienta satisfecho.
— Visualiza que toda la negatividad se transmuta en una llama dorada, plateada y violeta.

¿Las empresas adquieren karma? Por ejemplo, las cadenas de comida rápida que venden comida basura, las empresas de cigarrillos o las empresas que fabrican drogas.

Sí. Si una empresa vende productos con pleno conocimiento de que son dañinos, los propietarios, directores o trabajadores pueden adquirir karma. La cantidad depende de la actitud, las intenciones y el grado de comprensión del individuo.

¿Continúas adquiriendo karma si estás obedeciendo las órdenes de un superior?

Cada persona es responsable de sus actos y de las consecuencias de los mismos. No obstante, si un soldado cree que está luchando por una causa justa y obedece unas órdenes cuya consecuencia es la muerte o heridas, el karma es menos severo que el de un soldado que lucha sin principios.

Karma económico

¿La bancarrota incurre en una deuda kármica?

Si debes dinero, estás inevitablemente atado al acreedor durante varias vidas, hasta que la deuda se salde.

¿Las instituciones financieras rapaces tienen karma por los problemas que causan?

Ciertamente. Los que están a cargo de las decisiones tienen un mal karma y, en ciertos casos, también lo tienen los que administran las reglas de las instituciones financieras.

Si debo dinero cuando muero, ¿tengo una deuda kármica con mis acreedores en mi siguiente vida?

Eso depende de los sentimientos y las actitudes de todos los implicados, pero en términos generales tendrás una deuda con esos acreedores hasta que ésta se pague, a menos que ellos estén dispuestos a liberarte. Cuando las circunstancias son las adecuadas, vuestro Yo Superior orquestará una vida juntos en la que tendrás la oportunidad de pagar.

Mi marido pagó las deudas de mi tarjeta de crédito, con la cual me excedí sin tener cuidado. ¿Tengo una deuda kármica con él?

Si te sientes en deuda con él, entonces tienes una deuda kármica con él. La culpa atrae rabia, ¡y los sentimientos desagradables son consecuencia de tus actos! Cuando el momento es el adecuado, en esta vida o en otra, tu alma te instará a compensarlo de alguna manera.

No obstante, si tu marido pagó tus deudas de la tarjeta de crédito libremente y de buena gana, haciendo que te sintieras querida y valorada, el equilibrio kármico se reduce. No obstante, tu Yo Superior te proporcionará otra oportunidad para aprender a manejar el dinero en esta encarnación o en otra.

Mi padre me pagó la universidad. ¿Tengo una deuda kármica con él?

Eso depende de una serie de factores. Si varias personas hicieran esa pregunta, cada una de ellas recibiría una respuesta distinta. Depende de las actitudes del que da y del que recibe. Si el dinero llega con una agenda, se crea karma. Si se ofrece libremente, sin ningún apego, entonces existe un equilibrio perfecto.

De manera que si tu padre pagó las cuotas con amor y generosamente, sin esperar que se lo devuelvas, emocional o económicamente, y tú recibiste eso de la misma manera, no hay ninguna deuda kármica.

Si tu padre ahorró porque te quiere y desea que te vaya bien, el dinero llega con el gancho de que debes tener éxito. Eso crea un cordón kármico.

En el caso del padre que trabaja con ahínco para pagar porque su corazón está rebosante de orgullo y amor por ti, y sólo desea tu mayor bien, no se crea ningún karma porque él está igualmente satisfecho tanto si tú vas a la universidad como si no lo haces, tanto si te va bien como si no. Si el alumno y su padre están de acuerdo en que el hijo, o la hija, tiene que devolverle el pago de la universidad, entonces el préstamo es su karma hasta que le pague.

Una vez uando estaba muy endeudado, mi asesor financiero me dijo que daba igual si yo gastaba, gastaba y gastaba, y luego iba a la bancarrota. Eso me pareció inmoral y no lo hice. Si lo hubiera hecho, ¿habría adquirido todavía más karma? ¿Y él adquirirá karma por haberme surerido eso?

Sí, si gastas de una forma derrochadora cuando ya estás endeudado, esto hace que adquieras karma económico. Y tu asesor financiero también adquiere karma por haberte sugerido que actuaras de una forma tan inmoral. Cuando una persona intenta deliberadamente influir en otra para que haga algo que no está de acuerdo con los principios más elevados, su alma tiene más cosas que aprender.

Cuando quebré, debía dinero a Hacienda. ¿Eso quiere decir que tengo una deuda kármica con ellos?

Recuerda que el karma es una manera en que tú puedes experimentar lo que has hecho a otros. Tienes una deuda con la sociedad porque no has pagado tu parte de los fondos de la comunidad.

Quebré porque debía dinero con las tarjetas de crédito. Sin duda, no hice daño a nadie, porque los bancos tienen muchísimo dinero. Entonces no adquiero karma, ¿o sí?

Sí, si lo adquieres. Tu Yo Superior traerá a tu vida más aprendizaje sobre cómo administrar el dinero hasta que seas capaz de hacerlo de una forma responsable.

Pero, ¿qué ocurre con el karma de los bancos y otras instituciones financieras que cobran elevados intereses sobre un dinero que ni siquiera tienen? ¿Acaso no tienen ninguna responsabilidad por el sufrimiento que provocan?

Sí, la tienen. Cada persona que actúa como agente para una organización espiritualmente corrupta adquiere una proporción del karma. Cuanto mayor es la responsabilidad de tu puesto, mayor es tu deuda.

¿Y qué ocurre con los bancos que tientan a las persona a pedir créditos que no pueden pagar?

Cada persona es responsable de lo que pide prestado. Al mismo tiempo, cuando los prestamistas buscan consciente y cínicamente a personas débiles y vulnerables, también adquieren karma. En el caso de una institución impersonal, aquellos que toman las decisiones, así como los que las implementan, adquieren parte de la deuda espiritual.

Trabajo para una agencia de cobro de deudas y mis jefes esperan que utilice métodos dudosos. Odio mi trabajo, pero no consigo encontrar otra cosa. ¿Qué puedo hacer?

Cada persona crea su propia realidad. Tu situación actual es el resultado de creencias, actitudes, pensamientos, palabras, acciones y opciones. Si deseas cambiar tu vida, debes transformar tu mundo interior. Puedes empezar inmediatamente realizando afirmaciones constantes sobre tu valía, tu valor y tu capacidad de encontrar un empleo perfecto, espiritualmente inspirador. Luego decide lo que realmente quieres y concéntrate en tu visión. Ésta es tu manera de grabar en el universo que estás preparado para pasar a algo nuevo, honorable y satisfactorio.

AFIRMACIONES PARA CAMBIAR TU TRABAJO

Di estas afirmaciones en voz alta al menos diez veces al día y repítelas en silencio con tanta frecuencia como puedas. Añade tus propias afirmaciones.

— Merezco tener un empleo que valga la pena.
— Merezco que me paguen bien.
— Me siento bien respecto a mi trabajo.
— Me caen bien mis compañeros de trabajo.
— Disfruto con lo que hago.
— Trabajo de una forma honrada.

Ejercicio para obtener claridad
Recuerda que no estás buscando el trabajo de tu vida. Tu búsqueda es la del siguiente paso.
1. Considera estas preguntas y anota todo por escrito, por muy trivial que parezca. Sé sensato y razonable.
   ¿Qué es lo que hace que te sientas feliz y satisfecho?
   ¿Qué tipo de trabajo te atrae?
   ¿Quieres trabajar en interiores o en el exterior, o en una combinación de ambas cosas?

77

¿Te gusta estar solo o con otras personas?
¿Te gusta servir a los demás?
¿Necesitas ser creativo?
¿Prefieres hacer algo físico?
¿Eres una persona artística?
¿Te gusta enseñar?
¿Cuánto quieres ganar?
¿Quieres trabajar para ti?
Si supieras que ibas a tener éxito, ¿qué trabajo realizarías?
Si ya fueras rico, ¿qué te proporcionaría satisfacción?

2. Siéntate en silencio e imagina, percibe y siente que estás desempeñando una variedad de trabajos hasta que encuentres uno que te haga sentir bien.

Ejercicio para encontrar el empleo perfecto para ti

1. Cuando hayas decidido qué te gustaría hacer y cuánto te gustaría ganar, anótalo.
2. Crea una imagen de ti en el trabajo y también de tu estado, con dinero en el banco.
3. Enciende una vela y da las gracias a los ángeles y al universo por haberte proporcionado este empleo.
4. Da los pasos necesarios para prepararte para este empleo y permanece atento a cuando aparezca.

Karma grupal y colectivo

¿Por qué iba un Dios de Amor a elegir a toda una comunidad o sociedad para que sufra con la finalidad de pagar por un sufrimiento o una deuda anterior?
Dios no toma esas decisiones. Dios es Amor y ofreció magnánimamente a los humanos el libre albedrío para

que realicen sus propias elecciones. La humanidad ha elegido continuamente infligir sufrimiento a sus hermanos y hermanas. A lo largo de la historia, grupos enteros, sociedades o familias han decidido a nivel del alma regresar juntos para experimentar, a su vez, lo que hicieron a otras personas. Entonces son víctimas de los abusos, la violencia, la subyugación o el dolor que ellos repartieron. De esta manera, pueden comprender lo que es ese sufrimiento y aprender la lección de no volver nunca a tratar a nadie de esa manera. Cuando tomen la decisión de poner fin a ese comportamiento y de perdonarse y perdonar también a aquellos que les hicieron sufrir, la rueda del karma dejará de girar.

Muchos grupos se reencarnan una y otra vez en las mismas condiciones atrincheradas, repitiendo ciclos de inhumanidad. Si esto se aplica a tu sociedad, detente ahora y aprecia a aquellos que están al otro lado. Ellos son tus hermanos y hermanas.

¿Por qué iba a permitir un Dios de Amor que toda la sociedad negra de Sudáfrica sufriera bajo el apartheid *con la finalidad de que el espíritu o las almas mejoraran, se enriquecieran o experimentaran la iluminación?*
Eso lo hicieron los humanos. Vosotros utilizasteis vuestro libre albedrío para subyugar y restar poder a otras personas y eso no tuvo nada que ver con Dios, que os ofreció el libre albedrío y observó lo que elegisteis. Los blancos que crearon el *apartheid* eran almas jóvenes que todavía estaban adquiriendo mucho karma. Los negros que sufrieron bajo las imposiciones del *apartheid* eran almas maduras que estaban cancelando su karma y, al mismo tiempo, estaban demostrando a las personas menos evolucionadas

79

las cualidades del dominio de sí mismos, la paciencia y la fortaleza.

El miedo y el ego, que dan la sensación de separación de Dios, favorecen sentimientos de separación, superioridad, diferencia y crueldad. El amor siempre favorece la unidad, la cooperación, la solidaridad, la armonía, la valoración de los demás y la igualdad.

¿Qué es el karma colectivo?

Es el karma adquirido por el mundo entero que todavía no se ha pagado. Durante siglos, esas deudas han estado desatendidas en la cuenta cósmica. Sin embargo, ahora que vuestro planeta y todo lo que hay en él están entrando en una dimensión más elevada, la responsabilidad colectiva debe ser equilibrada. En consecuencia, individuos, grupos e incluso países han aceptado pagar parte de esa carga.

¿Los países tienen karma?

Sí. Si un país ha tratado mal a sus inmigrantes o a sus visitantes, o ha invadido, engañado o traicionado a otra nación, les debe una compensación.

Ejemplo

La entrada masiva en muchos países europeos de inmigrantes provenientes de países que ellos habían colonizado saqueado, invadido o engañado es una consecuencia kármica de sus actos del pasado.

¿Las ciudades tienen karma?

Ahí donde los líderes toman malas decisiones, o decisiones poco sensatas, las consecuencias se convierten en su karma.

¿Qué es el karma ancestral?

Un alma recién llegada adquiere el karma colectivo de siete generaciones de sus antepasados. Esto está programado genéticamente en el individuo, y atrae las condiciones de su vida e influye en su salud.

> Después de un seminario sobre la Atlántida en el que hice pasar a los participantes por un programa ancestral de liberación del karma, Rachel me envió un correo electrónico en el que me decía que había perdido siete kilos en una semana después del curso. Ella sabía que eso se debía a que había liberado el karma de uno de sus antepasados que estaba experimentando a través de su cuerpo físico.

¿Las religiones tienen karma?

Los misioneros religiosos que intentan convertir a personas que tienen otras costumbres e imponerles sus creencias, a la larga, tienen que pagar por el daño que han hecho.

El pago del karma

¿El perdón ayuda a un delincuente?

Mucho. Cuando te aferras a la ira, a la crítica o al miedo en relación con otra alma, se forma un vínculo psíquico entre vosotros. Los dos estáis ligados kármicamente hasta que eso se disuelve. Ese cordón os vuelve a unir inevitablemente, de manera que os reencarnáis en la misma época. Tu ira, tus críticas o tu miedo, por muy inconscientes que sean, harán que castigues a esa alma de alguna manera, hasta que tú, a su vez, cargues con el karma y sus inevitables consecuencias. Y así sigue girando la rueda.

Cuando la víctima recibe un castigo y perdona al que lo inflige, la deuda se cancela. Ambas almas son liberadas. El que cometió la mala acción también debe perdonarse a sí mismo, o a sí misma.

Cuando absuelves a otro de la culpa, eso ayuda a toda la humanidad, porque el hecho de que liberes el vínculo eleva la conciencia de todos. Otras personas harán lo mismo.

¿Todas las cosas terribles que ocurren son el resultado del karma?
Algunas de las cosas más horribles que están teniendo lugar en la Tierra en la actualidad son el resultado de un profundo karma, pero no todas. Las oraciones y las súplicas de gracia ayudan enormemente a vuestro mundo.

Hice cosas malas cuando era adolescente. ¿Cómo puedo pagar ese karma?
La gracia elimina el karma y eso implica amor incondicional. Si no puedes compensar a las persona a las que hiciste daño, ayuda a otras con un corazón abierto y tu deuda será liberada. Cuando la culpa y el impulso de hacer esas cosas desaparecen, todo concluye.

Algunas personas siempre se salen con la suya. ¿Por qué?
Todo se soluciona espiritualmente a lo largo de las vidas, de manera que, a la larga, nadie se sale con la suya. Las almas más jóvenes tienden a acumular karma porque no son conscientes de las consecuencias de sus actos. No obstante, cuando se reencarnan y obtienen una mayor sabiduría, tienen el deseo de pagar lo que deben. Entonces llevan vidas en las que sirven a la sociedad o ayudan a otras personas.

Mi amigo es una persona muy buena y generosa, pero siempre le están ocurriendo cosas. Esto me parece tan injusto. ¿A qué se debe? Y, ¿cómo puede cambiar eso?

En vidas anteriores, tu amigo hizo algunas cosas malas, como le ocurre a la mayoría de las almas en sus primeras encarnaciones. Ahora que su comprensión de las cosas ha madurado, él tiene un anhelo de equilibrar el mal que realizó. Parte de esto implica experimentar lo que él hizo a otras personas, algo que él aceptó en un nivel superior antes de encarnarse.

Como resultado de sus vidas anteriores, tu amigo tiene también una creencia inconsciente de que ocurren cosas terribles. El universo se organiza para satisfacer sus convicciones. Circunstancias desagradables son atraídas inevitablemente hacia su energía, y la gente se ofrece a servirlo haciéndole cosas malas. De esta manera, su karma se activa y su actitud hacia esos desafíos determina si sus deudas aumentan o disminuyen.

Él ya está pagando sus deudas a través de la bondad y sus actos amables. Ahora necesita vigilar sus pensamientos y reconocer sus creencias subyacentes. Entonces, con afirmaciones, sanación, valentía, oración, meditación, visualizaciones positivas, buscando lo bueno en todas las situaciones y con el perdón de sí mismo, puede modificar su destino para atraer únicamente cosas buenas.

Estoy cuidando de mi marido senil, que ya no me reconoce. ¿Es esto karma? Y, ¿por qué permite Dios que esto ocurra?

A ojos de Dios, tu marido está mental, emocional, física y espiritualmente entero y es perfecto. La situación de vida, o karma, la creáis tu marido y tú.

Lo que puedes hacer es retirar todas las emociones negativas que has enviado a tu marido y al universo. Luego, imagina a tu marido rodeado de luz y entrégalo al amor y a los cuidados de los ángeles. He aquí un ejercicio que ayudará a todos los cuidadores y que es apropiado, por mucho que quieran a la persona dependiente.

Visualización para todos los cuidadores

1. Siéntate en silencio, inspirando y espirando, hasta que todo tu cuerpo se sienta relajado y tu mente serena.
2. Imagina delante de ti a la persona a la que cuidas.
3. Visualiza o siente el efecto de todos los pensamientos de frustración que le has enviado o que has enviado a Dios. ¿Cómo es la energía? ¿Es gruesa, fina, gris o negra, olorosa o putrefacta? ¿Qué está haciendo? ¿Está aferrándose a ti o a la otra persona? ¿Ha formado un cordón entre vosotros, o una daga que os apuñala, o está estrangulándote o estrangulándolo a él con una cuerda?
4. Pide a los ángeles que eliminen toda esa energía pegajosa, para dejaros libres a los dos.
5. Imagina a la persona dependiente como solía ser, llena de fuerza vital y energía. Si no eres capaz de hacer esto, visualiza su Yo divino perfecto.
6. Rodéala con una esfera dorada de luz e imagina que estás entregándosela a los ángeles.
7. Dedica unos minutos a dar gracias a Dios por haber recibido a tu ser querido para tenerlo a Su cuidado. Pídele la fuerza, la paciencia, el amor y cualquier otra cosa que necesites para manejar la situación.
8. Siente que las alas de tus ángeles te envuelven y sé consciente de que la ayuda está llegando.

Quizás necesites hacer este ejercicio varias veces.

Me siento condenado a una vida penosa al tener que cuidar de mis padres ancianos. ¿Qué puedo hacer?

Tú construyes tu vida con tus emociones y, lo más importante, con tus creencias. Tus creencias son que mereces vivir realizando un trabajo penoso y en la servidumbre, y esto se ha convertido en tu karma. Tus suposiciones, profundamente arraigadas, son que no vales nada, que no mereces nada; son la culpa, la expectativa de que nada bueno ocurre y de que la vida es dura. Bajo la ley espiritual, los que realmente te quieren a nivel del alma entran en tu vida para devolverte el reflejo de tus convicciones subyacentes. En este caso, tus padres han asumido esta tarea, pero ahora estáis todos atrapados en una situación que no está sirviendo al crecimiento de ninguno de vosotros.

La ley de resistencia dice que aquello a lo que te resistes, persiste. La mayoría de la gente lucha contra las situaciones no deseadas concentrándose en sus quejas. Cualquier cosa en la que centras la atención se crea en tu vida. Así que, dile al universo lo que quieres y empápate del buen sentimiento que tienes alrededor.

Ejercicio para cambiar tu situación:
1. Observa tus pensamientos hasta que tengas claras tus creencias. Luego, escribe afirmaciones, que son declaraciones positivas en el tiempo presente sobre quién eres realmente o lo que en realidad deseas. Recuerda que tu esencia divina vale la pena, es hermosa y se merece una vida feliz, llena de amor.
2. Repite cada afirmación diez veces, dos veces al día o, si puedes, en más ocasiones.
3. Decide qué es lo que quieres. Es posible que desees que un cuidador o una cuidadora venga dos veces por sema-

na para que tú puedas tener tiempo libre. Quizás quieras vivir sola y pasar una vez por semana a ver a tus padres. Quizás desees casarte y vivir en Australia.

4. Debes saber que el universo te concederá lo que más deseas, siempre y cuando tengas claro que lo quieres y que crees que lo mereces.

5. Recuerda que si algo no es para tu mayor bien, no es apropiado tampoco para las personas implicadas.

6. Cuando tengas claro lo que realmente quieres, imagínalo, siéntelo, habla de ello, experiméntalo como si ya fuera una realidad. Al mismo tiempo, imagina a la persona que depende de ti, cuidada de una manera maravillosa y totalmente feliz.

Mi hijo es minusválido. ¿Por qué él? ¿Por qué yo? Es tan injusto.

A nivel del alma, tanto tu hijo como tú escogisteis vuestras situaciones en esta vida. Por tanto, asegúrate de que espiritualmente sea algo totalmente justo. Existen muchas razones para realizar ese tipo de elecciones, la mayoría de las cuales os obligan a tu hijo y a ti a aprender lecciones.

Motivos por los que un alma podría escoger un cuerpo minusválido

Si el alma no tiene experiencia en la Tierra, ésta es una manera de asegurarse de que cuidarán de ella durante toda su vida.

Si el ser ha tenido una serie de vidas y ha adquirido gran cantidad de karma, ésta podría ser una manera de impedir que cree más.

Es posible que se haya ofrecido para dar a la familia y a sus cuidadores lecciones y pruebas de amor, aceptación, paciencia, compasión, empatía o fe.

Es posible que en otra vida haya afirmado constantemente que quería que cuidaran de ella o estar segura.

Las almas más evolucionadas que eligen cuerpos limitados lo hacen para ponerse a prueba en cualidades como la rendición, la paciencia, la aceptación de sí mismas, la fuerza, la fe o la comprensión.

Motivos por los que un padre o una madre podría aceptar a nivel del alma traer al mundo y criar a un niño minusválido

Es posible que el padre o la madre tenga una deuda kármica con el alma que llega, y los cuidados amorosos que le proporciona al hijo salda la deuda.

El padre o la madre está recibiendo lecciones. Éstas podrían ser sobre la culpa o la limitación, o sobre el amor altruista y la aceptación.

Si en un hogar hay que cuidar del hijo o la hija, el padre o la madre está recibiendo lecciones de desapego amoroso.

El padre o la madre y el hijo están enseñándose mutuamente lo que es la compasión y el cariño.

Ejemplos

Un hombre que en una vida anterior dejó embarazadas, despreocupadamente, a varias mujeres y no se hizo responsable de sus hijos eligió una vida en la que él tenía una minusvalía que le impedía expresarse sexualmente.

Un hombre que ordenó que cortaran las manos a varias personas por haber robado en una vida en Oriente eligió experimentar una vida en Occidente en la que le faltaba una mano.

Un abogado cruel y su igualmente despiadado hijo eligieron encarnarse en la siguiente vida como madre e hija, creyendo que unos cuerpos de mujer suavizarían en cierta medida sus actitudes. No obstante, al darse cuenta de que su conciencia no había cambiado y de que ambas continuaban siendo maliciosas y utilizando indebidamente su poder, sus almas eligieron que la hija fuera minusválida. Como consecuencia de ello, la madre aprendió lo que era el amor, el cariño y la compasión, mientras que la hija aprendió lo que era la dependencia y rendirse al amor.

¿El karma solamente dura el tiempo que tú quieres que dure?
La moneda del karma es el amor. En cuanto sientes verdaderos remordimientos, en cuanto estás preparado para perdonarte y perdonar a los demás y eres capaz de abrir tu corazón al amor incondicional, tus deudas quedan saldadas.

¿Qué quieres decir? ¿Que el karma sólo dura lo que tú quieres que dure? Yo deseo que mi cuerpo discapacitado esté entero. Eso no es posible, ¿verdad?
Actualmente, existe la creencia en la consciencia colectiva de que es imposible hacer que los miembros vuelvan a crecer y sanar las minusvalías congénitas. Espiritualmente, por supuesto, cuando te alineas con tu anteproyecto divino, debes volverte entero, automáticamente. Pero actualmente, a menos que armonices con tu perfección divina y tengas la fe necesaria para superar la consciencia de masas, debes morir cuando estás preparado para entregar tu karma. Entonces puedes regresar con un cuerpo distinto.

¿Una sentencia en prisión mitiga el karma?
El hecho de permanecer cierto tiempo en la cárcel, en sí mismo, no elimina el karma. La actitud del prisionero es lo

que salda la deuda. El remordimiento, la bondad y la práctica espiritual son algunas de las maneras en que el juicio puede reducirse o cancelarse.

En algunos casos, la prisión ofrece al delincuente la oportunidad de cambiar la dirección de su vida y, así, volver a evaluar su deuda. En otros casos, el tiempo que se pasa detrás de las rejas impide que el prisionero adquiera más karma. Tristemente, para muchos, su tiempo en prisión meramente afirma su consciencia de víctimas, endurece sus corazones y hace que se dejen influir por otras personas que son oscuras. A menudo, sus fechorías continúan cuando acaba su sentencia, de modo que crean una encarnación futura infeliz.

> A Patrick lo condenaron a un año en prisión por un pequeño accidente de tráfico en el que una mujer resultó ligeramente herida. Ante eso, parecía una sentencia monstruosamente injusta. Sin embargo, su madre dijo que era lo mejor que le podía pasar. Esto conmocionó tanto a Patrick que dejo de ser salvaje y se tornó tranquilo, sensato y responsable. Utilizó ese año difícil como una oportunidad para cambiar su dirección, y probablemente eso le salvó la vida.

¿Cuál es el punto de vista espiritual sobre la prisión?
El castigo no es un sustituto del amor. No obstante, algunas almas necesitan ser encarceladas para su propia seguridad o para la de los demás.

El propósito en la vida

¿Toda alma tiene un propósito?
Sí, toda alma tiene un propósito, algo que desea aprender, lograr o enseñar. Hablar de una tarea suele ser demasiado general. Puede que cuatro personas se encarnen con la misión de comprender a los animales y pasen la vida trabajando con ellos de alguna manera. Una puede dedicarse a la investigación con diferentes animales. Otra puede trabajar en una perrera o en un zoológico. Otra puede escribir un libro sobre los animales. La cuarta podría tener sus propios animales domésticos. La manera en que cada una de ellas realiza su propósito depende de ella.

¿Cuál era la misión en la vida de la madre Teresa?
Mostrar al mundo que todos son importantes a los ojos de Dios. Además, ella demostró, con su ejemplo, las cualidades de servicio, alegría, humildad y fe.

¿Cuál fue el propósito de la vida de Walt Disney?
Walt Disney fue un alma sumamente evolucionada que se encarnó para hablar a la gente sobre los elementales, como, por ejemplo, las hadas, los elfos, los duendes y los gnomos, y también sobre la esencia de los animales. Eligió realizar su misión haciendo películas para conducir la atención del público a lo que él había acordado enseñar. Cuando murió ascendió, tras haber concluido bien su trabajo.

¿Cuál era la misión de John F. Kennedy?
Traer la paz.

¿Marilyn Monroe tenía un propósito del alma?
Su encarnación era para revelar, a sí misma y a los demás, que la belleza sólo es algo superficial y que, a la larga, no proporciona la felicidad.

¿Gahdhi realizó su destino?
Él era un espíritu altamente evolucionado que realizó su misión de una forma maravillosa. Demostró al mundo entero que lo inofensivo es sumamente poderoso, y para muchos sigue siendo un recordatorio y una llama de la verdad.

¿Por qué tantas Grandes Almas tienen vidas difíciles?
Como todas las personas en el estado humano, tienen que quemar basura para purificar sus almas. Además, deben mostrar a los demás cómo superar los desafíos con valentía e integridad. Al pasar por adversidades, ellos mismos actúan como ejemplos vivos y se convierten en faros de luz.

¿Y Profumo?
Él se enseñaba a sí mismo a utilizar, bien y mal, el poder. Tras aprender de sus tentaciones y del mal uso, demostró con humildad y devoción el empleo correcto del poder a través del servicio. Su verdadero crecimiento espiritual tuvo lugar cuando dedicó su energía a ayudar a los desfavorecidos.

¿Cuáles fueron las misiones de Hitler y Mussolini?
Sus misiones estaban relacionadas con el uso del poder del amor. Ambos fracasaron cuando cerraron sus corazones y fueron presa del amor por el poder, el cual utilizaron sin compasión para el control y el enaltecimiento de sí mismos. En vidas futuras, posiblemente no en la Tierra, sino en al-

gún otro plano de la tercera dimensión, volverán a intentar aprender lo que es el amor. Experimentarán vidas en las que no podrán hacer daño a nadie y tendrán madres cuyos corazones estarán abiertos.

¿Hay gente que se encarna con una misión destructiva o belicosa?
Eso no serviría al propósito superior del alma de nadie. Sin embargo, hay almas, como la de Hitler y la de Mussolini, que han tenido muchas encarnaciones oscuras, en las que es probable que se manifieste la misma pauta. No obstante, la chispa divina que tienen en su interior sigue anhelando encontrar la luz.

¿Cómo puedo hallar mi propósito en la vida?
Hazte una pregunta: ¿qué es lo que me hace feliz? La respuesta te proporcionará pistas sobre tu misión.

Siento que estoy en el camino equivocado. ¿Cómo puedo hallar mi misión?
Tu ángel de la guarda tiene el anteproyecto de tu misión en la vida. Concédete tiempo y espacio, luego relájate y escucha sus incitaciones. Si sientes el deseo de cambiar tu vida, sigue ese impulso de tu alma. Tu ángel te conducirá en la dirección correcta y te abrirá las puertas de la oportunidad. Recuerda que debes pedir ayuda y buscar señales que te guíen.

¿La numerología o la astrología indican mi propósito en la vida?
En manos de un practicante capaz y sensible, cualquiera de estas dos ciencias te ayudará a identificar tu misión. Recuerda que un propósito en la vida rara vez consiste en rea-

lizar una tarea específica. Normalmente es algo mucho más amplio que eso.

¿Mi propósito en la vida podría ser simplemente experimentar depresión y tristeza?
¿Cómo podría ese camino servir a tu crecimiento espiritual? Es muy poco probable. Únicamente un alma muy poco corriente y muy poderosa podría aceptar una misión así con la finalidad de transmutar a través de su propio campo de energía parte de la nube colectiva de depresión y tristeza.

En mi vida hay muchas cargas. Siento que he asumido demasiadas cosas para una vida. ¿Es esto posible?
No. Cuando tu alma elige tu vida con la orientación de tus maestros y tus ángeles, solamente permite que asumas aquello que eres capaz de asumir. Son las decisiones que has tomado mientras estás en la Tierra y tus actitudes ante las situaciones las que han hecho que tu vida sea tan difícil. Cuando alguien toma el camino equivocado deliberadamente, la vida puede resultar demasiado pesada, así que medita para saber cuál es la dirección correcta y pide a los ángeles que te ayuden a reducir tu carga.

Siento que he estado perdiendo el tiempo durante toda mi vida y ahora tengo una sensación de emoción porque presiento que se me va a presentar mi misión en la vida. ¿Es esto posible?
Muchas almas, especialmente las más evolucionadas, pasan gran parte de sus vidas esperando o buscando su destino, el cual sólo se les presenta en los últimos años. No obstante, cada paso del camino te ofrece lecciones que te preparan para la labor que te espera. De manera que debes dar cada paso sabiamente.

Mi vida está por todas partes. Hay tantas cosas que quiero hacer y conseguir que siento que estoy haciendo malabarismos con todo y que no avanzo. ¿Qué me sugiere para ayudarme?

Sí, estás haciendo demasiadas cosas a la vez. Primero, toma una decisión sobre lo que realmente quieres lograr y saca tres o cuatro hilos de la maraña. Anota esos objetivos concretos y léelos para ti todos los días. Deja que los demás queden fuera por el momento.

Siempre puedo ver los dos lados de todas las cosas, de manera que me siento inclinado hacia este lado y hacia el otro. Es agotador. ¿Cómo puedo dirigir mis energías hacia una única meta?

Es excelente tener una visión general. No obstante, debes decidir cuál es tu meta y verla desde una sola perspectiva.

Actualmente estás conduciendo, metafóricamente, un carro con dos caballos, y cada uno de ellos está en una dirección opuesta. Tus pensamientos están dando a cada caballo instrucciones distintas, de modo que toda tu energía se destina a controlar a los animales. Decide qué camino quieres seguir. Éste es un ejercicio poderoso para ayudarte a controlar tu energía y a avanzar rápidamente hacia tu objetivo:

VISUALIZACIÓN PARA ALCANZAR TU OBJETIVO

— Detén el carro y desciende.
— Habla con los caballos. Explícales lo que estás intentando conseguir y haz que se pongan de tu lado.

— Luego di: «Éste es mi objetivo. ¿Trabajaréis conmigo?».
— Visualiza que asienten para expresar que están de acuerdo.
— Vuelve a subirte al carro y condúcelo en línea recta por ese camino.
— De vez en cuando, en las siguientes semanas, comprueba que los caballos estén galopando en la misma dirección.

La naturaleza

¿Por qué me siento más relajada y serena cuando camino junto al agua?
El agua es un limpiador cósmico, motivo por el cual te sientes serena cuando caminas cerca de ella. El agua atrae y absorbe tu energía negativa hace que te sientas mejor.

> Si colocas un vaso de agua junto a tu cama por la noche, cualquier energía inferior que esté a tu alrededor será absorbida por el agua. Recuerda: no debes beberla por la mañana. Y no riegues las plantas con ella, porque, aunque algún follaje puede transmutar la negatividad, muchas hojas son demasiado delicadas para absorber tus toxinas en su organismo.

¿Por qué me siento mejor cuando estoy en la naturaleza?
Los árboles, las plantas, la hierba, el agua, los elementos, así como la Madre Tierra, atraen tu negatividad y la trans-

mutan. El fuego, el cual incluye el Sol, quema los desperdicios. Si sales al viento, el aire se lleva las telarañas de tu
mente. Cuando caminas en la naturaleza, la tierra elimina
tus ansiedades y tus preocupaciones. La naturaleza también
irradia energía positiva, que puedes respirar para sentirte
mejor.

¿Por qué el hecho de abrazar un árbol ayuda?

La esencia de la mayoría de los árboles es el amor, de modo
que ellos te envuelven con él y ayudan a calmarte. También
son los guardianes de la sabiduría.

¿Cuál es el propósito de los árboles?

Ellos forman parte de la ecología, y equilibran y purifican
el aire, ofreciendo refugio a las aves y a los animales pequeños, sombra a otros animales, madera para la construcción
y las fogatas, así como frutas y frutos secos para comer.
Cada uno de ellos embellece el planeta y ofrece algo ligeramente distinto.

Además, son guardianes de la sabiduría de la antigüedad. Ciertas cosas están codificadas a un nivel físico para
ser descifradas por los científicos, pero toda la historia de
un lugar se guarda psíquicamente gracias a muchos viejos
árboles sabios, los guardianes de los archivos. Cuando tu
frecuencia se eleva, puedes «leer» esa información. Los árboles actúan como una red mundial susurrante, transmitiendo información por el reino de la naturaleza. En verano
la difunden por las hojas y en invierno por las raíces.

Los elementales de los árboles están en contacto entre sí
por todo el mundo. Ellos ven el pasado y el futuro, y conocen las previsiones meteorológicas. Acuérdate de pedir consejo a un viejo árbol sabio.

Una sabia amiga mía octagenaria me dijo que solía ir a ver a su viejo cedro favorito para pedirle orientación. Un día, tenía un terrible dilema que resolver y no sabía qué hacer. Le explicó su problema al árbol y le preguntó: «¿Qué es lo que tengo que hacer?». Rápidamente, ¡una respuesta de tres palabras llegó a su cabeza! Era lo último que ella esperaba, pero le dijo: «Si ése es tu consejo, lo haré». Y cincuenta años más tarde se reía mientras me decía que «funcionó de maravilla». ¡Pero no quiso revelar qué le había preguntado!

❀

En otra ocasión, la misma amiga sabia estaba sentada debajo de un árbol con una amiga. En el mismo momento, ambas recibieron en sus mentes la frase: «Simplemente, te saldrás con la tuya». Las dos señoras se miraron, asombradas. Luego, se dieron cuanta de que el árbol estaba hablando sobre una fiesta en el jardín que estaban preparando para el fin de semana siguiente. Se tomaron esas palabras como una orientación y despejaron todo temprano, justo antes de que lloviera.

❀

Una hilera de cipreses de Leyland bordeaba mi casa y, finalmente, tuve que talarlos. Un vecino me pidió que quitara unos espinos descuidados que asomaban desde nuestro seto colindante. Cuando mi encantador jardinero espiritual se disponía a hacerlo, los árboles le dijeron: «No, ahora que los cipreses ya no están, ¡somos la protección de Diana!». No hace falta decir que los espinos se quedaron ahí, y les doy las gracias.

97

Ejercicio para establecer contacto con un árbol

1. Siéntate debajo de un árbol o abrázalo. Si no puedes hacerlo físicamente, piensa en alguno que conozcas e imagina que estás sentado debajo de él.
2. Mentalmente, hónralo y dale las gracias por permitirte entrar dentro de su aura. Recuerda que los árboles viejos son seres venerables.
3. Silencia y tranquiliza tu mente todo lo que puedas, quizás concentrándote en tu respiración.
4. Abre tu corazón y «siente» cualquier cosa que el árbol desee comunicarte. Es posible que tengas una sensación de paz o de amor. O quizás sientas su dignidad o su fuerza. Incluso podrías estar abierto a recibir impresiones o imágenes de la historia local. Por otro lado, podrías recibir una descarga de sabiduría antigua.
5. Da gracias al árbol por cualquier cosa que hayas experimentado.

Cuando era pequeña tenía un libro lleno de imágenes de hadas de las flores. ¿Realmente existen?

Claro que sí. Las hadas cuidan de las flores. Ellas las ayudan a crecer y a desarrollar sus bonitos colores. De la misma manera que tú tienes ángeles que cuidan de ti, las flores tienen elementales que se ocupan de ellas. Sin embargo, actualmente existen menos de esos bellos espíritus, ya que muchos prados naturales y hábitats salvajes están desapareciendo y siendo reemplazados por jardines llenos de sustancias químicas y de cemento.

¿Cómo puedo ver a un hada?

Para ver a los elementales tienes que ser clarividente. No obstante, si vas a un lugar encantador en la naturaleza que todavía sea tranquilo y silencioso, ahí los velos entre los mundos son más finos y es posible que simplemente vislumbres o sientas a las hadas que se reúnen en ese tipo de lugares. A menudo, sólo percibirás una luz bailando entre las flores.

¿Puedo hacer algo para favorecer que existan hadas?
Si tienes un jardín, crea un rincón para las hadas. Tiene que ser bonito y debes pensar en las hadas cuando trabajes en él. Mantén esa zona libre de sustancias químicas. Entonces, simplemente debes saber que están ahí.

> Las hadas pueden ser muy traviesas, como los niños pequeños. Pueden deshacer los nudos de los cordones de los zapatos y hacerte saltar haciendo crujir una hoja detrás de ti. Pueden esconder traviesamente las herramientas del jardín que estás utilizando, de manera que cuando eches de menos algo acuérdate de pedirles que te lo devuelvan. ¡Quizás tengas que esperar uno o dos días! También les encanta hacerte reír.

¿Por qué permite Dios que una especie diezme a otra como, por ejemplo, en el caso de las ardillas grises que desbancan a las rojas?
Si se la deja en paz, la naturaleza tiene equilibrio y armonía. Dios creó el anteproyecto divino original y los humanos utilizaron su libre albedrío para alterarlo. Cuando vosotros empezasteis a interferir con el mundo natural, se perdió el equilibrio divino.

¿Es espiritualmente permisible modificar el curso de un río?
La sabiduría innata de un río le permite fluir de una manera perfecta y hallar el camino de menor resistencia. Cuando una ruta está modificada o interrumpida, las consecuencias repercuten en todo el planeta y, a la larga, la fuerza acuática acabará reafirmándose.

¿Sobrevivirá la Tierra con lo que le estamos haciendo a la naturaleza?
La pregunta no es si la Tierra va a sobrevivir, sino si continuará existiendo en una forma que pueda sustentar la vida tal como la habéis conocido. La respuesta se encuentra en vuestras decisiones individuales y colectivas. Tratad a cada aspecto de la naturaleza con respeto y dad vuestro respaldo únicamente a los alimentos, la ropa y los negocios que tengan una ética ecológica.

Religión y espiritualidad

¿Qué es la nueva era?
Es, literalmente, una nueva era. Durante los últimos 2.000 años, el mundo ha estado bajo la influencia de Piscis, un período en el cual la humanidad renunció a su poder y permitió que los sacerdotes y otros fueran un canal para las comunicaciones divinas. Ahora, la Tierra ha entrado en el ámbito de Acuario, que os va a influir en los próximos 2.000 años. La nueva era de Acuario es una época en la que se espera que las personas tengan acceso a la sabiduría antigua y puedan establecer contacto con Dios.

¿Las religiones organizadas cristianas ya han tenido su tiempo?

El dogma del cristianismo ya ha cumplido su propósito, pero la energía de Cristo seguirá existiendo durante toda la eternidad.

¿Quién fue Jesús? ¿Fue el hijo de Dios?

Jesús es el ser más evolucionado espiritualmente que se ha encarnado jamás en la Tierra. Un hijo/hija de Dios es un Ser de Luz que lleva en su interior la energía de la Fuente, una vez diluida. Jesús era uno de los doce hijos/hijas de Dios, y el único que sirvió a este universo.

¿Por qué fue elegido para llevar la energía de Cristo?

La energía de Cristo es una luz de amor incondicional de alta frecuencia. Jesús fue elegido y formado para llevar esa luz a su campo de energía porque él era el único humano capaz de hacerlo en esa época. Ahora que la vibración de la gente se está elevando, más personas son capaces de llevar al menos parte de la luz de Cristo.

¿Cuán diluidas están las personas en general?

La mayoría de las personas son energía de la Fuente, diluida dos o tres veces.

¿Qué es la ascensión?

Ascensión significa, literalmente, «investigar más la luz de tu alma hacia el interior de tu personalidad en la Tierra». La consecuencia es que puedes ascender a una dimensión superior. Cuando llevas en tu interior más de cierta cantidad de luz, ya no puedes mantener un cuerpo físico y, llegado ese momento, la mayoría de las personas muere de una forma natural, dejando su cuerpo físico en la Tierra de la manera habitual. No obstante, a lo largo de la historia han existido algunos seres altamente evolucionados que han desmaterializado sus cuerpos físicos al ascender.

¿Es cierto que el planeta Tierra está ascendiendo?
Sí. Por decreto divino de la Dama Gaia, que es el Ángel Iluminado que cuida de la Tierra, el planeta y todo lo que hay en él están ascendiendo a través de dos dimensiones, desde un planeta de la tercera dimensión hasta uno de la quinta dimensión. En los próximos años, se ofrecerá a vuestra alma una oportunidad sin precedentes para el crecimiento espiritual.

¿Y si alguien no está preparado para ascender con el planeta?
Los que no estén preparados simplemente se reencarnarán para continuar su experiencia en otro planeta de la tercera dimensión.

¿Cuál es la diferencia entre religión y espiritualidad?
La religión es un espíritu vestido por el hombre. Ahí donde existan dogmas y reglas, el espíritu puro está limitado. La espiritualidad permite a las personas ser ellas mismas, libres para usar su intuición, para entrar en comunión con la naturaleza y el mundo de los espíritus.

¿De dónde proceden las supersticiones?
Cuando las personas perdieron su conexión con lo divino, dejaron de usar la intuición o de sintonizar con la orientación divina. Entonces se dejaron influir por los acontecimientos.

Ejemplo

Si algo bueno te ocurrió un día en que diste vueltas en un círculo tres veces, entonces tres vueltas significaron buena suerte. Si lo mismo te ocurrió en una segunda o una tercera ocasión, se confirmó la señal y se afianzó como superstición. Éste es el motivo por el cual esas creencias varían en diferentes lugares.

¿Cuál es la mejor religión?

En la cima de la montaña, todas las religiones son exactamente iguales, pero cuando descienden por la ladera, los caminos se separan cada vez más.

La esencia de cada religión es el amor, la luz y la verdad espiritual. Ninguna es mejor que otra. Todos son caminos que conducen a Dios. Sin embargo, puesto que los humanos han distorsionado las enseñanzas básicas, puras, las sectas se han diferenciado y se han convertido en viajes independientes. Entonces, ahora la gente se encarna en partes específicas del mundo para experimentar la religión a través de la cual su alma desea aprender.

¿Por qué se han realizado tantos actos crueles en nombre del cristianismo?

Los padres de la Iglesia valoraron el dogma religioso del cristianismo, no la esencia. Cuando la lógica del hemisferio izquierdo del cerebro se valora más que la sabiduría y el amor del derecho, conduce inevitablemente a la desconexión de los sentimientos y el espíritu. Puesto que los corazones de los que se sintieron atraídos hacia él se cerraron, las religiones misioneras fueron crueles para poder controlar y manipular a los demás. Esto no tiene nada que ver con la espiritualidad, ni siquiera con la religión, y las personas, así como la iglesia, tienen el karma adecuado.

¿La Iglesia católica tiene karma por haber protegido a sabiendas a sacerdotes que abusaron de niños?
La institución y todos los implicados tienen una terrible carga de karma. es verdaderamente algo horrible hacer daño a niños inocentes.

¿Los obispos que protegieron a sabiendas a los sacerdotes que abusaron de los niños tienen karma?
Claro que sí. Cualquier persona que confabula a sabiendas, y que ha hecho daño a unos niños, en encarnaciones futuras tendrá un escaso progreso espiritual.

¿La Iglesia ha hecho más bien que mal?
Sí, la Iglesia ha hecho más bien que mal. Ha ofrecido esperanza y consuelo a millones de personas.

¿Qué ocurre cuando las religiones están dominadas por el género masculino?
Los que ya no escuchan a la sabiduría femenina y se desligan de sus conexiones espirituales crean religiones concentrándose en la limitación y la exclusividad, en lugar de hacerlo desde una perspectiva más elevada. Entonces persiguen, excluyen o condenan a las mujeres y a aquellos que no siguen su limitado camino. Esto no tiene nada que ver con la espiritualidad.

¿Por qué el islam tiene más éxito ahora?
Las religiones misioneras se mueven como olas por el planeta. El cristianismo tuvo la oportunidad de influir amplia-

mente durante muchos siglos. Ahora, ha empezado a surgir una nueva oleada, que alberga unas lecciones distintas.

¿Cuáles son las lecciones de cada religión o confesión?
Cada religión tiene un aspecto *yin* y un aspecto *yang*, como se muestra en la tabla que aparece en la parte inferior. Cada una imparte enseñanzas sobre la luz, el amor y la paz, por un lado, y, por otro lado, ofrece pruebas a sus devotos. Antes de la encarnación, la sobrealma elige la religión que le ofrece los desafíos y las experiencias que necesita, positivos y negativos. A menudo, las almas deciden probar una variedad de caminos en sus sucesivas vidas, especialmente si han sido particularmente dogmáticas. Ese tipo de individuos pueden transferir sus actitudes rígidas a su nuevo credo.

PROTESTANTISMO	Amor incondicional, perdón.	Dependencia de intermediarios, intolerancia.
CATOLICISMO	Trascendencia.	Culpa, vergüenza.
JUDAÍSMO	Los elegidos.	Falta de valía, rechazo.
ISLAM	Fe, tolerancia, paz.	Manipulación, fe ciega, ira.
BUDISMO	Paz, ser inofensivos, iluminación.	Ira, represión.
HINDUISMO	Fe, equilibrio.	Confusión.
PAGANISMO	Unidad, reverencia.	Demasiado terrestres, supersticiosos.
ESPIRITUALIDAD DE LA NUEVA ERA	Ascensión.	Ilusión, no estar anclados.

¿Existe el pecado original?
Las personas espirituales siempre han sabido que las almas se encarnan con karma. Durante las épocas eluciona-

das, estas limitaciones, que un alma elige imponerse para aprender y para equilibrar las fechorías del pasado, eran reconocidas sin ser juzgadas. Las personas sabias ofrecían amor y enseñanzas más elevadas para ayudar a la comprensión del que sufría y esto actuaba como la gracia.

Cuando la energía masculina se hizo con el control de la Iglesia, que luego negó la sabiduría de lo femenino, *karma* se tradujo como «pecado original». La falta de comprensión espiritual significó que el simple hecho de estar en un cuerpo físico era juzgado y que incluso los bebés inocentes se consideraban malos. Los ángeles nunca critican. Ellos miran con amor y compasión a cada ser humano e intentan guiarlos y ayudarlos hacia caminos más elevados.

¿Quién fue María Magdalena?

María fue una mujer superior, muy evolucionada y santa que fue la compañera espiritual de Jesús durante su encarnación juntos. Ella era uno de sus discípulos y jamás fue su compañera sexual o su esposa. Cuando la Iglesia empezó a estar más dominada por los hombres, intentó desmoralizar a las mujeres para quitarles su poder. María Magdalena era poderosa y pura, así que la Iglesia la vilipendió con acusaciones falsas. Al acusar a las mujeres de ser «Eva», seductoras sexuales que desviaban a los hombres de su camino, los padres de la Iglesia devaluaron tanto al género femenino como al carácter sagrado de la sexualidad.

¿Jesús y María Magdalena se casaron?

No, sin embargo, cuando Jesús volvió a la energía de Joshua Ben Joseph, después de la crucifixión, María y él se casaron.

¿Tuvieron hijos?

No, no mientras él fue Jesús. Después, María y él tuvieron a Sara.

¿Jesús fue célibe?

Sí. Su energía era tan pura y elevada que Él estaba más allá de la necesidad de una expresión sexual. Su preparación antes de la encarnación, su visión y su concentración mientras ejerció de pastor y su éxito como Jesús tenía la finalidad de traer la energía más elevada conocida en la Tierra, la consciencia de Cristo.

> Mi guía, Kumeka, y los ángeles me dijeron que Jesús y María no se casaron ni tuvieron hijos, pero soy muy consciente de que esas escuelas esotéricas muy respetadas, que tienen acceso a profundas verdades ocultas, enseñan que Jesús y María Magdalena se casaron y tuvieron hijos, los cuales luego fundaron las casas reales continentales. Yo estaba desconcertada por esta aparente anomalía y la comenté con Rosemary Stephenson, que es una maestra sobre los ángeles y lleva en su interior la energía femenina divina. Le dije que debía de existir una perspectiva más elevada que yo todavía no había captado, pero en la cual los ángeles, Kumeka y las escuelas esotéricas, todos, estaban en lo cierto. Súbitamente, unos anillos de pura luz blanca empezaron a fluir de su perro. Las luces parpadeaban continuamente. Entonces pudimos sentir la proximidad de unas presencias amorosas y poderosas, y nuestros cuerpos se llenaron de energía. St. Germain entró por mi derecha. Jesús se colocó a mi izquierda. María Magdalena, la

Virgen María, la madre Teresa, santa Clara, santa Catalina de Siena, Juana de Arco y santa Teresa de Ávila entraron por detrás de mí. Fue asombroso. María Magdalena me habló. Dijo que todas esas afirmaciones aparentemente contradictorias eran correctas. Mi pregunta fue si María Magdalena y Jesús se habían casado y tenido hijos, a lo cual la respuesta es «No». Jesús alcanzó ese nombre durante tres años mientras llevó en su interior la energía de Cristo. Más adelante, volvió a ser Joshua Ben Joseph, se casó con María Magdalena y nació Sara. Para mí, todo tenía sentido y fue un ejemplo maravilloso de la importancia de realizar la pregunta correcta.

¿Jesús murió en la cruz?

No. Gracias a su capacidad avanzada de controlar su mente y su cuerpo físico, pudo entrar en un estado de animación suspendida en la cruz. Ascendió a una frecuencia superior. Los que lo descendieron de la cruz y cuidaron de él eran sanadores esenios sumamente evolucionados, con poderes especiales, que fueron capaces de ayudarlo a volver a su cuerpo físico y lo sanaron. De manera que Jesús vivió y continuó su encarnación.

El alma y el espíritu

¿Qué es una mónada?

La mónada se define como la chispa original de la Fuente, conocida como el YO SOY. Se trata de una luz poderosa, que prácticamente está más allá de la comprensión de los humanos.

¿Qué es una sobrealma?

Es una parte de tu mónada o presencia YO SOY que ha descendido. La sobrealma es una combinación de todas las partes de tu alma, cada una de las cuales sale a los universos para experimentar. Es este aspecto más elevado, con su amplia perspectiva y su sabiduría acumulada, el que toma las decisiones para tu alma antes de la encarnación.

¿Qué es un alma?

El alma, o Yo Superior, es el total de todo lo que has aprendido en todos los niveles hasta ese momento. Es el aspecto de ti que guía a tu personalidad en la Tierra.

¿Puede haber más de un aspecto de tu sobrealma en la Tierra?

Esto solía ser poco frecuente, pero puesto que el planeta está elevando su frecuencia, cada vez más almas y sus diversos aspectos quieren encarnarse para experimentar la oportunidad espiritual actual. Ahora es posible que las personas conozcan otros aspectos de su alma, que puede haber tenido vidas muy distintas. Este encuentro no es necesariamente fácil. Por ejemplo, uno podría vivir en una secta religiosa muy estricta, aprender lo que es la tolerancia y la actitud abierta dentro de las limitaciones, mientras que otro podría estar confuso en una parte hedonista del mundo, intentando crear equilibrio, y otro podría ser un político, esforzándose por practicar la honestidad y la integridad en un mundo de tentaciones, y es posible que, en la superficie, tengan muy poco en común.

¿Dos personas pueden pertenecer a la misma alma?

Las almas pueden dividirse hasta en doce aspectos, de manera que dos o más personas en la Tierra podrían pertenecer a la misma alma. Ciertamente, otras partes de ella podrían no encarnarse o experimentar algo bastante distinto en otra parte del universo.

¿Es posible que se encarne sólo una parte de un alma?

La sobrealma es una gran entidad, de manera que es muy raro que toda la energía entre en un cuerpo. Esto puede ocurrir en épocas de cambio o de agitación, cuando un gran alma o Mahatma nace para elevar la frecuencia del mundo.

Ciertamente, es posible que actualmente otros aspectos de tu alma estén en otro planeta o en un universo distinto.

Si solamente una diminuta fracción de un alma entra para aprender una sola lección, es posible que no tenga suficientes recursos para vivir una vida completamente independiente, de modo que puede crear un cuerpo física o mentalmente discapacitado y otras personas tendrán que cuidar de él. Por supuesto, existen otras razones por las que un alma puede elegir una encarnación en la que es dependiente.

¿Jesús trajo toda la energía de su alma?
Sí.

¿Qué es un espíritu?

Tu espíritu es parte de tu alma y alberga tu conciencia. Tu cuerpo físico es una funda para albergar a tu espíritu, el cual puede desaparecer cuando duermes y a veces cuando meditas.

¿Qué es tu ego?
Tu ego es el aspecto de tu personalidad que te mantiene separado de los demás y de Dios. Está aprendiendo ciertas lecciones.

¿Qué les ocurre a todos los espíritus cuando la gente muere?
Los universos son más inmensos de lo que puedes concebir y hay muchos planos de existencia que existen simultáneamente en diferentes bandas de frecuencia. ¡Hay sitio para todos!

¿Dónde viven los fantasmas?
Viven entre vosotros en los planos astrales: una frecuencia que solamente los clarividentes pueden ver y a la que pueden acceder.

¿Por qué está tan superpoblado el planeta?
Puesto que os estáis aproximando al año 2012, que marca el final de un ciclo astrológico de 26.000 años en la Tierra y anuncia un momento cósmico que ofrece oportunidades sin precedentes para el crecimiento espiritual, almas de todos los universos esta solicitando venir a la Tierra. Algunas quieren completar su karma, mientras tengan la oportunidad de hacerlo. Otras desean aprovechar las oportunidades.

¿De dónde proceden todas las personas que están actualmente en el planeta?
No existe un número finito de almas para la Tierra, que es sólo un pequeño planeta en uno de los millares de galaxias en uno de los doce universos. Hay trillones de almas en los universos, todas experimentando en otros sistemas de estrellas. Puesto que la Tierra es un lugar muy importante

para el crecimiento espiritual en esta época, muchos de esos seres están visitando ahora vuestro planeta para tener una encarnación física.

¿Qué le ocurre al espíritu cuando la persona muere?
Inicialmente, tu espíritu experimentará cualquier cosa que tú esperes, tanto si es fuego y azufre como si es el cielo. Después de que se hayan cumplido tus expectativas, existe un período de reajuste, especialmente para aquellos que han sido adoctrinados con creencias específicas o limitadoras. Es posible que luego los ángeles y los que están entrenados en esas artes os sanen.

Te encontrarás con tus guías y ángeles, posiblemente incluso con los Señores del Karma, para evaluar tu vida. Durante esa conversación, tomaréis una decisión juntos sobre si necesitas reencarnarte rápidamente o esperar cientos de años, o incluso si te has ganado la liberación de la reencarnación para que tu alma pueda ascender a dimensiones superiores. Si tienes karma no resuelto, estás atado a este planeta hasta que hayas pagado tu deuda. Después de eso, puedes decidir continuar la educación de tu alma en la Tierra o en otro planeta.

En algún momento, tu espíritu se reunirá con tu querida familia del alma en los planos interiores. Tanto si tienes éxito en tu misión en la Tierra como si no, llevas tu aprendizaje, tus experiencias y tu comprensión de tu vida de vuelta a tu sobrealma para que pueda absorberlos y crecer.

¿Las almas no van al cielo cuando mueren?
Sí, si es ahí donde creen que irán. El cielo es un plano en la séptima dimensión, de manera que aquellos que son capaces de elevar su frecuencia a ese nivel después de morir re-

sidirán durante un tiempo en la belleza y la luz de ese lugar con los ángeles.

¿Por qué no muero cuando salgo de mi cuerpo mientras duermo?
Mientras estás vivo, tu espíritu está amarrado a tu cuerpo mediante un cordón de plata. Cuando mueres, el cordón de plata se corta y eres liberado de tu cuerpo físico.

¿Qué hacen las personas entre vidas?
Hay millones de opciones en los planos interiores. Tu espíritu puede desear servir de alguna manera, por ejemplo, como sanador, como maestro, ayudando a los bebés que han fallecido, desarrollando nuevas ideas para ayudar a la humanidad o trabajando con animales. Las oportunidades para el servicio son infinitas.

Quizás desees ayudar a un niño o a un nieto o a un grupo de personas que todavía están encarnados.

Puedes desear desarrollar tu creatividad como artista, músico o arquitecto.

Puedes desear ser un embajador de los planos interiores.

Quizás haya llegado el momento de formarte para un nuevo papel, en cuyo caso puedes pasar un tiempo en una de las universidades de la luz en otro sistema solar.

El viaje astral

¿Qué es el viaje astral?
Cuando tu espíritu abandona su envoltorio físico y se desplaza hacia los planos emocionales, viajas astralmente. Esto puede ocurrir si proyectas tu espíritu mientras estás des-

pierto, en cuyo caso debes pedir a tus guías que protejan tu cuerpo. También ocurre de una forma natural mientras estás dormido, en cuyo caso tus guías protegen automáticamente tu forma física.

¿Dónde va tu espíritu durante la noche?
Es libre para viajar donde quiera. Tu conciencia está alojada en tu espíritu, de modo que si has estado concentrado en la ira o en la preocupación, entrarás en los planos astrales, que son planos de emoción. Esto puede ser muy agotador, de modo que es posible que despiertes cansado. Es importante que te serenes antes de irte a dormir, quizás leyendo o meditando, para que puedas ir a mundos superiores. En ese caso, podrías visitar los reinos de los ángeles, a los Maestros Iluminados, a los delfines o a tu espíritu guía para que te ayude o te eduque. Puedes entrar en templos de sanación o de enseñanza, o viajar a tu planeta de procedencia. Incluso puedes pasar el tiempo que estés dormido ayudando a otros a morir adecuadamente, sanando, dando consuelo o enseñando.

¿Puedo decidir los lugares donde ir cuando duermo?
Mientras estás despierto y consciente, puedes planear tu viaje nocturno. Es útil decidir cada mañana dónde deseas ir por la noche y declarar claramente lo que deseas conseguir mientras duermes. Luego, puedes afirmarlo durante el día, lo cual imprime una impresión en la consciencia de tu espíritu. Justo antes de irte a dormir, concéntrate en el destino al que has planeado ir y viajarás allí. Sin embargo, debes tener en mente tu objetivo. Hay infinitos lugares a los que puedes ir, pero debes elegir un lugar que sirva a tu progreso espiritual o emocional.

¿Siempre voy al lugar que deseo por la noche?

No, es posible que tu voluntad no sea suficientemente clara o que tu vibración no consiga llegar al destino deseado. Además, quizás tus guías y tus ángeles quieran que vayas a otro lugar, en cuyo caso deberías rendirte a su sabiduría superior. Puedes solicitar regresar de tus viajes nocturnos con un sueño explícito, para que te den información.

¿Puedo encontrarme con mis seres queridos mientras duermo?

Sí, eso ocurre. Cuando los espíritus se atraen mutuamente por el amor, se encuentran en los planos interiores mientras están dormidos. La felicidad que esto produce suele sostenerlos durante su horas de vigilia, aunque estén separados físicamente. Así que piensa en tus seres queridos antes de irte a dormir.

¿Puedo encontrarme con mi futuro marido en mis viajes nocturnos?

Esto ocurre ocasionalmente, cuando existe una relación que está predestinada y las dos personas todavía no se conocen. Ellos estan en conexión en los planos interiores durante los meses y los años anteriores, y, cuando finalmente se encuentran físicamente, tienen una sensación de *déjà vu* o de reconocimiento del alma.

> Alan era un policía fuerte y centrado, no muy dado a los arrebatos de fantasía. Un día, tuvo un sueño muy vívido en el que conocía a una mujer hermosa, y supo que ella iba a ser su esposa. Un año más tarde, cuando la vio en una fiesta, la reconoció al instante. Ahora llevan casi veinte años

felizmente casados y todavía resplandecen de felicidad cuando hablan el uno del otro.

¿Puedo visitar a mi madre muerta mientras duermo? Ella falleció recientemente, tras una breve enfermedad y la echo muchísimo de menos.

Puedes pedir visitarla si eso es para el mayor bien. No obstante, recuerda que tu madre podría estar en un hospital en el más allá, recibiendo sanación, ya que ha fallecido recientemente tras padecer una enfermedad y es posible que no esté preparada para recibir visitas. O quizás haya pasado a un plano en el que ya no puede entrar en contacto con los que están en la Tierra. Incluso es posible que ya esté formando parte de otro plan. Es muy probable que tu espíritu visite a tu madre y, aunque probablemente no recordarás los detalles cuando despiertes, tendrás un sentimiento de consuelo y amor engendrado por vuestro encuentro. Eso también la ayudará a ella.

Mi hija pequeña duerme como un tronco, mientras que mi hijo tiene el sueño ligero y se despierta con facilidad. ¿A qué se debe?

El espíritu de tu niña viaja lejos mientras duerme. Ella regresa a su planeta de origen, que no está en este universo, para renovar su alma y aprender. Esos viajes pueden ser muy agotadores.

Tu hijo proviene de un planeta más cercano de este universo y no tiene que viajar tan lejos mientras duerme.

Cuando era un bebé, uno de mis hijos gritaba durante mucho rato cuando se despertaba por la mañana y si se despertaba cuando dormía durante el día, aunque ahora

116

está dejando eso atrás. ¿Qué me podríais comentar al respecto?

Es muy difícil para tu hijo, que tiene una frecuencia alta, adaptarse a la vida en un cuerpo. No ha estado en la Tierra muchas veces y no está acostumbrado a los planos materiales, de modo que grita para expresar su incomodidad. Es posible que no desee pasar por las experiencias de vida que ha escogido. Esto también puede ocurrir cuando un bebé, o un niño pequeño, está tenso y a su espíritu libre le cuesta encontrarse limitado dentro de su apretada funda. Pero, ciertamente, es importante que compruebes que no existe ninguna causa física.

Siempre me siento malhumorado por la mañana. ¿Por qué?

Los asuntos inconscientes a los que no te has enfrentado afloran a la superficie durante el sueño. Por la mañana, mientras estás en contacto con esas presiones, te sientes malhumorado ¡hasta que las vuelves a reprimir y consigues olvidarlas! Sin embargo, esto te indica que necesitas explorar tu pasado y despejar emociones que están estancadas desde hace mucho tiempo. Esto te liberará, ¡para que puedas despertar de buen humor y feliz!

Mi amiga practica los viajes astrales durante la meditación. ¿Es seguro?

Cuando te duermes de una forma natural, tus guías protegen tu cuerpo físico para que ninguna otra entidad pueda entrar dentro de tu funda. No obstante, si practicas los viajes astrales sin establecer una protección, podrías tener un problema. Los mediums que salen de sus cuerpos se sientan en un círculo para que los otros miembros puedan cuidar de ellos.

Jamás deberías tocar a alguien mientras está fuera de su cuerpo y, sobre todo, no lo muevas, porque podría tener una conmoción y enfermar. Aunque el cordón de plata debería hacerle regresar al lugar correcto, en ciertas ocasiones, algún espíritu ha tenido dificultades para encontrar su cuerpo si no está en el lugar donde lo dejó, y si alguien que está realizando un viaje astral tiene algún problema para regresar a su cuerpo, mantenlo dentro de la luz de Cristo, que es una energía de frecuencia muy alta que trajo Jesús a la humanidad hace 2.000 años, porque eso le ayudará a regresar.

¿Es posible viajar fuera del cuerpo hacia otro lugar sin tener la intención consciente de hacerlo?
Si estás fuertemente vinculado de una forma emocional a ese lugar o a esa persona, puedes proyectarte fuera de tu cuerpo sin saber que lo estás haciendo. La otra persona podría sentir tu presencia o verte.

> En un curso de sanación, Sheela conoció a alguien con quien sintió una gran afinidad. Cuando regresó a casa, se despertaba a las seis de la mañana cada día y lo veía de pie en un rincón de la habitación. Esto prosiguió durante dos semanas, hasta que Sheela habló por teléfono con él y descubrió que había trabajado en el turno de mañana y pensaba en ella mientras conducía hacia el trabajo.

¿Cuál es la finalidad de los viajes astrales?
Algunas personas los usan para ubicar objetos perdidos o personas. Por lo general, se utilizan para conectar con seres queridos o con lugares.

¿Qué cualidades debo tener para poder practicar el viaje astral?

Debes ser capaz de centrarte y concentrar tu mente para dirigir a tu espíritu adonde tú quieras ir.

A todos mis hijos les encantaba viajar. Cuando Lauren se marchó para ir a la universidad, voló hacia el Este con su mochila y su espíritu de aventura. Al principio me enviaba postales y yo recibía alguna llamada. Un día me di cuenta de que no había tenido noticias suyas desde hacía tiempo. Mi intuición me dijo que Lauren estaba bien, pero decidí que tres meses sin ningún contacto era demasiado tiempo. Le comenté mi preocupación a una amiga y ella me dijo inmediatamente: «Bueno, encuéntrala en el plano astral».

«Claro», pensé.

Esa noche me senté a meditar, indicando a mi espíritu que buscase a mi hija. En pocos minutos me encontré en una hermosa bahía soleada con arena blanca y palmeras. Unos segundos más tarde, apareció Lauren vistiendo unos shorts azules, delgada, con sus largas piernas bronceadas. Estaba riendo y parecía muy feliz. Le dije: «Ya es hora de que llames a casa». Ella asintió. Salí de la meditación sintiéndome completamente relajada, sabiendo que mi hija estaba bien.

Al día siguiente recibí una llamada de Lauren. «Hola, mamá. Soy yo. Vuelvo a casa. ¿Podrías irme a buscar al aeropuerto?». Resultó que, unos minutos después de nuestro encuentro astral, súbitamente decidió que ya era hora de volver ¡e inmediatamente fue a reservar su vuelo!

¿Nuestro espíritu puede ser atacado en los planes astrales por alguien que está enfadado con nosotros?

Sí. El astral es el plano de las emociones. Es un lugar turbio y uno siempre debería llevar un manto de protección. Si tu espíritu es atacado por alguien que está celoso de ti, es posible que despiertes sintiéndote agotado y exhausto. Incluso es posible que tengas arañazos físicos en el cuerpo o dolores agudos ahí donde te han apuñalado psíquicamente.

Por este motivo es tan importante limpiar tus emociones y dirigirte a los reinos espirituales.

Anclarte

¿Qué significa no estar anclado?
Imagina que tu cuerpo es una jarra y tu espíritu es el agua que la llena. Tu espíritu está diseñado para llenar tu presencia física. Si no llega hasta tus pies es que no estás anclado.

¿Cuáles son los síntomas de no estar anclado?
Los síntomas comunes son un fuerte dolor de cabeza, náuseas o dolor en el estómago, mareos, tensión en la nuca o dolor en los ojos. Si tu cuerpo está tenso en alguna parte, es ahí donde tu espíritu no consigue entrar completamente. También es posible que sientas que estás flotando, que no estás muy bien de la cabeza o que estás nervioso.

Ciertamente, todos estos síntomas pueden indicar algo completamente distinto, de manera que sería apropiado examinar médicamente esas manifestaciones físicas.

A menudo, después de meditar, siento como si estuviera flotando y me cuesta centrarme. ¿A qué se debe eso y qué puedo hacer?

Si sientes que estás flotando, es que no estás anclado. Para volver a tu cuerpo, golpea los pies contra el suelo, estírate, mueve el cuello de un lado a otro o ponte de pie y camina un poco. Si puedes, camina descalzo sobre la hierba para que la Madre Naturaleza pueda ayudar a regresar. Toma el *Rescue Remedy* de las Flores de Bach, come algo dulce o tómate una taza de té.

Ejercicio para ayudar a alguien que no está anclado

1. Pide a la persona que no está anclada que se siente hacia un lado en una silla dura. Esto es para que tú puedas acceder a su espalda.
2. Frótate las manos y coloca las palmas hacia arriba para recibir una bendición angélica.
3. Coloca tus manos sobre los hombros de la otra persona. Es posible que sientas calor o un hormigueo, pero si no es así, no te preocupes.
4. Imagina unas raíces que salen de tus pies y de los pies de tu amigo o amiga y penetran en la tierra para anclaros.
5. Permaneced así durante unos minutos.
6. Siente el aura por encima de la coronilla de la otra persona y empújala suavemente hacia abajo, hacia su cabeza. Esto puede ayudarla a volver a entrar en su cuerpo. No obstante, si esto le resulta molesto a la otra persona o si sientes intuitivamente que no es lo correcto, detente inmediatamente. En lugar de eso, masajea su nuca o su plexo solar.
7. Ponte de rodillas delante de la otra persona y coloca tus manos sobre sus pies.

8. Cuando hayas terminado, baja los brazos delante de vosotros dos para separar, simbólicamente, vuestras energías.
9. Visualiza un manto de protección de color azul intenso alrededor de la otra persona y de ti.

Mi pareja es muy racional. ¿Eso está relacionado con el hecho de que tenga los pies fríos?
Podría ser. Las personas que piensan o leen mucho tienen gran parte de su energía alrededor de la cabeza y nada en los pies. Ahí donde hay energía hay calor, y donde no hay energía, estás frío.

Podrías ayudarle utilizando el ejercicio de anclaje que ha aparecido antes, o quizás puedas practicar el paso 6 únicamente y empujar suavemente su campo de energía hacia el interior de su cuerpo.

A veces, cuando medito, hago un movimiento brusco, como una sacudida. ¿Por qué ocurre eso?
Son momentos en los que estás cayendo en un estado de sueño y tu espíritu empieza a salir de tu cuerpo. Cuando, inconscientemente, te das cuenta de lo que está ocurriendo, vuelves a entrar con una sacudida.

Cuando medito me quedo dormida. ¿Qué puedo hacer para que eso no ocurra?
Concéntrate totalmente en la respiración o en la voz de la persona que te está dirigiendo. Verifica que estás anclado. Sé disciplinado y coherente con tus prácticas espirituales para elevar tu frecuencia. Además, recuerda que es posible que, en alguna ocasión, tus guías y tus ángeles te hayan conducido a un lugar espiritual.

Una amiga me explicó que, cuando se queda dormida y hace un viaje astral durante la meditación, despertar le lleva cierto tiempo. No obstante, si va a un lugar espiritual, al final de la sesión regresa instantáneamente, alerta y consciente. Así que puede distinguir cuál de las dos cosas ha realizado por la forma en que regresa.

Normalmente estoy sano, pero a veces despierto con una gripe que me dura veinticuatro horas. No puedo levantar la cabeza de la almohada y me siento fatal durante todo el día. Luego, al día siguiente, todo desaparece. No tengo fiebre. ¿A qué se debe?

Los síntomas que describes son los de alguien cuyo espíritu ha regresado torcido al cuerpo físico. En el caso de algunas personas, esto ocurre fácilmente, de manera que a menudo pueden estar ligeramente fuera del centro, o incluso bastante fuera de él.

Cuando tu espíritu se marcha para tus aventuras nocturnas, visita una serie de lugares. Normalmente regresa suavemente y te despiertas sintiéndote renovado por tu viaje espiritual. Sin embargo, si estás tenso, es posible que no le resulte tan fácil entrar de nuevo de manera adecuada. O si te molestan durante tu viaje, tu espíritu puede precipitarse con demasiada rapidez hacia su funda, sin estar alineado.

¿Cómo me enfrento al hecho de que mi espíritu esté mal alineado?

Los síntomas de gripe que duran veinticuatro horas, sin fiebre, indican que estás bastante fuera del centro. Cualquier cosa que pueda relajarte te ayudará: un masaje, un baño caliente, el *Rescue Remedy* de las Flores de Bach o, en un caso extremo, una aspirina. Si nada de esto funciona, vuelve a la cama y duerme. Si realmente puedes soltarte y relajarte, tu espíritu saldrá y volverá a entrar correctamente.

En algunas ocasiones, los síntomas de estar fuera del centro que describes duran cuarenta y ocho horas. ¿A qué se debe?
El motivo más común es que estabas tan tenso que tu espíritu todavía no podía entrar recto. Otro motivo podría ser que no hubieras dormido profundamente la primera noche, de manera que tu espíritu no pudo salir de tu cuerpo correctamente, precise algo que debe hacer para regresar en una alineación perfecta. En tercer lugar, es posible que parte de tu alma se haya separado y precise más tiempo, o quizás incluso ayuda, para recuperarse.

Trabajo con personas discapacitadas y a menudo me describen los síntomas de no estar anclado. ¿A qué se debe? y ¿cómo puedo ayudarlas?
Puesto que muchas personas discapacitadas tienen tensión en parte de sus cuerpos, a veces sus espíritus tienen dificultades para entrar completamente en ellas. El ejercicio de anclarse puede ayudarlas. También la sanación. Cualquier cosa que les permita relajarse ayudará al proceso. Prueba los viajes de relajación, los masajes o la técnicas de respiración.

A menudo siento que no estoy anclado, pero a mi amiga nunca le ocurre eso. ¿Por qué?
Los espíritus de algunas personas salen de sus cuerpos con mucha facilidad. Otros están tan fuertemente conectados a la Tierra que simplemente no viven esa experiencia.

Mi hija está tensa, nerviosa y es soñadora. A menudo siento que está muy lejos. ¿Acaso no está anclada?

Es muy posible. Quizás podrías ayudarla a relajarse y tranquilizarla diciéndole que está a salvo. Le ayudará que la animes a que camine, a que permanezca en la naturaleza y coma de una forma sensata. El ejercicio físico también ayuda.

Tengo ataques de pánico, y alguien me dijo que no estaba anclada. ¿Podría ser cierto? y ¿qué me podría ayudar?

Los ataques de pánico son consecuencia de no estar anclado. En el caso de algunas personas, puesto que no permanecen completamente en sus cuerpos, todo parece ligeramente irreal, desenfocado y difícil de manejar. Entonces respiran de una forma demasiado superficial y esto les hace salir todavía más de sus cuerpos. Un régimen regular de prácticas de relajación y ejercicios de respiración debería ayudarte. Entonces dispondrás de unas herramientas que podrás utilizar cuando reaparezcan los ataques. También es posible que necesites explorar las cosas concretas que desencadenan el pánico y te hacen reaccionar de esa manera.

Un buen hipnoterapeuta podría ayudarte a aprender a respirar correctamente, a explorar tus miedos subyacentes y a reprogramar tus creencias inconscientes.

El espacio

¿Por qué explosionó la nave espacial Challenger *en 1986?*

En términos humanos, fue una tragedia terrible, pero desde un punto de vista cósmico, el desastre fue inevitable. La nave espacial explosionó porque la intención de los que trabajaban en el proyecto era conquistar el espacio. Provenía de la arrogancia y el ego, con una falta de respeto por las maravillas de la creación. Incluso el nombre, *Challenger* («reto»), define la intención.

¿La exploración del espacio es siempre negativa?
Cuando el espacio se explora para expandir las fronteras del conocimiento y para descubrir las maravillas del universo, es espiritualmente aceptable. Se debe afrontar cada proyecto con respeto y un sentido de reverencia; entonces, los acontecimientos y las nuevas formas de entender las cosas serán memorables y enriquecedoras para la vida humana.

¿Existe vida en otros planetas?
Ciertamente, hay planetas que sostienen formas de vida de la tercera dimensión en otros universos. Éstas no han adquirido las mismas formas que vosotros, pero experimentan conciencias similares.

Los seres de dimensiones superiores, que no necesitan ser sustentados por comida, agua y oxígeno como vosotros, viven en todo el cosmos. Actualmente estos seres vibran en una frecuencia que está más allá del alcance de vuestra vista y vuestro oído.

¿Existen los OVNIS?
Sí, Existen los OVNIS. En otros planetas y estrellas, así como en universos que están más allá del vuestro, hay inteligencias y formas de vida, muchas de las cuales están más avanzadas tecnológicamente que vosotros.

¿Las nubes que a veces veo que tienen forma de naves espaciales son realmente naves, o son nubes que casualmente tienen esa forma?

Una nave espacial tiene una frecuencia muy alta, de modo que formas de condensación la rodean cuando está inmóvil, del mismo modo que se forman alrededor de un ángel. Si ves una nube con la forma de una nave espacial, es que hay una nave allí o ha estado allí recientemente.

> La nube OVNI más espectacular que he visto en toda mi vida fue temprano una mañana, cuando realizaba el camino de Santiago en España, con una amiga. Apareció una enorme nube con forma de un platillo volador perfecto. La parte superior se abrió hacia arriba y varios platillos voladores salieron de él, uno por uno, y se alejaron volando, para evaporarse rápidamente. Luego llegó otro gran platillo volador por detrás. Una vez más, la parte superior se abrió y varias naves salieron de él. Esto siguió ocurriendo sin cesar durante veinte minutos, mientras nosotras observábamos sobrecogidas.

¿Qué es una nave nodriza?

Es una nave espacial inmensa desde la que otras más pequeñas son enviadas a sus misiones.

> Mientras estuve en Nueva Zelanda, atravesando el lago Te Anau para ver las cuevas Glow Worm, miré hacia arriba y pude ver una nave nodriza. Sólo la vi durante un instante, pero era como un enorme transatlántico con hileras de luces, como

si fueran ventanas, y toda la nave resplandecía.
¡Un momento que jamás olvidaré!

¿Quién es el comandante Ashtar?
Es un ser sumamente evolucionado, jefe del comando Intergaláctico. Está a cargo de millones de naves espaciales que patrullan vuestro universo como parte de la Hermandad de la Luz. Ellos cuidan de la Tierra y de sus habitantes de una forma benigna para protegeros.

¿Existen naves espaciales que pertenecen a extraterrestres poco amistosos?
Sí. No os concentréis en ellos ni les proporcionéis energía. Solamente aquello que alimentáis con vuestros pensamientos puede tocaros, así que centraros únicamente en el bien y en la luz.

Cuestiones espirituales

Auras y chakras

¿Qué es el cuerpo etérico?
Es el equivalente espiritual de tu cuerpo físico y lo refleja de una forma exacta. Puede sentirse irradiando a aproximadamente dos centímetros y medio de la persona. Si alguien pierde parte de su cuerpo como, por ejemplo, un brazo, puede seguir experimentando sensaciones o dolor allí donde solía hallarse el miembro. Esto se debe a que la consciencia permanece en el espíritu etérico.

¿Qué es el aura?

El aura es un campo electromagnético coloreado que rodea a cada ser vivo y que consta de la energía de sus creencias, pensamientos y emociones. Una roca, un cristal o un árbol irradia una simple luz. Un ser humano tiene un aura emocional, así como un aura mental y un aura espiritual. Las personas clarividentes ven estas auras como franjas de luz coloreada, mientras que las sensibles pueden sentir las diferentes capas con sus manos.

¿Puede una persona influir en el aura de otra?

Por supuesto que sí. Si tu aura es radiante y está dominada por colores bonitos, puede iluminar el aura de otras personas. Si eres cálido, compasivo y amoroso, tu aura envolverá y consolará a las personas que estén cerca de ti, y esto ocurrirá sin tu conocimiento consciente. Si eres un sanador, tu aura se extenderá para tocar y ayudar a los que necesitan sanación, incluso si son extraños. Un aura optimista encenderá la esperanza en los corazones de los que están desesperados.

¿Una persona puede cambiar la atmósfera de una estancia?

Nadie es una isla. Vuestras auras penetran unas en otras. Una persona de paz y sabiduría que entre en una estancia puede influir en todos. Lo contrario también es posible, si lo permites. No obstante, las frecuencias más altas transmutan a las más bajas.

¿Qué es más poderoso, un aura oscura o un aura clara?

La luz consume a la oscuridad. La sanación elimina el dolor. El amor calma el sufrimiento. La luz es infinitamente más poderosa. Un aura dorada puede iluminar a un millón de almas.

¿Cuál es el propósito de un aura?
En primer lugar, difunde información sobre tu persona a los demás, los cuales, inconscientemente, leen tus campos de energía. En segundo lugar, cuando la atraes hacia ti, actúa como protección o un parachoques entre las otras personas y situaciones y tú mismo.

¿Cómo puedo leer auras?
Todo el mundo, consciente o inconscientemente, lee las auras. Hazte esta pregunta: «Si pudiera ver esa aura, ¿qué me diría?». Luego deja que aparezca la respuesta.

Ejercicio para ver las auras
Si deseas ver las auras, empieza por los árboles sanos o las montañas, porque tienen radiaciones muy intensas, especialmente en los días soleados. Simplemente deja que tus ojos se relajen y mira oblicuamente hacia ellos. Es posible que veas un franja de luz alrededor de ellos, a veces coloreada, y a menudo llena de destellos. Después, practica con las personas. Haz esto únicamente con la mejor intención, y después bendice al árbol, a la montaña o a la persona.

¿El aura cambia de color?
Sí. Tus pensamientos y tus emociones afectan profundamente a los colores del aura.

> Susan Phoenix dice:
> «Llevé mi cámara de auras a uno de los seminarios de Diana en Dublín para fotografiar las auras de

los participantes antes y después del taller. Al final de la sesión, cada fotografía mostraba invariablemente un campo áurico sumamente expandido, de oro puro, lo cual ilustraba, en mi opinión, que la energía angélica divina había entrado en el aura de cada persona. Esta hermosa energía se reflejaba en los rostros felices y sonrientes que se situaban delante de mi cámara».

(La Dra. Susan Phoenix es autora de *Out of the Shadows – A Journey from Grief*, y, junto con Jack Holland, de *Phoenix – Policing the Shadows*).

¿Qué es un chakra?
Chakra significa «rueda» o «círculo» en sánscrito, y es un vórtice de energía. Esto quiere decir que se trata de un punto espiritual en el cuerpo que recibe y emite energía. Actualmente existen siete chakras principales, aunque las personas espirituales están empezando a acceder, de nuevo, a los doce chakras que formaban parte de vuestro anteproyecto divino original. También hay muchos chakras subsidiarios, incluidos los de las palmas de las manos, a través de los cuales se transmite luz sanadora, y los que están debajo de los pies, que te ayudan a anclarte a la Tierra.

Cuando empecé a trabajar como hipnoterapeuta, estaba ayudando a una clienta a abrir su centro del corazón y, de repente, una luz pura rosada, vibrante y vívida, salió del centro de su pecho. Unos rayos de luz comenzaron a desplazarse delicadamente por la habitación, tocando y sintiendo los objetos. Me quedé paralizada, observando duran-

131

te varios minutos, y me sentí afortunada porque se me estaba mostrando un chakra del corazón en pleno funcionamiento.

¿Qué ocurre si algunos chakras se atascan y la energía no puede fluir?

Así es como te sientes si tu energía está estancada:

Chakra de la base: te sentirás muy nervioso y en el modo de supervivencia.

Chakra del sacro: te sentirás sin equilibrio, sexual o emocionalmente.

Chakra del plexo solar: te sentirás dominado por el miedo y la ansiedad.

Chakra del corazón: tendrás miedo de amar o de confiar.

Chakra de la garganta: tendrás incapacidad para comunicar cómo te sientes realmente o lo que verdaderamente crees.

Chakra del tercer ojo: tu intuición estará limitada. Si se ha quedado atascado mientras estaba abierto, eres demasiado sensible a las influencias psíquicas y atmosféricas.

Chakra de la coronilla: cuando tu chakra de la coronilla no se abre, no puedes conectar con tu Yo Superior.

¿Qué ocurre cuando tus chakras están abiertos y fluyen?

Chakra de la base: te sientes seguro, física y materialmente.

Chakra del sacro: te sientes emocionalmente cálido y afectuoso, sexualmente maduro, feliz y capaz de dar y recibir cariño.

Chakra del plexo solar: te sientes sereno, sabio y también poderoso.

Chakra del corazón: eres capaz de amar incondicional-
mente.

Chakra de la garganta: puedes decir lo que realmente
piensas. Por tanto, actúas con integridad.

Chakra del tercer ojo: eres muy intuitivo, clarividente y
puedes sanar a otras personas.

Chakra de la coronilla: conectas con tu alma o con tu
Yo Superior.

*¿Qué puedo hacer si creo que uno de mis chakras, o más de
uno, está bloqueado?*

Tus chakras se bloquean cuando tus pensamientos y tus
creencias los mantienen en tensión, así que envíales afirmaciones positivas y tararea, canta o recita hacia el interior de
cada uno de ellos, uno por uno. También puedes energizar
un chakra bloqueado masajeándolo en la parte delantera y
en la parte posterior. Es incluso más eficaz ejercitar toda el
área: por ejemplo, puedes liberar tu chakra de la garganta
moviendo la cabeza en círculos. El yoga es particularmente
útil, ya que se pensó para liberar los chakras y para alinear-
los para que los yoguis pudieran entrar en un estado de meditación profunda.

Iluminación y ascensión

¿Cuál es la diferencia entre iluminación y ascensión?

La iluminación es un estado del ser en el que la consciencia
se expande para incluir todo lo que existe. Un iluminado, o
una iluminada, puede trascender las limitaciones inferiores,
controlar las funciones corporales y ejercer poder sobre su
entorno y sus circunstancias.

133

La ascensión es una manera de actuar, de atraer más luz del alma y de la mónada hacia el cuerpo físico. Esto eleva la consciencia, expande la conciencia espiritual y puede permitir que tengan lugar cambios físicos.

Ambas cosas ocurren en etapas. En ocasiones, uno puede recibir iluminación acerca de un tema y dar un gran paso adelante en la comprensión y el desarrollo. Esto constituye una expansión de la iluminación.

¿La iluminación y la ascensión tienen lugar simultáneamente?
A menudo es así, pero la iluminación suele preceder a la ascensión y prepara a la persona para recibir más luz del alma.

¿Cómo puedo alcanzar la iluminación y la ascensión?
Las disciplinas espirituales pueden acelerar este proceso. Podrías tomar el camino de la oración, el de recitar mantras sagrados, el del yoga, de la meditación o de alguna de las numerosas prácticas espirituales que existen, pero debes realizarlas con regularidad, mientras estás centrado y concentrado.

Las visualizaciones y los viajes espirituales, la apertura del corazón, el perdón, los ejercicios para soltar karma, trabajar con los ángeles y los Maestros, invocar energías como la Llama Violeta Dorada y Plateada y la energía de Mahatma, todo ello te ayuda con tus logros espirituales. La disciplina, la devoción, la humildad el servicio con amor y alegría sincera son la clave. Es importante ver la esencia divina de todos y de todo, y tratar a todo el mundo con el debido respeto. Observar tus pensamientos y actuar conscientemente para el mayor bien también abre las puertas de las aspiraciones más elevadas.

Maestros y gurús

¿Qué es un gurú?
Un gurú es un maestro espiritual que acepta alumnos para transmitirles enseñanzas e iniciarlos en la comprensión espiritual.

¿Necesito tener un gurú?
En la era de Piscis, se consideraba aceptable e incluso deseable que uno tuviera un gurú que lo guiara. Para muchos era una manera segura y cómoda de entrar en la comprensión espiritual más elevada. Sin embargo, ahora, el planeta Tierra está bajo la influencia de Acuario. La lección de la era de Acuario es tener el control de ti mismo y crear tu propio canal con lo divino. Por tanto, la gente ya no *necesita* tener un gurú, pero todavía muchas personas eligen seguir a uno, especialmente en Oriente.

¿Todos los gurús son buenos?
Muchos lo son, pero algunos no. Como ocurre con todas las cosas, debes emplear correctamente tu discernimiento y tu criterio.

A menudo, cuando medito, un aroma de azucenas me invade. ¿A qué se debe?
Las azucenas son unas de las flores que tienen la vibración más alta, de modo que si un Maestro más elevado o un ángel está contigo, es posible que adviertas su perfume de azucena. Maestros como Quan Yin, la Virgen María y María Magdalena suelen anunciar su presencia con el perfume de esta flor, al igual que Madre Amma, que todavía vive.

135

Me quedé en el *ashram* de Madre Amma en Kerala, India, durante unas semanas y, cuando regresé a casa, a menudo sentía el aroma de azucenas cuando su espíritu me visitaba durante mis momentos de silencio.

¿Qué quieren decir los maestros cuando dicen que la vida es un sueño?

Ellos comprenden que mientras estamos en un cuerpo es fácil sentir que la vida material (el trabajo, el dinero, el éxito, las posesiones) es lo más importante. Sin embargo, desde una perspectiva más amplia, es una ilusión, porque únicamente el logro espiritual significa algo cuando tu espíritu abandona su envoltorio físico.

Ellos también entienden que tú das vida a tu vida soñando con tu pensamientos y, de ese modo, creas continuamente lo que imaginas, tanto si lo haces de una manera intencionada como si no.

Cuestiones generales

¿Cómo se transmiten las nuevas ideas y conceptos a la gente?

Cuando llega el momento de la expansión para la Tierra, las semillas de los nuevos inventos, las nuevas tecnologías o los nuevos avances científicos se dejan caer en las mentes receptivas apropiadas. Muchas de esas semillas caen en terreno estéril, pero allí donde las personas les permiten crecer, ideas similares son generadas en distintos lugares, a menudo muy alejados unos de otros. Si esas ideas se extienden ampliamente para que miles de personas las recojan al mismo tiempo, se desencadena una oleada de cambios.

A veces, la información se siembra selectivamente en algunas mentes receptivas. Entonces, es posible que se escriban libros similares, o que nuevos inventos se creen simultáneamente gracias a dos personas en lugares distintos del mundo. Cuando esto ocurre, nadie le ha robado las ideas a nadie, porque esos conceptos provienen del espíritu y los individuos simplemente han respondido con sincronicidad a los pensamientos-semilla sembrados por los ángeles.

Ejemplos

Cuando se solicitó más energía azul sanadora en la Tierra, el mismo pensamiento sobre los vaqueros se sembró en los continentes y la gente comenzó a llevarlos. El color magenta se puso de moda cuando llegó el momento para que la influencia de lo femenino divino entrara en el planeta.

¿Por qué las personas están en el lugar correcto en el momento adecuado?

Si cualquier persona necesita estar en un determinado lugar en un momento preciso para participar en un proyecto, los ángeles y los guías empiezan a susurrar cosas en su mente para prepararla. En su debido momento, la persona creerá que es su propia idea y empezará a hacer planes. Entonces, los ángeles abren puertas para facilitar que pueda ir en el momento perfecto al lugar apropiado.

Si se está planeando un proyecto mayor, se realiza una llamada general a las almas por todo el planeta, y algunas responden. Esto puede ocurrir hasta con cinco años de antelación para permitir la preparación.

En respuesta, y de una forma bastante inconsciente, los voluntarios intensifican sus estudios, cambian el rumbo a mitad del camino, deciden visitar determinado lugar o determinada persona, o se mudan. Y entonces se encuentran exactamente en el lugar adecuado para formar parte del plan.

Entre bastidores, los ángeles y los guías trabajan continua e incansablemente para ayudarte a realizar tu destino. Ellos orquestan todos los encuentros casuales, las coincidencias y las sincronicidades.

¿Cómo puedo ayudar a que exista imparcialidad, igualdad, justicia e integridad en el mundo?
Cuando te decides por una visión o una causa, habla de ello a los Principados. Son ángeles superiores que están a cargo de los grandes proyectos del mundo. Cuando comuniques tu esperanza a esos grandes seres iluminados, concéntrate en ello como si ya hubiera tenido lugar. Los reinos angélicos, que no tienen libre albedrío para actuar, sino que deben esperar a que los humanos pidan, pueden usar tus súplicas, tu intención y tus visualizaciones para traer una mejor forma de existencia.

Ejemplo
Si un país se está negando a hacer un acuerdo de paz, o de comercio justo o para unas mejoras ecológicas, tu visión de un documento firmado, junto con tu oración a los Principados, permite dar un pequeño empujón a los que están en el poder. Ciertamente, es necesario que muchas personas trabajen con oraciones y visualizaciones para provocar un cambio, pero tú puedes ser la que marque la diferencia.

Nunca subestimes el poder de una persona o de un grupo de personas que trabajan con los ángeles para el cambio.

¿Por qué se centra ahora tanta atención puesta en los ángeles?
Justo unos 20.000 años antes de Cristo existió un período
de 1.500 años, durante la Atlántida Dorada, en que la energía espiritual en el planeta era muy alta. Durante ese tiempo, todos podían ver a su ángel y comunicarse con él. Fue
una época de paz, amor y cooperación. Sin embargo, la
gente acabó sucumbiendo al ego y la frecuencia en el planeta disminuyó. Los ángeles superiores y aquellos asombro-
sos seres espirituales de los reinos angélicos, los unicornios,
desaparecieron.

Durante siglos, la energía del planeta descendió para
culminar en la terrible oscuridad de la edad media. Con el
tiempo, la Fuente decretó que los ángeles vinieran a la Tierra
para intentar mejorar la situación. Al mismo tiempo, ciertas
almas sumamente evolucionadas, como Leonardo da Vinci,
se encarnaron para traer sabiduría espiritual. Grandes pin-
tores, escultores, escritores y personas creativas se ofrecieron
para nacer y aportar su hermosa luz al esfuerzo de elevar la
vibración del planeta. Ellos pintaban o esculpían a los ángeles que veían o sentían. Éste fue el renacer del planeta, el
Renacimiento. Durante un tiempo, la energía halló su punto más álgido y luego disminuyó.

Alrededor del año 2012, se os ofrecerá una gran oportunidad para el crecimiento espiritual. Por este motivo los
ángeles están siendo enviados para prepararos para que recibáis las energías más altas disponibles.

> Hace unos años, nadie hablaba de los ángeles.
> Ellos me pidieron que escribiera *A Little Light on
> Angels* y, cuando lo hice, los medios de comuni-
> cación intentaron ridiculizar la idea. Ahora, mu-
> chísimas personas llevan broches de ángeles o tie-

nen pegatinas de ángeles en sus automóviles. Se habla abiertamente de ellos y cada vez más gente está estableciendo contacto con ellos o buscando plumas blancas u otras señales. Ahora se siente su presencia.

¿Qué efecto tienen las estrellas y los planetas en las vidas de las personas?

Cada estrella o planeta tiene un efecto magnético en la Tierra y en la gente. Dependiendo del lugar y la hora en que hayas nacido, te influirán diferentes estrellas o planetas en distintos grados a lo largo de tu vida.

El efecto que el cosmos ejerce en ti es bastante similar al de las mareas. Cuando comprendes sus movimientos, puedes aprovechar una oportunidad cuando la marea esté más alta. En otras ocasiones, cuando los cielos dicten otras cosas, puedes decidir esperar hasta que la corriente sea la adecuada. En ese caso, puedes dedicar constructivamente tu tiempo de espera para preparar tu barco, en lugar de luchar contra una corriente adversa. Sin embargo, tú decides si te vas a volcar con las alineaciones astrológicas o si vas a usar tu determinación, tus habilidades y tu fuerza para marcar el rumbo, independientemente de las condiciones con las que te encuentres.

Es bien sabido, por ejemplo, que la Luna influye en el flujo del agua. Los humanos acuñaron palabras como lunático, porque se observó que las diferentes fases de la Luna cambiaban profundamente el estado emocional y mental de ciertas personas.

Mercurio está relacionado con las comunicaciones, de modo que si ese planeta está retrogrado, pueden verse afectadas. Si Saturno toca tu carta, este amo severo se asegura de que tu situación esté en orden antes de permitirte seguir adelante.

Carol estaba pasando por una época difícil. Había perdido su trabajo y consiguió uno temporal en el que no ganaba lo suficiente para cubrir sus gastos. Tenía que reparar su automóvil. Sus tarjetas de crédito estaban al límite. Tenía que pedir dinero prestado a amigos y familia, de modo que vendió prácticamente todo lo que tenía. Tuvo que darse de baja de su teléfono móvil, de su correo electrónico y de otras cosas más, pero aun así no llegaba a fin de mes.

Desesperada, consultó a un astrólogo, que le explicó que Saturno estaba sobre su carta y que todo le estaba siendo arrebatado para enseñarle una lección sobre las cosas esenciales en la vida. Le dijo que esa situación duraría unos seis meses más y que luego se producía una corriente de cosas buenas. Con este conocimiento, Carole fue capaz de mantener una actitud resuelta ante los desafíos abrumadores. Manejó cada crisis económica, pasó por una bancarrota, vendió todo lo que pudo e incluso, por primera vez en su vida, aprendió a ahorrar. Se concentró en su salud, limpió y pintó su piso y, en términos generales, utilizó el tiempo para prepararse para el cambio de corriente.

La predicción se cumplió y seis meses más tarde recibió un aumento de sueldo y su contrato temporal en su trabajo se convirtió en un contrato fijo. Carole pudo llegar a fin de mes y ver la luz al final del túnel. Ella destacó que sin la comprensión que la astrología le había proporcionado se habría dado por vencida.

Unicornios

¿Qué son los unicornios?
Los unicornios son caballos ascendidos de la séptima dimensión que pertenecen al reino angélico. Debido a su pureza, aparecen como criaturas blancas resplandecientes con una luz que se vierte desde su tercer ojo, hecho que hace que parezca un único cuerno.

¿Por qué ahora la gente habla de los unicornios y los ve?
Los unicornios ya existían y eran visibles para la gente de la Atlántida Dorada alrededor del año 20000 a. C. Sin embargo, cuando la frecuencia descendió en espiral, los unicornios desaparecieron del planeta. Ahora, finalmente, estáis elevando vuestras frecuencias individuales y la de la Tierra, de manera que estas criaturas magníficas pueden caminar, una vez más, entre vosotros. Los que tengan ojos para verlas las verán.

¿Dónde es posible verlos?
Los unicornios, al igual que todos los seres espirituales, son visibles allí donde los velos entre los mundos son más finos, es decir, en la naturaleza y en los lugares bellos, o en los puntos naturales con mucha energía. Pero si tu frecuencia es lo suficientemente liviana, entonces acudirán a ti dondequiera que estés.

¿Por qué se llaman unicornios?

La palabra *unicornio* significa, literalmente, «un cuerno». A la piel dura, como la de las pezuñas o los cuernos, se le llama *cornio*. Los clarividentes ven a estos seres hermosos como caballos con un solo cuerno que sale en espiral desde el tercer ojo. De hecho, esta protuberancia es pura energía que se vierte desde la cabeza, del mismo modo que un ángel emite luz con forma de alas y un halo es una radiación visible que sale de la coronilla de una persona espiritual.

¿Los ángeles se asemejan a los humanos como los unicornios a los caballos?

De una forma simplista, sí, aunque un humano no se convierte en un ángel, mientras que un caballo puede ascender y convertirse en un unicornio. Por lo general, los animales evolucionan para transformarse en humanos, pero en el caso de unos pocos animales altamente espirituales, algunos de ellos pueden ascender al reino angélico.

> Sai Baba, el avatar indio, dijo a sus devotos que el elefante que él tiene como macota se convertirá en un ser humano en su próxima vida.

¿Por qué están viniendo los unicornios a la Tierra ahora?

Los unicornios están en la Tierra ahora para ayudar a la gran transición espiritual que está teniendo lugar en vuestro planeta. Ellos han venido por la gracia en respuesta a las plegarias de la humanidad. Mientras que los ángeles fueron enviados bajo la directriz de la Fuente, los unicornios han sido atraídos por la luz de aquellos que son puros y radiantes. Su objetivo es hacer que todos recordéis otra vez vuestra inocencia, en otras palabras, la esencia original que teníais cuando os convertisteis en una chispa divina. También os están trayendo esperanza, sabiduría e iluminación.

¿Qué hacen los unicornios en las esferas espirituales?
Los unicornios son guardianes de la sabiduría, la magia y los misterios antiguos. Ellos tienen visiones puras para la humanidad y para seres que están en otros planos de la existencia, aunque ahora están concentrados en la Tierra, para ayudaros a ascender.

¿Por qué los unicornios tienen un cuerno de luz?
Su tercer ojo está tan desarrollado que la luz emitida es como un rayo láser fuerte y transparente. Dirige sabiduría e iluminación hacia la gente. Si se canaliza hacia tu tercer ojo o hacia tu chakra del corazón, recibirás una carga de información y conocimiento espirituales, o serás energizado con cualidades de belleza, claridad, pureza, nobleza, gracia, sanación, dicha o paz.

¿A quién se acercan los unicornios?
Si eres una persona de buenas intenciones y valiente, los unicornios dejarán en tu mente pensamientos que ayudarán al mundo. Además, te animarán y te serenarán para que realices tu misión. Ellos trabajan con cualquiera que tenga una visión de ayudar a los demás o que esté manifestando un plan para el mayor bien. También establecen contacto con los puros de corazón y con aquellos que tienen un deseo sincero de seguir un camino espiritual.

¿Cómo pueden ayudarme los unicornios?
Si tienes una visión que va más allá de ti, los unicornios te darán fuerzas y te permitirán mantener tu dignidad, tu va-

lía personal y tu honor mientras tu proyecto va avanzando.
Ellos susurran inspiración, te conectan con las esferas espirituales y traen sanación a tu alma. El unicornio también
te ayudará a manifestar tus aspiraciones personales.

¿Los unicornios pueden sanar?

Sí, los unicornios sanan en un nivel muy profundo tocando y reparando el alma. Ellos vuelven a establecer contacto
con tu espíritu para reavivar el amor e inspirar esperanza.
Ofrecen gracia, la cual transmuta los bloqueos espirituales,
mentales y emocionales y sana el cuerpo físico.

¿Todos tenemos un unicornio?

En las épocas antiguas de sabiduría, tu unicornio perma-
necía contigo durante toda tu vida. En la actualidad, esto
no ocurre. Pocas personas experimentan la presencia de su
unicornio desde que nacen. Sin embargo, cuando desarrolles tu sabiduría, tu fuerza y tus más altos ideales, tu unicornio se acercará a ti. Su energía es tan especial y tan ligera
que se acerca a ti brevemente y luego se retira, varias veces,
como oleadas, hasta que eres suficientemente fuerte como
para contenerla. Quizás se te ocurra pensar en las personas
que irradian seguridad en sí mismas, nobleza, valía y dignidad. Ellas están conectadas a la energía del unicornio.

¿Por qué los niños parecen sentir atracción por los unicornios?

Los unicornios y los niños tienen una afinidad natural,
porque su esencia es pura. Los niños que acaban de salir
de las dimensiones espirituales son inocentes, pero todavía
están en contacto con la maravilla y la magia. Los unicornios les recuerdan precisamente eso y pueden jugar un poco
con ellos.

Fue la luz brillante de los nuevos niños altamente evolucionados que se están encarnando ahora en la Tierra lo que atrajo a los unicornios otra vez hacia vuestro planeta.

A menudo veo nubes con forma de ángeles, pero nunca he visto una nube con forma de unicornio. ¿Por qué?

Cuando un ángel se detiene para observar a alguien o algo, se forma vapor donde ha estado. Luego, si las condiciones son las adecuadas, esto se convierte en una nube blanca con forma de ángel. Los unicornios tienden a pasar menos tiempo observando desde arriba. Ellos descienden a la Tierra y observan desde un ángulo distinto. No obstante, en ocasiones, sí miran desde lo alto, de modo que en un día despejado podrías ver una nube con forma de unicornio.

Cuando mi amigo fue salvado de ahogarse, él tuvo la certeza de que un caballo lo estaba manteniendo a flote en el agua, pero no pudo ver nada. ¿Es posible que fuera un unicornio?

Claro que sí. A tu amigo no le había llegado el momento de morir y su ángel de la guarda y un unicornio lo sostuvieron y le dieron fuerzas y ánimo para aguantar hasta que llegara la ayuda.

Sueño con caballos a menudo. ¿Podría tratarse de unicornios?

A veces sí. Ellos establecen contacto contigo en tus sueños para trasladarte a esferas espirituales más elevadas. Soñar con unicornios es muy especial, porque significa que ellos están cerca de ti y animándote a realizar tus visiones.

Cuando mi hija era pequeña, le encantaba hacer cadenas de margaritas. También hablaba con los unicornios. ¿Las dos cosas están relacionadas?

Las margaritas representan la pureza y la inocencia, y una cadena de margaritas encarna esas cualidades. De manera que podría ser que el amor que tu hija sentía por esas cualidades atrajera a los unicornios hacia ella. Siempre que veas una margarita, mantenla en tu mente como un símbolo de pureza y recuerda a los unicornios.

Una vez que un caballo se ha convertido en un unicornio, ¿se vuelve a encarnar?

Hasta el momento, esto no ha ocurrido jamás. No obstante, debido a la forma desagradable e irrespetuosa en que algunos caballos han sido tratados a lo largo de los siglos, algunos unicornios podrían encarnarse en un futuro cercano. En este caso, aparecerán como caballos físicos, blancos y radiantes, con una luz preciosa. Debido a la dignidad y a la autoridad que tienen, las personas responden a ellos de una manera distinta. Empezaréis a recordar que los caballos son grandes seres espirituales que están embelleciendo la Tierra con su presencia. Entonces serán tratados con honor, dignidad, respeto, amabilidad y amor.

¿Los unicornios dejan un símbolo?

Al igual que los ángeles, los unicornios dejan una pequeña pluma blanca para deciros que han estado cerca de vosotros. A los unicornios les encantan las flores blancas, desde una simple margarita hasta una azucena exótica, de modo que encontrarás un grupo de esas flores o te fijarás en una sola flor en un lugar inesperado como recordatorio de que ellos están cerca. Ellos resuenan con la vibración del color blanco.

Además, en un reconocimiento inconsciente de su presencia, la gente está creando pinturas, estatuas, canciones y decoraciones de unicornios, los cuales actúan como símbolos para recordaros su energía.

¿Los unicornios pueden eliminar el karma?
Su amor incondicional y su luz ofrecen gracia, la cual, ciertamente, elimina el karma.

¿Se puede enviar a un unicornio para que entre en contacto con alguien?
Sí, tus pensamientos crean un puente de energía que un unicornio o un ángel pueden usar para establecer contacto con las personas para ayudarlas. Ellos iluminan las mentes y los corazones allí donde eso es posible. Puedes pedir a un unicornio que ilumine e inspire a maestros, líderes y a quienes ejercen un papel influyente en el mundo.

Ejemplo
Los directores de periódicos son muy influyentes y su responsabilidad no siempre se lleva con integridad o hacia la luz. Ya sea para boletines informativos, revistas o periódicos locales, nacionales o internacionales de cualquier tipo, estás invitado a participar en la oración y la visualización que aparece más adelante. Puedes adaptar esto para personas de cualquier ámbito de la vida.

Oración a los Unicornios

Ahora, pido a los unicornios
que se acerquen al director de...
para influir en su mente con sabiduría,
luz e integridad,
y en su corazón con amor, paz y bondad.

Visualización para enviar ayuda a los unicornios

— Imagina un puente de luz blanca que va desde tu persona hasta la persona en cuestión, a la que puedes conocer, o no.
— Visualiza un unicornio resplandeciente viajando por ese camino hasta la otra persona. Está dirigiendo la luz de su cuerno hacia la mente de la persona y luego hacia su corazón.
— Mantén una visión del que la recibe sentado con un aura radiante y visualiza que esa luz rodea todo su trabajo.

¿A qué elemento pertenecen los unicornios?

Los unicornios son esencialmente del aire, pero también les encanta el agua. Los encontrarás allí donde las cascadas caen como un velo de novia, o donde las olas golpean contra las rocas. Ellos también disfrutan de la tierra, especialmente del manto verde de la naturaleza que trae equilibrio y nuevo crecimiento.

149

VISUALIZACIÓN PARA TRABAJAR CON TU UNICORNIO

- Dedica unos minutos a respirar profundamente y relajarte.
- Imagina que estás en el exterior, en la naturaleza, en un lugar bonito, donde los velos entre los mundos son finos.
- Fíjate en un grupo de flores de color blanco puro. Suavemente, toca sus pétalos. Quizás, incluso puedas sentir su perfume.
- Cerca de ti hay una cascada o un arroyo, con agua que cae y hace espuma en el aire transparente.
- Una luz blanca resplandeciente se acerca y un magnífico unicornio sale de la luz, dirigiéndose hacia ti, irradiando tanto amor que sientes que te envuelve.
- Relájate más profundamente, mientras la bella criatura se acerca e inclina su cabeza hacia ti. La luz se vierte desde su cuerno hacia tu interior. Ábrete a ella.
- Comunica al unicornio cualquier deseo, sueño o visión que tengas y pídele ayuda. Espera para ver si recibes alguna impresión o respuesta.
- Piensa en alguien e imagina una luz blanca que transcurra desde tu persona hasta el otro. Pide al unicornio que entre en contacto con esa persona para inspirarla y ayudarla de la forma adecuada. Siente que eso tiene lugar.
- Da las gracias al unicornio y observa cómo se aleja y desaparece de tu vista.
- Abre los ojos y regresa al mundo material.

Preguntas sociales

Alcohol, drogas y adicciones

¿Qué son las adicciones?
Las adicciones son un último intento desesperado de tu ego de impedir que te enfrentes a esos bloqueos de energía que te impiden acceder a tu verdadera divinidad.

¿Cuáles son los efectos espirituales del alcohol?
El alcohol baja tu frecuencia, de modo que la conexión espiritual sea más difícil. En exceso, crea agujeros en tu aura, de manera que los pensamientos, emociones y entidades negativos pueden entrar y afectarte. Las drogas blandas tienen un efecto similar.

> Tom y Angela eran clarividentes, al igual que su hija, Rose, que tenía casi dieciséis años y era muy sensible psíquicamente. Una noche, Rose fue a un *pub*, donde merodean muchas entidades. Una de ellas se adhirió a ella. Cuando Rose llegó a casa, gritaba y lloraba porque, puesto que era clarividente, podía ver al fantasma que se estaba aga-

rrando a ella. Era el espíritu de un alcohólico que había muerto, pero que seguía estando atrapado en el plano terrestre, apegado a gratificar su adicción a través de bebedores que estaban vivos. Repetía continuamente al oído de Rose: «Tómate otra copa. Tómate otra copa». Ella estaba aterrada y no conseguía deshacerse de él. Afortunadamente, sus padres sabían lo que tenían que hacer para liberarla.

Ellos estaban muy contentos de que Rose pudiese ver y oír al espíritu. Otra adolescente sin los dones de Rose se habría sentido bastante mal y habría querido tomar otra copa constantemente para satisfacer al hombre que tenía en su espalda, sin tener ni idea de qué era lo que la estaba impulsando a hacerlo.

Ejercicio para ayudar a los adolescentes
1. Enciende una vela.
2. Pide a los Principados, a los de la jerarquía angélica que están a cargo de los grandes negocios, las ciudades y los países, que concedan mayor consciencia a los propietarios y administradores de bares y discotecas en los que los adolescentes beben grandes cantidades de alcohol y toman drogas.
3. Imagina a los jóvenes recibiendo luz, la cual los llena de respeto hacia sí mismos, felicidad y una sensación de valía, para que sus vidas encuentren dirección y propósito.
4. Mantén la visión de una nueva generación abriéndose a su verdadero potencial espiritual.

ORACIÓN PARA LOS ADOLESCENTES EN LOS BARES

Ángeles de luz y amor,
gracias por estar alrededor de todos los bares
y todas las discotecas donde se reúnen los jóvenes.
Imprimid en los corazones
y las mentes de sus propietarios
y administradores un sentido de la
responsabilidad. Rodead
y proteged a cada persona joven que
entre en ellos. Ayudadles a encontrar el rumbo
y el propósito en sus vidas. Que así sea.

¿Cuáles son los efectos espirituales de las drogas?

Las drogas blandas tienen efectos similares al alcohol, en el sentido de que cierran tus conexiones espirituales. Las drogas duras hacen un daño permanente. El LSD afecta a las ondas cerebrales, haciendo que salgan de la sincronicidad. La pérdida inevitable de espiritualidad tiene como resultado una vida de limitación. Cada elección que hacéis tiene consecuencias.

¿Por qué iba a elegir alguien una vida de limitación espiritual?
Algunas personas que tienen el potencial de ser sumamente espirituales han tomado decisiones, a menudo cuando eran jóvenes, que alteran el rumbo de su destino. En ocasiones, eso significa que, por defecto, entonces tienen que aprender a través de la frustración y la decepción. Esas dos emociones son maestros. Es posible que los que buscan, consciente o

inconscientemente, un camino rápido hacia la iluminación mediante el uso de alucinógenos tengan que poner los cimientos de luz para su siguiente encarnación.

Es la personalidad la que elige tomar drogas, a menudo movida por la desesperación, cuando no puede ver la luz que está delante de ella. Otros ven esto como una opción fácil o un placer social, sin comprender las verdaderas consecuencias de sus actos.

Mi amiga solía tomar LSD. Ella ha leído que si uno ha tomado drogas eso bloquea su progreso espiritual durante esa vida. Ahora está deprimida y tiene ideas suicidas, y temo que le ocurra algo. ¿Qué puedo hacer?
Ésta es una pregunta que tiene dos partes, y la primera es sobre ti.

Tu tarea consiste en asumir la responsabilidad de tu propia vida y tu crecimiento espiritual, de modo que examina lo que subyace en tu temor de que le ocurra algo a tu amiga. ¿Tienes miedo de no ser bastante bueno para ayudar a tu amiga? ¿Temes la pérdida y la separación? ¿Te da miedo sentirte solo sin ella o que te vas a deprimir si ella muere? ¿Sientes que si ella está deprimida eso se reflejará en ti?

Cuando resuelvas esas cuestiones dentro de ti, tu luz será suficientemente fuerte como para ayudarla sin que tus problemas personales interfieran. Entonces podrás demostrar verdadera empatía y compasión, lo cual es un estado sumamente evolucionado. El mayor regalo que le puedes hacer es ser feliz.

Tu amiga se deprimió cuando se enteró de que sus decisiones del pasado tienen unas consecuencias que a ella no le gustan. Esta tendencia a responder a las decepciones de la vida de esta manera posiblemente es una de las razones originales por las que tomó LSD. Hay muchos caminos que uno puede elegir en la vida que pueden servir de base para su próxima encarnación. Abrir su corazón a los niños, a los animales o a la gente, el camino del servicio, aprender, enseñar o trabajar con la naturaleza son algunas sugerencias.

¿Cuáles son los efectos espirituales del tabaco?
El tabaco nubla tu aura, de manera que forma una pantalla de humo que te impide ver tanto tu oscuridad como tu verdadera magnificencia. En un nivel físico, fumar tabaco suprime los sentimientos de falta de valía personal y de autoestima.

¿Por qué tantas personas se están volviendo adictas al alcohol y a otras sustancias?
Todas las adicciones son manera de enfrentarte a las emociones más difíciles. En esta época, en la Tierra, como preparación para los grandes cambios en la consciencia que tendrán lugar a nivel mundial, todo lo que estaba oculto está saliendo a la superficie para ser explorado. Secretos, impulsos inconscientes y emociones negadas están siendo revelados, y esto se aplica a las personas y las familias, así como a la sociedad en su conjunto. Esto no suele ser algo fácil para los humanos, ya que enfrentaros a sentimientos que han estado reprimidos durante mucho tiempo y a las verdades que han estado ocultas resulta doloroso. Además, muchas personas están sintiéndose perdidas y confundidas en vuestras sociedades actuales, que son permisivas, materialistas y caóticas, de modo que la bebida y las drogas, que son fácilmente accesibles, ofrecen un paliativo para calmar sus tribulaciones.

Ahora, más que nunca, está fluyendo una energía de frecuencia más alta hacia la Tierra, y ello ayudará a hacer pasar a muchos de los que sufren a través del fuego de la adicción y a salir hacia la luz pura de sus almas.

¿Ahora se están encarnando más almas sensibles? Y, ¿es más probable que se vuelvan adictas?
Sí. Ahora hay muchos más espíritus muy evolucionados que se están encarnando con la misión de traer la luz para los cambios que se aproximan. Sin embargo, estos seres sensibles son vulnerables a las sustancias químicas y algunos de ellos, que han caído en la trampa de la adicción, han perdido de vista las aspiraciones que tenían antes de esta vida. Las almas fuertes rara vez se tornan adictas.

¿Por qué algunas personas se ponen violentas cuando están borrachas o drogadas, a pesar de que son amables cuando están sobrias o limpias de drogas?
Quienes son violentos cuando están borrachos o drogados expresan una ira que arde en su interior y que pueden controlar cuando están sobrios o limpios de drogas. El alcohol y ciertas sustancias hacen que el censor crítico entre la mente consciente y la mente inconsciente se haga a un lado. Esto significa que ya no puede realizar su trabajo de mantener a raya a los impulsos más bajos. Esas personas son impulsadas por sus demonios internos.

Tengo tendencia a ser adicto. Soy adicto al trabajo y hago ejercicio en exceso. ¿Eso afecta a mi espiritualidad?
Todas las adicciones, ya sea a la comida, a sustancias, al trabajo, a las compras, al sexo, a matarte de hambre, a hacer ejercicio o a ver la televisión, son mecanismos de escape que

te permiten evitar los sentimientos incómodos. Esas emociones que estás reprimiendo forman bloqueos de energía en tu aura, de manera que tu verdadera espiritualidad no puede fluir. Cuando reconoces lo que te estás haciendo a ti mismo, puedes tomar la decisión consciente de enfrentarte a los sentimientos desagradables.

Los ángeles sugieren que la próxima vez que tengas ansias o una sensación adictiva hagas un poco de espacio para ti. Respira hondo y concéntrate únicamente en tu respiración. Si es posible, sal a la naturaleza, porque la tierra, los árboles, las flores y la vida silvestre te ayudarán al absorver algunas de las vibraciones oscuras.

Ejercicio para enfrentarte a los sentimientos
1. Siéntate o camina.
2. Pide ayuda a tu ángel de la guarda.
3. Fíjate en qué parte de tu cuerpo se encuentra ese sentimiento.
4. Respira hondo hacia esa parte de tu cuerpo.
5. Observa los recuerdos que aparecen.
6. Acuérdate que eso es el pasado y que ya no tiene poder sobre ti.
7. Felicítate por haber sobrevivido, aunque sea durante un período breve, sin volver a tu comportamiento adictivo.
8. Da las gracias a los ángeles por haberte ayudado.

Niños

Desde la concepción hasta el nacimiento

¿Todos los bebés tienen un ángel de la guarda?
Sí. Cada bebé que nace de una madre física tiene su propio ángel de la guarda.

¿Cuándo conecta el alma con el feto del bebé?
Esto ocurre en diferentes momentos, dependiendo del origen del alma. Los que proceden de Orión y de Sirio se adhieren a la madre minutos antes de la concepción. Otros llegan mucho más tarde. Algunos llegan casi demasiado tarde, en cuyo caso el bebé puede tardar mucho en tomar su primer aliento.

¿Jesús fue una concepción divina?
Sí. La vibración de Dios fue implantada en María. No se produjo ninguna conexión física; una verdad cósmica solamente comprensible para las mentes de los místicos.

¿Cuál es la finalidad superior del sexo?
El concepto divino del sexo fue la unión amorosa de una pareja en un momento de éxtasis. El momento orgásmico proyectaba la liberación física del esperma para unirse al óvulo. También proporcionaba la energía para atraer al alma apropiada de las esferas espirituales. De este modo, el mundo material y espiritual funcionan en perfecta armonía.

¿Cuál es la percepción más elevada de la fecundación in vitro, conocida como los niños probeta?

A los ángeles les encantan los bebés, cualquiera sea su origen. Son almas que desean tanto experimentar la vida en la Tierra que están preparadas para aprovechar cualquier oportunidad que se les presente y están dispuestas a ser concebidas en circunstancias difíciles. Nacen a través de una madre humana, de modo que cada uno de ellos tiene un ángel de la guarda.

¿Y si otra mujer dona el óvulo, pero se utiliza el esperma del padre?

Ésa es una elección de alma realizada por todos los seres implicados y ofrece lecciones para cada uno de ellos.

¿Cuál es la mejor manera de prepararnos para la concepción?

Cuando los padres tienen una comprensión espiritual superior, meditan antes de que su hijo sea concebido para descubrir a qué tipo de alma pueden servir mejor y para conectar con alguien así que esté esperando para encarnarse. Al desear esto, hacen el amor para atraer a ese bebé e iniciar su vida física. Ser padres se considera un acto de servicio muy importante, así como una responsabilidad espiritual, y esos bebés son bien recibidos, de todo corazón. Esos niños proceden de las esferas espirituales puras.

¿El aborto está mal espiritualmente?

No existe ningún juicio en el mundo espiritual. Las almas que llegan eligen su destino. Muchas parejas tienen relaciones sexuales de una forma inconsciente, impulsadas por su baja autoestima, por la lujuria, la necesidad o la soledad.

Esos futuros padres consideran sus propias necesidades egoístas y piensan poco o nada en las necesidades del alma que esté llegando a través de su unión física. La concepción de un bebé no deseado trae lecciones para ambos padres y para sus familias.

Cuando esto ocurre, el alma ha aceptado venir a la encarnación a través de esas personas concretas y, en muchos casos, ya sabe que la consecuencia será la conclusión de su viaje a la Tierra. Eso es lo que se ha acordado en un nivel superior.

En la India, un médico fue encarcelado por practicar un aborto porque era una niña. ¿Cuál es el punto de vista angélico de esto?

El ama de la niña abortada sabía que el resultado del embarazo de la madre sería la interrupción del mismo. En este caso, el Yo Superior del bebé se estaba ofreciendo para reparar su propio karma. Por favor, cuando leáis esto dedicad unos minutos a enviar oraciones para su espíritu. Incluso aunque hayan pasado varios años, las oraciones la ayudarán.

El médico que realizó el aborto basándose en que se trataba de una niña no se encontraba en el camino espiritual que había planeado. Por tanto, el alma (no la persona humana) del doctor se ofreció para ser un «sacrificio» para atraer la atención del mundo sobre el estatus inferior de las niñas en la India.

Éste fue un plan diseñado en el mundo espiritual para ayudar a provocar un cambio y una comprensión más elevada. La cuestión no es si es espiritualmente permisible abortar a un feto según su género, sino cómo se puede conseguir que las sociedades del mundo valoren por igual a las niñas y a los niños.

Las leyes y las costumbres de ciertas sociedades hacen que dar a luz a una niña resulte difícil y caro. ¿Qué se puede hacer?

Cambiad las leyes y las costumbres. Hacedlo visualizando un pensamiento inefable mientras pensáis en Dios. Hombres y mujeres son partes iguales de un todo. Siempre lo han sido y siempre lo serán. La verdad perfecta vibra en los corazones y en las mentes de todos, de manera que, en algún nivel, todo ser humano sabe esto. Originalmente, fueron las dudas de las mujeres sobre su valía las que permitieron que este desequilibrio fuera perpetrado durante siglos. Ahora, mujeres valientes se están encarnando para reclamar el poder del género femenino. Surgirán movimientos en lugares insólitos mientras la balanza de los géneros recupera su equilibrio. Entre tanto, asegúrate de valorar a los niños y a las niñas, a los hombres y a las mujeres por igual, y cuando lo hagas, enseña a los demás que hagan lo mismo.

¿Qué ocurre con el espíritu de un bebé abortado?
Tiene una serie de opciones. Una es permanecer en el mundo astral, apegado a su familia, en cuyo caso crece en espíritu y experimenta a través del crecimiento de ellos. En este caso, si el espíritu abortado todavía tiene sentimientos de tristeza, rechazo o abandono, sus emociones negativas pueden hacer que una nube se mantenga siempre sobre sus relaciones. Por otro lado, si el alma que se ha marchado es sabia y amorosa, puede ayudar verdaderamente a sus seres queridos desde el mundo de los espíritus.

La segunda opción es esperar hasta que uno de sus padres, o ambos, estén preparados para traerla al mundo. En este caso, la interrupción del embarazo meramente pospone su entrada en el mundo físico.

La tercera opción es que el alma abortada puede regresar al mundo de los espíritus y continuar con sus asignaciones y trabajar en el otro lado.

Como cuarta opción, puede reconsiderar sus opciones con ayuda de sus guías, sus ángeles y sus consejeros espirituales y elegir a otros padres para nacer.

Las almas de estos bebés se benefician enormemente de vuestras oraciones amorosas. La Virgen María y su equipo de espíritus asistentes cuidan de ellas.

ORACIÓN PARA EL ALMA DE UN BEBÉ QUE NO HA NACIDO

Querida Virgen María,
te pido que cuides del alma de este
bebé que no ha nacido.
Que los ángeles lo envuelvan con
su amor y su luz, y lo ayuden
a tomar decisiones sabias
respecto a su futuro viaje espiritual.

¿Por qué ocurren los abortos no provocados o espontáneos?
Cuando un bebé experimenta un aborto espontáneo, ello puede representar una tragedia para sus padres. Pero recuerda que el viaje que emprendió el alma hacia la encarnación es una empresa formidable. Es posible que un espíritu sólo necesite tocar el plano de la Tierra, de modo que, después de unas semanas de embarazo, se retira. O podría haber sido elegido para dar a uno de sus padres, o a ambos, una llamada al despertar o una lección al ser concebido y

luego marcharse. Ocasionalmente, el ser puede haber decidido simplemente que la vida propuesta es demasiado difícil, así que se marcha prematuramente.

En algunos casos, el cuerpo de la madre no está preparado para esta experiencia en particular, en cuyo caso debería hacerse un chequeo médico. Puede que simplemente su anhelo y su estrés hagan que su cuerpo resulte demasiado ácido para llevar a término el embarazo, o que la madre, el padre, o ambos, no tengan el estado mental, emocional, físico o espiritual adecuado. Incluso sus creencias de vidas anteriores podrían estar interfiriendo en la entrada completa de un nuevo bebé. En ese caso, es importante que ambos examinen y exploren lo que está ocurriendo realmente en un nivel interno.

> Mientras estaba escribiendo esto, hablé con una conocida sobre sus hijas. Ella me comentó que había tenido cinco abortos no provocados antes de tener a sus dos niñas, y luego añadió: «Cuando miro hacia atrás, no creo que yo estuviera preparada para tenerlas en ese momento». Admiré su comprensión de las cosas.

¿Por qué algunos bebés nacen con defectos?
El alma del bebé que llega decide sus circunstancias y su estado, de modo que no hay accidentes, ni tampoco casualidades. Las personas que están presentes, o incluso no presentes, en el parto están recibiendo instrucciones, a un nivel superior, del Yo Superior del bebé.

En un nivel terrestre, los aparentes percances, errores y problemas que ocurren ocasionalmente durante el parto, o posteriormente, enseñan, ponen a prueba o proporcionan una experiencia a los participantes. No obstante, cada persona debe asumir su responsabilidad personal por sus omisiones y sus actos. La negligencia o la mala práctica producen karma.

¿Qué decisiones toma el alma antes del parto?
Antes de la concepción, el alma del bebé se comunica con sus ángeles, sus guías y sus asistentes espirituales. Juntos deciden el sexo deseado, así como las condiciones que el alma necesita para su crecimiento, o las enseñanzas. Los futuros padres del bebé son examinados detenidamente porque ambos proporcionan la herencia genética del niño o de la niña. Los hermanos, los abuelos, los tíos y el resto de la familia también son elegidos en ese momento. Algunas necesidades específicas, como el deseo de estar en el mismo grupo de edad que un hermano o hermana, o pareja para el matrimonio, elegido especialmente, también puede afectar a esta elección.

Puesto que el impacto astrológico en el momento del parto tiene una importancia vital, la hora y el lugar del nacimiento se calculan y consideran cuidadosamente. ¿Cuál es la atmósfera ahí? ¿Cuáles son las emociones y los sentimientos que hay en ese lugar? Todo eso afecta al bebé. Cuanto más evolucionada es el alma, menores son las opciones que tiene. A veces, un ser así tiene que esperar cientos de años para tener la oportunidad de hacer su entrada con las condiciones adecuadas y los vínculos emocionales deseados.

¿Por qué algunos bebés son prematuros?
Ésa es una decisión que toma el Yo Superior del niño o la niña, al conocer las condiciones probables en las que na-

cerá. Estas elecciones del alma proporcionan los desafíos y las dificultades que el bebé desea tener. Para los que están muy concentrados en la vida, es una prueba de fuerza de voluntad. Ellos centran su energía en la lucha por la supervivencia. Otros, que son más débiles o menos decididos, no tienen clara la fuerza de su deseo de encarnarse y se dejan morir. En el caso de algunos, experimentar más de unas horas, unos días o unas semanas en la Tierra nunca formó parte del plan.

¿Es correcto mantener vivos a los bebés muy prematuros?
Ésta es una pregunta que se ha planteado desde que existen los avances en la tecnología médica. Actualmente, muchos bebés muy prematuros son mantenidos con vida artificialmente para satisfacer el ego de los médicos o la necesidad de los padres, sin tener en cuenta el mayor bien del recién llegado.

Aunque muchos de estos niños se están ofreciendo como sacrificios para impartir lecciones y provocar un cuestionamiento espiritual, por favor, ofreced plegarias para su mayor bien, sin apego a si se quedan en la Tierra o regresan al espíritu.

¿Por qué tienen lugar los partos múltiples?
Antiguamente, siempre nacían algunos gemelos o mellizos todos los años. Los trillizos que sobrevivían eran pocos, mientras que el nacimiento de cuatrillizos ocurría en muy escasas ocasiones. Esas almas elegían encarnarse juntas para apoyarse mutuamente o para resolver algún tema kármico concreto.

Ciertamente, hay bebés que siguen eligiendo hacer ese viaje hacia la vida juntos por esas consideraciones, pero actualmente hay más motivos para hacerlo. Puesto que las posibilidades de sobrevivir a un parto múltiple sin sufrir daños son mucho mayores y muchas almas desean experimentar las actuales condiciones que hay en el mundo, es posible que dos o más almas decidan compartir el vehículo cuando se presenta la oportunidad. El uso del tratamiento de fecundación in vitro ofrece una oportunidad física que antes simplemente no existía.

¿Por qué a veces muere uno de los gemelos y el otro vive?
Cada alma tiene un karma distinto.

> Me parece apropiado repetir aquí la historia que narro en *Ilumina tu vida*, en la que una mujer estaba esperando mellizos. La noche antes del parto, ella soñó que un barco llegaba a una playa. En él se encontraba un apuesto príncipe y una bella princesa. Cuando llegaban a la orilla, el príncipe desembarcaba y ayudaba a la princesa a bajar a tierra firme. Luego él volvía a subir al barco y se marchaba. La mujer supo que el niño moriría y la niña viviría. Al día siguiente, cuando nacieron, eso fue exactamente lo que ocurrió. Ella se dio cuenta de que su hijo había acompañado a su hermana en el viaje a la Tierra y que ésa era la experiencia que ambos necesitaban. Ciertamente, eso no impidió que la mujer llorara la muerte de su bebé, pero sí comprendió el motivo espiritual de su muerte.

Si todo es una elección del alma, ¿por qué nacen bebés siameses?
Esto es el resultado de un deseo expresado profunda y fervientemente en una encarnación anterior por dos seres que

no quieren volver a separarse nunca más. La fuerza del deseo de sus almas se traduce en una unión física.

¿Es espiritualmente correcto separar a los siameses?
Esto varía. Para algunas de esas almas, sólo la muerte debería separarlas. Para otras, el deseo de estar juntas disminuye cuando se encuentran limitadas por una unión física. En el segundo caso, es espiritualmente correcto usar las prácticas médicas modernas para permitirles tener vidas individuales.

Los padres y los médicos siempre deberían conectar con el Yo Superior de los siameses en meditación para percibir si es permisible practicarles esa operación. Esto debe hacerse por compasión, nunca por el ego de los padres o de los equipos médicos.

¿Podemos influir en el tipo de hijo o hija que vamos tener?
Sí, los padres y el resto de la familia pueden meditar para saber cuál es el tipo de alma a la que mejor pueden apoyar. Luego pueden rezar para pedir un niño o una niña con esas cualidades o características concretas.

> Cuando una pareja que conozco estuvo preparada para empezar a formar una familia, meditó junta y pidió traer al mundo a un alma espiritual. Su hija es preciosa, rebosante de energía, llena de luz, inteligente, individual, divertida, estira todas las fronteras y es muy traviesa. Cuando ellos estuvieron preparados para tener a su segundo bebé, ¡pidieron un alma tranquila y espiritual! Poco después, tuve al bebé en mis brazos y pude ver a unos monjes tibetanos a su alrededor. El niño tiene un carácter completamente distinto: es tranquilo y considerado. Los dos son absolutamente fabulo-

sos, aunque es posible que yo no sea totalmente objetiva, ¡porque se trata de mis nietos!

¿Cómo puedo apoyar espiritualmente a la concepción y al nacimiento de mi hijo?

Si vas a ser madre, antes de la concepción, ofrécete como vehículo para el bebé que va a venir. Cuando ambos padres se preparan física, emocional, mental y espiritualmente para traer al bebé al mundo, ayudan enormemente a aliviar su karma.

Todas las oraciones, meditaciones, himnos, cantos y mantras dedicados tranquilizan y ayudan al alma antes de la concepción y durante el embarazo, y también después del nacimiento.

Cuando pregunté si podía explicar la historia sobre mis nietos, su padre, Greg, me recordó un mantra que cantábamos para Finn. Yo había ido a su casa para cuidar de Isabel, que tenía dos años, mientras mi hija, Lauren, iba al hospital a dar a luz. El bebé se atrasó. El primer trabajo de parto de Lauren duró treinta y seis horas, y ya estaba muy cansada, así que decidimos cantar el mantra sánscrito, Om Namo Bhagavate Vasudevaya, uno de sus favoritos. Se lo dedicamos al bebé que pronto iba a llegar y a un parto breve y sin peligro. Mientras cantábamos, la vibración de la habitación era extraordinaria. Tres horas más tarde, Lauren empezó de nuevo y tres horas después Finn había llegado sano y salvo.

Greg me dijo después: «La energía que nos llegó esa noche mientras cantábamos, justo unas horas antes de que Finn naciera, fue asombrosa y, claramente, estaba vinculada, como si el bebé estuviera respondiendo al mantra».

Los adolescentes

¿Por qué actualmente existe una cultura de bandas de adolescentes?
Los adolescentes necesitan sentir que pertenecen a algo, por eso forman grupos. Siempre lo han hecho, porque eso forma parte de su crecimiento. No obstante, su comportamiento actualmente está fuera de equilibrio porque la estructura familiar se está disgregando y ellos se sienten confusos acerca de cuál es su lugar en la comunidad. Dado que los mayores ya no ofrecen su sabiduría, ni disciplina, ni dirección, los jóvenes no saben hacia dónde canalizar su energía, de modo que van en bandas, sin tener ninguna meta.

Cuando los chicos que actualmente son adolescentes eran unos niños, muchos de sus padres los sobreprotegieron, temerosos de dejarles jugar fuera o explorar el vecindario. En lugar de escucharlos y quererlos, les dieron posesiones materiales y les dejaron ver cosas inapropiadas en la televisión o en vídeos, a menudo con contenidos violentos. Los niños que están sobreprotegidos siguen siendo inmaduros y dependientes, de modo que se convierten en adolescentes desilusionados, indisciplinados, con poca seguridad en sí mismos o valía personal, y sin ninguna salida para su fuerza vital. La vida les parece sin sentido e infructuosa, y muchos de ellos están profundamente deprimidos, sintiéndose desconectados de su Fuente. Su comportamiento refleja el malestar de los adultos que hay a su alrededor.

El péndulo empezará a balancearse hacia el equilibrio cuando la sociedad misma se torne más equilibrada y responsable.

¿Cómo podemos ayudar a los adolescentes?
Los adolescentes necesitan compasión, amor, disciplina, dirección, ánimos y esperanza. Cada vez que condenáis su comportamiento rebelde, o cuando tenéis miedo de él, estáis enviando una energía oscura hacia su consciencia y empujándolos más profundamente hacia su ilusión de separación. Tenéis que ver lo divino en los jóvenes. La Verdad Superior es que ellos son todos perfectos y siempre lo han sido. Imaginadlos en su perfección y pedid a los ángeles que os usen como un puente de luz hacia sus mentes y sus corazones. Beneficiadlos individual y colectivamente con cualidades como la compasión, el amor, la disciplina, la dirección, los ánimos y la esperanza. Cada vez que hagáis esto desde vuestro corazón, crearéis una oportunidad para que los ángeles los ayuden.

¿Por qué las pandillas de adolescentes son tan destructivas?
Los que sienten que no importan a nadie cierran sus corazones y no son capaces de sentir. En consecuencia, pueden ser destructivos, violentos, crueles, e incluso autodestructivos. Nadie escucha su dolor y ellos no pueden oír el de nadie. Están sumamente asustados y dolidos.

Estos adolescentes crean su propia familia en las bandas y toman sustancias que adormecen sus sentimientos. Expresan su desilusión y su angustia enfadándose, siendo agresivos y, cuando no tienen ninguna forma segura de expresión, siendo violentos o peligrosos.

Un chico que se siente querido, respetado y comprendido puede sentir empatía hacia los demás y tener sentimientos hacia ellos, lo cual significa automáticamente que jamás podría hacer daño o herir a nadie o a nada.

Recordatorio

Cuando abres tu corazón, estás rodeado por un aura de amor que puede envolver y sanar la angustia de quienes entran en contacto contigo. Puesto que tú les recuerdas que es posible querer y ser querido sin peligro, ellos pueden empezar a recordar quiénes son realmente.

¿Por qué los adolescentes beben y toman drogas?

En un nivel físico, demasiados padres y adultos que actúan como modelos para ellos han renunciado a criar a los adolescentes de una forma sabia y sensatamente disciplinada. Las series de televisión ambientadas en bares son la proyección actual de la vida familiar. El alcohol y las drogas se han tornado socialmente aceptables y fáciles de conseguir, sin que ninguna visión tome su lugar.

En un nivel espiritual, algunos adolescentes han perdido la confianza, la esperanza, el sentido de propósito y la conexión espiritual, y algunos están suicidándose lentamente a través de la bebida y de las drogas.

¿Por qué las chicas están empezando a ser violentas?

El viejo orden en el que los hombres dominaban el mundo está llegando a su fin. Durante los miles de años en los que lo masculino controlaba a lo femenino, las mujeres no tenían otra opción, excepto aceptar el maltrato, las palizas, la pobreza, estar pariendo constantemente, las infidelidades y todas las formas de abuso que los hombres importantes que eran sus dueños (padres, tíos, hermanos, hijos y marido) eran capaces de ejercer.

Todos los viejos sentimientos no resueltos están saliendo a la superficie ahora para ser liberados o manejados.

Muchas chicas están asumiendo la ira no expresada de sus madres, abuelas, bisabuelas y otros antepasados del género femenino. Ellas no saben cómo sanar esos sentimientos o canalizarlos adecuadamente, de manera que se están manifestando en forma de violencia.

No obstante, cuando las mujeres reconocen, en algún nivel, que estuvieron de acuerdo colectivamente en su pérdida de poder, entonces asumen la responsabilidad de su pasado, su presente y su futuro. Se convierten en Maestras. Reclaman su poder. Entonces, cada una de ellas puede tomar nuevas decisiones acerca de la manera en que se va a comportar y cómo va a ser. Cuando esto ocurre, toda la ira se evapora y el árbol familiar de cada persona queda sanado.

¿Qué podemos hacer para ofrecer una alternativa a los niños y a los adolescentes?

Muchos de los que actualmente son niños o adolescentes son espíritus de alta frecuencia que están llenos de energía y necesitan canalizar su fuerza vital en los deportes, las actividades creativas, los conocimientos espirituales u otras salidas adecuadas.

Las chicas, así como los chicos, necesitan que sus padres naden, jueguen al tenis o practiquen algún deporte con ellas, no que las lleven a ver cómo lo hace otra persona. Sus esfuerzos artísticos, musicales y creativos deberían ser respetados y fomentados.

Acción para ayudar a los niños y a los adolescentes

Ejerced presión para conseguir más instalaciones deportivas. Animad a los grupos locales de actores para que representen obras en las que haya papeles para los jóvenes. Cread grupos de pintura o cualquier tipo de clase creativa. Dejad que los jóvenes cuiden de los animales y de personas menos afortunadas que ellos.

Visualización para ayudar a los jóvenes

— Enciende una vela y concéntrate en la llama.
— Respira profundamente.
— Cierra los ojos.
— Pide que los corazones y las mentes de los niños y los adolescentes de todas partes se abran a un propósito más elevado.
— Imagina que los ángeles van a las escuelas, los institutos y a cualquier lugar donde ser reúnen los jóvenes, alegrándolos con esperanzas.

¿Cuál es la comprensión espiritual de la educación actual?
Los niños aprenden mejor en lugares silenciosos, tranquilos y armoniosos, con maestros que animan, inspiran y ofrecen una disciplina sensata. Actualmente, la educación no dispone de equilibrio. Las escuelas están demasiado estresadas, porque honran el conocimiento del hemisferio izquierdo del cerebro, al tiempo que devalúan el hemisferio derecho.

175

El aprendizaje del hemisferio izquierdo del cerebro es lógico, lineal, racional, científico, matemático, orientado a los ordenadores. Obliga a los jóvenes a aceptar las ideas de las personas y regurgitarlas, produciendo clones. Debido al énfasis que se pone en las reglas y en las órdenes, los niños sensibles se sienten sofocados y a menudo se deprimen, o se tornan rebeldes o crueles.

El hemisferio derecho del cerebro es responsable de la originalidad, la creatividad, la imaginación, el ritmo, el canto, las habilidades artísticas, la conexión espiritual y un corazón abierto. En las sociedades que se centran en el desarrollo del hemisferio derecho, se anima y se valora el cariño, la empatía, la confianza, los cuidados y la inclusión. Esto conduce a la relajación, la paz y la satisfacción, pero a veces a la falta de capacidad de tomar decisiones o la carencia de perspicacia económica.

Desde un punto de vista espiritual, los sistemas educativos deben modificarse para incluir el desarrollo del hemisferio derecho del cerebro. Las recompensas serán inmensas: jóvenes interesados y equilibrados con un sentido de seguridad y de pertenencia que expresan su creatividad y su originalidad y, al mismo tiempo, se sienten bien cuando se interesan por los demás, especialmente por los desfavorecidos.

¿Leer y escribir bloquea nuestro potencial espiritual?
Si se hace en exceso, sí. Cuando toda la concentración se pone en leer y escribir, el hemisferio izquierdo del cerebro se desarrolla excluyendo al derecho. A través de la apertura del hemisferio derecho, uno realiza sus conexiones espirituales.

La dominación del hemisferio izquierdo del cerebro implica una aceptación excesiva de las ideas de los demás, mientras que el progreso espiritual depende de la creatividad y la originalidad.

¿Cómo podemos ayudar a los niños y a los adolescentes a expresar su fuerza vital?
Quiere a tus hijos, escúchalos y pasa tiempo con ellos. Los niños y los jóvenes necesitan apertura, ánimos y libertad. Necesitan desafíos y aventuras, dentro de una estructura de disciplina. Proporcionadles más equipamientos deportivos, especialmente patios en las escuelas. Cread oportunidades de aventuras y prohibid la culpa y reclamad cultura. Dejad que los niños y los adolescentes sean creativos, que pinten murales en las paredes, que planten bellos jardines en el páramo, que viajen a otros países y conozcan gente, que hagan trabajos de servicio y entiendan el trabajo en equipo. Animad a más hombres sabios y fuertes a que se relacionen con las generaciones más jóvenes.

¿Ayudaría que existieran iniciaciones para los chicos?
Sí. En las sociedades en las que existen iniciaciones, los chicos se sienten más cómodos con su masculinidad y eso, a su vez, significa que pueden honrar a las mujeres, a los niños y a los que necesitan ayuda. (*Véase también* SOCIEDAD *-¿Las sociedades iniciáticas tienen alguna ventaja?, en la página 277*).

¿E iniciaciones para las chicas?
Las mujeres siempre han tenido iniciaciones interiores: la menstruación, el parto y la menopausia. Hay que volver a honrarlas y a celebrarlas. Una niña que celebra el hecho de ser mujer y está orgullosa de ello se convierte en una madre feliz y valora a los hombres por su papel.

Niños índigo, de cristal y del arco iris

¿Quiénes son los niños índigo, de cristal y del arco iris?
Se trata de almas iluminadas que han nacido en esta época especial de evolución de vuestro planeta. No se habían encarnado antes en la Tierra. Han venido ahora para enseñar a sus familias, y a todos los que entran en contacto con ellos, una forma de ser más elevada. Los niños índigo se denominan así por la predominancia del color índigo en sus auras. Ellos tienden a ser clarividentes y a tener poderes sanadores. Los niños de cristal tienen auras transparentes como el cristal, de modo que tienen claridad para ver en otros mundos, incluidos los reinos angélicos. Los niños del arco iris tienen auras de arco iris, que traen todo el espectro de color y hacen que sean más equilibrados.

¿Estos niños especiales traen karma?
No. Ellos entran sin karma, pero hay desafíos que están señalados en sus cartas astrales que constituyen lecciones inevitables para sus familias y para las personas con las que entran en contacto.

¿De dónde vienen los niños de altas frecuencias?
Todos los niños índigo, de cristal y de arco iris son originarios de Orión, que es el planeta de la iluminación. Ellos nunca se habían encarnado antes en la Tierra, de modo que este plano material les resulta muy difícil de entender. Tampoco han estado en otras escuelas de formación en el universo. Su único hogar ha sido Orión. Dado que sus espíritus son tan puros, maestros de otros planetas han venido para iniciarlos en la comprensión cósmica.

¿Qué tienen de especial?

No sólo son niños con frecuencias muy altas, sino que también son clarividentes y, a menudo, iluminados. Muchos tienen los dones de la curación y la telepatía, así como la clarividencia. Algunos tienen poderes avanzados que tienen que cuidar y practicar cuidadosamente.

¿Se encuentran padres especiales para estos niños?

Sí. Antes de que estos niños se encarnen, se pone gran cuidado en encontrar familias que puedan cuidar de ellos y ayudarlos a enfrentarse a la vida en la Tierra. No obstante, debido a su sensibilidad, esto no siempre es suficiente para permitirles realizar el ajuste.

¿Quiénes son los niños autistas y cómo podemos ayudarlos?

Algunos niños índigo, de cristal o de arco iris se retraen en el autismo porque su vibración es tan alta y pura que no consiguen manejar la energía que les rodea. Son niños que han cerrado sus dones y sus talentos, de modo que para ayudarlos a volver a conectar con ellos debéis elevar vuestra frecuencia. Claro que no todos los niños autistas son índigo, de cristal o del arco iris. Hay algunos seres muy evolucionados que se están reencarnando que tampoco pueden tratar la baja frecuencia de la Tierra. Una vez más, si podéis elevar vuestra consciencia, eso les sirve de ayuda.

Otros niños autistas se han reencarnado con un karma muy pesado. Al aceptar este trastorno, sus almas han limitado sus opciones y eso impide que adquieran más karma a través de fechorías.

Cualquiera sea el motivo del autismo, puedes ayudar a estos niños envolviéndolos con tu amor y pidiendo a los ángeles de sanación que trabajen con ellos.

La muerte y el hecho de morir

Coma

¿El coma es similar a la muerte?
No. Mientras una persona está en coma, su espíritu está adherido a su forma física a través de un hilo de plata.

Algunas personas en coma tienen terror a morir. Quieren regresar con sus familias, y, desde los planos internos, están suplicando y pidiendo ayuda. Esos seres asustados necesitan que los tranquilicen y que recen para ayudarlos para el mayor bien de sus almas. Esto les ayudará a regresar a su cuerpo físico, o a morir sin peligro y a entrar felizmente en la luz –lo que sea más adecuado para ellos.

Otras personas hacen un trabajo maravilloso mientras están en coma. Sus espíritus, libres de su cuerpo, pueden canalizar sanación o visitar a algunas personas para actuar como intermediarios o para ofrecerles consuelo. A menudo, pueden conseguir cosas que a los ángeles les es imposible, porque su vibración resulta más familiar a las personas que ayudan. Los que están haciendo estas tareas están bastante satisfechos, porque saben que su armazón físico exterior seguirá ahí hasta que hayan terminado su trabajo. Las oraciones para su mayor bien los ayudan, lo mismo que a las personas con las que se están comunicando.

¿Es espiritualmente correcto desconectar las máquinas que mantienen con vida a una persona que está en un coma irreversible?
Con los avances en la medicina sin una comprensión espiritual equivalente, muchas preguntas perturbadoras se están

presentando a la humanidad. En los tiempos de iluminación espiritual, los sanadores examinaban los campos de energía del paciente que contenían los archivos de su alma para ver si había llegado su hora de morir. Esto se hacía con la intención de servir al mayor bien del paciente, de modo que si al paciente le había llegado su hora, las familias y los sanadores se desataban y lo dejaban libre. El cuerpo físico lo seguía de una forma automática.

En la actualidad, la familia o los amigos pueden aferrarse fácilmente a su ser querido por la mera fuerza de su deseo. Esto puede oponerse a la voluntad superior de la persona enferma y, por tanto, atraparla en un estado de limbo.

Debéis aprender a meditar para conectar con el Yo Superior del paciente y recibir una impresión de lo que el alma quiere. Suponiendo que él, o ella, está preparado para morir y que la intención de que todos los implicados es pura y sincera, entonces puede ser espiritualmente correcto desconectar los aparatos que sustentan su vida. No obstante, es una decisión que nunca debe tomarse a la ligera.

¿Y si la persona no necesita una máquina que la mantenga con vida, pero continúa respirando y se conserva en un estado vegetativo?
Esta pregunta es ligeramente distinta a la anterior. Si la persona respira sin ayuda, hay muchas lecciones que la familia debe aprender. La paciencia es una de ellas; el desapego es otra. La compasión, la comprensión, la empatía, el amor, la valentía y el discernimiento se desarrollan en ese tipo de situaciones.

Quizás el paciente tenga un contrato para morir en determinado momento y está esperando a que llegue. Un ejemplo sería cuando se produce una alineación astrológica específica que es inminente, la cual lo ayudará a entrar en su eterno viaje después de la muerte.

Con frecuencia, el espíritu de la persona que se encuentra en un estado vegetativo tiene miedo de soltarse. Quizás quiera cuidar de sus hijos o de sus nietos. Puede que tenga terror de morir. Debes actuar de una forma espiritual y ofrecer plegarias para su mayor bien. Puesto que es posible que necesite que lo tranquilicen o que le den permiso para marcharse, debes dejar libre física, emocional, mental y espiritualmente a tu ser querido.

Ten en cuenta que a veces el espíritu de la persona que aparentemente está ausente está haciendo un trabajo espiritual increíble fuera del cuerpo, quizás sanando a otros o difundiendo la paz.

> Hace muchos años me pidieron que fuera a ver a una señora que permanecía en un estado vegetativo irreversible. Tenía dos niños pequeños y un marido, pero simplemente no se encontraba en su cuerpo físico. La familia quería que ella regresara. Yo sólo la vi una vez y me pareció que era algo muy triste y que no había muchas esperanzas. Después de haberla visto, me llegó una orientación muy clara. Se me dijo que ella no deseaba regresar a su antigua vida, pero que le aterraba dejarse ir y morir. Se me pidió que trabajase con ella en mis ratos de silencio, conectando con su espíritu y asegurándole que estaba bien que muriera. Debía decirle al espíritu de la mujer que los niños estarían bien cuidados y que su abuela estaba esperándola al otro lado. Hice esto todos los días durante tres semanas. Entonces, ella se dejó ir. Aunque fue triste para la familia, a la larga les permitió seguir adelante con sus vidas.

El proceso de morir

¿Cuál es la mejor manera de ayudar a alguien en su lecho de muerte?

Eso depende, en parte, de sus creencias. Si la persona no es consciente espiritualmente y no desea reconocer nada que esté más allá del mundo físico, guárdate tus consejos. Simplemente, deja que tu consciencia penetre en la de esa persona y la ayude. Mentalmente, dale permiso para partir, envíale amor y, en silencio, ofrece unas plegarias para que pase a la otra vida sin percances. La persona recibirá telepáticamente tus mensajes y será ayudada. Por favor, usa tu intuición, porque muchos ateos moribundos perciben, súbitamente, la presencia de familiares que han muerto y le están esperando y de los ángeles que están a su lado, y se abren inesperadamente al oír hablar de Dios y de las dimensiones espirituales.

Si la persona moribunda es espiritualmente consciente, ofrécele amor y dale permiso para marcharse. Puedes hacer esto en silencio o en voz alta, lo que sientas que es más adecuado. En ocasiones, un ser querido intenta quedarse más tiempo por ti, porque cree que lo necesitas. Si crees que éste es el caso, recuérdale amablemente que los ángeles también cuidarán de ti y que está bien que se deje ir y experimente la maravillosa libertad y la dicha que le esperan. A menudo, a una persona así le consuela mucho rendirse a la energía de tu oración. Cualesquiera sean las circunstancias, es muy importante estar preparado y dispuesto a dejar ir a la persona.

¿Había un ángel ahí cuando murió mi marido?

¡Claro que sí! Nadie muere solo. No sólo está tu ángel de la guarda contigo cuando mueres, sino que, además, un ángel superior llega para ayudarte a morir. Tu marido fue conducido hasta la luz.

Con frecuencia, enfermeras sensibles o personas ancladas y llenas de sentido común me han comentado que ven ángeles que esperan a que los pacientes mueran. Entonces saben que están a punto de morir.

¿Por qué algunas personas mueren de una forma tan horrible?
El modo de morir es una elección del alma. A menudo refleja la forma en que esas personas vivieron la vida. Alguien que vive en el límite puede elegir morir de una forma espectacular, mientras que una persona tranquila puede morir suavemente, mientras duerme, aunque esto no sea necesariamente así. Aunque una muerte puede parecernos violenta, es posible que la persona no sienta ningún dolor. Por ejemplo, muchos de los que mueren en incendios abandonan sus cuerpos antes de que éstos empiecen a quemarse. Recuerda que los ángeles están ahí para ayudarlos. Sin embargo, si el alma de alguien decide que debe experimentar una experiencia difícil mientras muere, sus ángeles no pueden exorcizar su karma por él.

¿Qué ocurre a las almas de las personas que han cometido actos terribles, como Adolf Hitler?
Normalmente, después de la muerte pasan mucho tiempo en un santuario de sanación, hasta que están preparadas para repasar su vida. Si el alma ha tenido muchas vidas de oscuridad con un corazón cerrado e insensible al sufrimiento causado por sus decisiones y sus actos, pasarán por una profunda rehabilitación. Sin embargo, si durante su evaluación sienten compasión por sus víctimas, entonces se

les da la oportunidad de aprender lo que es el amor en los planos interiores antes de regresar a la Tierra.

Cuando se reciben plegarias que piden que esos monstruos humanos sufran y sean condenados eternamente, las consecuencias para sus almas son nefastas. No obstante, si existen peticiones de piedad, como chispas de oro, provenientes de sus seres queridos y de los trabajadores de luz, los ángeles pueden tomarlas y convertirlas en una llama que será colocada en sus corazones. Gracias a esas plegarias, en sus siguientes encarnaciones nacerán en una posición en la que no podrán hacer ningún daño. Entrarán en una familia cariñosa y por fin tendrán la oportunidad de aprender lo que es el amor.

Mi marido estaba conduciendo sobrio y con cautela cuando fue embestido por un conductor borracho. Mi marido murió, mientras que el borracho salió ileso. ¿Dónde está la justicia?

En un nivel emocional, esto es muy triste y traumático para ti y para tu familia. Puedes estar segura de que, si a tu marido no le hubiese llegado la hora de morir, su ángel de la guarda lo hubiese impedido.

En un nivel espiritual, el alma o Yo Superior de tu marido tomó la decisión de regresar a la luz de esa manera. A veces, las personas ofrecen su método para morir como una manera de llamar la atención sobre cosas negativas que están ocurriendo en la Tierra, como conducir bajo los efectos del alcohol o las drogas. Las oleadas de ira, conmoción y horror ejercen presión, porque eso es necesario para cambiar las actitudes y las leyes. Desde los reinos celestiales también se esperaba que el conductor borracho y todos los que lo conocían se quedaran tan destrozados por este terrible acontecimiento que ello cambiara sus vidas.

Aparentemente, a menudo los sucesos injustos son la resolución del karma.

El terrible sufrimiento ofreció a toda tu familia una llamada al despertar porque, con frecuencia, la muerte acelera que las personas inicien una búsqueda espiritual de la verdad.

Bebés y niños

Mi hijo murió al caer desde una ventana del segundo piso y no dejo de pensar por lo que debe de haber pasado mientras caía.

Mientras tu hijo caía, sólo hubo un momento de miedo antes de que los ángeles lo sostuvieran y lo condujeran hasta la luz. Él no sintió nada, excepto dicha. Además, era su momento para morir.

¿Dónde estaba su ángel cuando mi niño se ahogó?

El ángel de tu niño estaba sosteniéndolo amorosamente y ayudándole a hacer los ajustes para abandonar su cuerpo. Si ése no hubiese sido el momento en que tu hijo debía morir, su ángel lo habría salvado «milagrosamente».

¿Por qué mueren los bebés?

Cuando un bebé nace, tiene una cláusula de salida que le permite abortar su misión en la Tierra en los seis a doce meses siguientes. Para las almas sensibles, vuestro planeta puede parecer un lugar en el que vivir es muy difícil, así que, a pesar del amor y los cuidados de los padres, un bebé puede sentir que la tarea que ha elegido es demasiado difícil. Las decisiones que se toman libremente mientras uno es un espíritu se sienten de una manera muy distinta cuando uno está encerrado en un cuerpo físico.

Algunos niños llegan específicamente para ofrecer lecciones a sus padres y al resto de su familia, una de las cuales puede ser el desapego, la lección de dejar ir a un ser querido que ha tomado la decisión de morir.

A veces, un alma puede haberse marchado prematuramente de una encarnación anterior o con sólo una pequeña cantidad de karma por completar, de modo que sólo necesita unos días, unas semanas o unos meses en un cuerpo físico para completarlo. Ésta es una decisión anterior a la vida.

Si un bebé decide marcharse, sus ángeles lo ayudan a regresar a la luz.

¿Por qué algunos bebés nacen muertos?
El hecho de que un bebé nazca muerto es, inevitablemente, una terrible conmoción y una tragedia. Los ángeles envuelven con amor a los padres y al espíritu del bebé muerto, mientras intentan hacerles ver la situación desde un punto de vista más elevado. Recuerda que si el alma de un niño tiene un compromiso de vivir de un cien por cien, su ángel se asegurará de que se produzcan las condiciones perfectas para su llegada. No hay accidentes.

Decir el nombre del alma, reconocerla y enviar plegarias, la ayudará. Encended una vela para vuestro hijo y bendecidlo.

¿Por qué ocurren las muertes súbitas de lactantes?
En los primeros seis a doce meses de vida, el alma tiene una cláusula de opción de no participar, libre de karma, la cual le permite regresar al mundo de los espíritus si decide que

la vida es demasiado difícil. Ejercer este derecho es el motivo espiritual de las muertes súbitas. Ciertamente, a menudo se presenta una causa física para permitir al bebé alcanzar su objetivo.

La jerarquía espiritual considera que la vida es una inmensa oportunidad y un privilegio, pero jamás fue pensada como un derecho. Estos bebés ejercitan su cláusula de opción de no participar y los ángeles los ayudan. Muchos esperan a que se cumplan los seis meses completos para tomar esa decisión.

¿Por qué mueren los niños?

El Yo Superior del niño o la niña elige su misión en la vida. Un contrato de cinco o diez años puede ser lo único que se necesita para realizar el trabajo deseado. Quizás el niño sólo tenía unas pocas lecciones que aprender, o se le necesita para que forme parte de otro plan en la Tierra o en otro lugar. Ocasionalmente, el niño está preparando el camino para que otros niños que todavía no han nacido entren en la familia.

Quizás, los padres necesitaban esa lección. Con mucha frecuencia, dado que la muerte de un niño es algo muy doloroso, eso hace que, la familia inicie una búsqueda espiritual.

Aunque es muy poco frecuente que un niño muera accidentalmente antes de este tiempo, esto no te absuelve de la responsabilidad de cuidar de tus hijos de forma diligente.

Mi hijo adolescente murió en un accidente automovilístico. ¿Él está bien?

Cuando tu hijo murió, no sintió ningún miedo o dolor, porque vio una bella luz blanca que venía hacia él. Es absolutamente feliz y ahora está entero en el mundo de los espíritus.

El momento de morir

¿Cómo sabes si es el momento adecuado para morir?
Aparte de los casos más raros y excepcionales, si alguien ha muerto, es porque ése era su momento. No obstante, en ocasiones, la oración y los ruegos de los seres queridos pueden influir. La fuerza de la voluntad de la persona de seguir con vida puede forzar un cambio en decisiones tomadas previamente, y también puede hacerlo la voluntad de suicidarse.

> Conozco a una persona que tenía cuatro hijos adolescentes, uno de los cuales tuvo asma durante toda su vida y tenía una mala salud. Un día, esta mujer entró en su dormitorio con su hija y entró en shock al ver que el chico había muerto durante la noche. Su hija la miró y le recordó tranquilamente: «Misión cumplida, mamá».

¿En qué circunstancias podría alguien morir antes de que sea su momento? Y, ¿qué ocurre con su anteproyecto de vida?
El asesinato, el suicidio o un accidente intencionado pueden, ocasionalmente, acortar la vida de una persona. En ese caso, ésta tendrá que reencarnarse para completar su tiempo. La duración pueden ser días, semanas o unos pocos años. El ordenador universal dirigido por los Señores del Karma haría los ajustes necesarios y permitiría que existieran nuevas posibilidades.

Mi marido sobrevivió a una terrible experiencia en el mar, mientras que todos los demás se ahogaron. ¿Por qué vivió él?

Su mera voluntad de vivir lo hizo salir de esa experiencia, y esa decisión le otorgó el derecho de continuar con su vida. Además, ése no era su momento para morir.

Mi hermano fue a visitar a todos sus familiares por primera vez antes de morir súbitamente a la edad de cuarenta y un años. Sentimos que se estaba despidiendo de nosotros. ¿Él sabía que se iba a morir?

No conscientemente, pero a nivel del alma lo sabía y quería despedirse. Ésa fue, también, su manera de hacer que la familia se reuniera.

¿Algunas almas proporcionan, inconscientemente, alguna pista a sus familias de que están a punto de morir?

Sí, lo hacen, y esto puede ocurrir de muchas maneras. Los niños, especialmente, intentan advertir a sus padres con la finalidad de reducir su conmoción. Además, a menudo, esto ayuda a los seres queridos a comprender que la muerte tuvo lugar en el momento divinamente adecuado.

> La preciosa y vivaz hija de Crista murió en un accidente a la edad de veinte años. Una semana antes de morir, le mostró a su madre la palma de su mano y señaló que tenía una línea de vida muy corta. Su madre, que entendía de esos asuntos, se quedó impresionada, pero dijo que estaba segura de que eso no significaba nada. Sin embargo, ésa fue la manera en que el alma de la chica le indicó a su familia que había llegado su hora de partir, preparándola, de alguna manera, para el sufrimiento que estaba por llegar.

❋

Pauline y su familia llevaron a su hija de cinco años de edad a la playa de vacaciones. En la primera tarde, la niña le dijo a su madre: «Mami, quiero irme a casa». Su madre le respondió: «No seas tonta, cariño. Acabamos de llegar y vamos a tener unas vacaciones maravillosas». La niña miró a su madre y le dijo lentamente: «Mami, tú no lo entiendes. No puedes impedírmelo. Me voy a casa». Murió esa misma tarde y su madre se dio cuenta de que su niñita había estado intentando decirle que había llegado su momento de regresar a la luz.

❋

Amelia era la niña que a sus padres les habían dicho que jamás podrían concebir. Era preciosa, estaba llena de luz y era la alegría de sus vidas. Le encantaba jugar en el jardín, observar la vida silvestre y estar en la naturaleza. Un día, cuando tenía seis años, llegó a casa del colegio y dijo que era una pérdida de tiempo para ella seguir aprendiendo cosas. No quiso hacer los deberes porque para ella era más importante estar en el exterior. A la mañana siguiente murió de una hemorragia cerebral.

¿Es posible renegociar el contrato de tu alma de morir en un momento determinado?
Esto ocurre algunas veces, pero es relativamente poco frecuente. A veces, el alma regresa desde la frontera de la muerte para ayudar a un ser querido y, en esos casos, ha renegociado su contrato por el bien de otra persona.

Mi padre estaba a punto de morir. Los médicos del hospital dijeron que era cuestión de horas y que no había nada que hacer. Todos nos despedimos de él, pero mi madre era muy anciana y no podía concebir vivir sin él después de sesenta años juntos. Entonces, de repente, el especialista dijo que dieran de comer a mi padre, lo cual probablemente le mataría, pero era la única oportunidad. Dos horas más tarde, mi padre estaba hablando y había iniciado su recuperación. Sigo convencida de que él renegoció su contrato y acordó quedarse dos años más para ayudar a mi madre. Aunque acabó muriendo antes que ella, ese tiempo adicional permitió a mi madre habituarse a la idea de vivir sola, y yo siento que ése fue un regalo del alma de mi padre.

¿Cuánta libertad de acción tiene un alma respecto al momento de la muerte?
Esto varía, dependiendo de una serie de factores.

Si la siguiente etapa de su viaje está esperando para desplegarse, la persona debe marcharse a tiempo para poder participar. Es posible que su alma haya aceptado ayudar a un ser querido o a una serie de personas de manera más eficaz desde el otro lado. En esos casos, el Yo Superior se asegura de que la persona muera en el momento apropiado.

Si la persona que está muriendo quiere que sus seres queridos estén junto a su lecho de muerte antes de morir, puede posponer varias horas el momento de su fallecimiento. Si su Yo Superior desea que su espíritu parta antes de llegar, lo hará. Ambos marcos hipotéticos son acordados por las almas de las personas implicadas y coordinadas por los guías y los ángeles de todos los interesados. Jamás es una casualidad.

En algunas ocasiones, es sumamente importante que alguien fallezca en el momento astrológico correcto, bajo una influencia estelar en particular. Si es necesario que tome esa corriente para que lo conduzca a un viaje espiritual específico, no existe ninguna libertad de acción respecto al momento de la muerte.

En ocasiones, cuando una persona famosa fallece, las oraciones de las masas crean una enorme corriente de energía. A veces, los que están esperando a la muerte deciden marcharse aproximadamente al mismo tiempo para aprovechar ese tsunami de amor y bendiciones para ayudarlos en su viaje.

¿Por qué algunas personas esperan a que lleguen sus seres queridos?
Ésa es una decisión inconsciente tomada por el Yo Superior de las personas implicadas. Esto siempre es organizado por los ángeles y los guías y no es una casualidad. Hay algunas razones para tomar esas decisiones del alma:

Al esperar a estar rodeada de sus seres queridos, la persona moribunda se marcha con una sensación de satisfacción, amor y realización.

En algunos casos, los seres queridos proporcionan a la persona moribunda la energía que necesita para pasar al otro lado. Esto ocurre cuando la familia y los amigos están preparados espiritualmente para la partida.

La familia o los amigos sienten que la persona moribunda los quería lo suficiente como para esperar a que llegaran y eso los ayuda a adaptarse a la situación.

Eso une a las personas.

Reunirse en torno al lecho de muerte ofrece la oportunidad de resolver viejos problemas.

Los que están de luto pueden apoyarse unos a otros.

La oración colectiva es sumamente poderosa y puede ayudar al espíritu que se va.

¿Por qué una persona toma la decisión de morir sola o antes de que lleguen determinadas personas?
Es posible que tu Yo Superior sepa que las emociones de tus seres queridos impedirán que tu espíritu se marche, haciendo que te resulte más difícil irte si ellos están contigo.

Podéis estar tan unidos que, energéticamente, no importa si estáis juntos físicamente o no, de modo que te marchas en el momento adecuado para ti.

Cuando alguien no está ahí para apoyar a un ser querido cuando muere, los sentimientos pueden hacer que la persona que se queda desconsolada inicie una búsqueda de significados espirituales.

La persona moribunda puede tener una creencia en la independencia, la soledad o es posible que crea que no cuenta con nadie. Esto puede ser, o no ser, cierto. Es sólo una creencia, pero todos los humanos cargan con sus creencias a lo largo de sus vidas y juegan con ellas hasta el final.

¿Por qué algunas personas mueren cuando sus seres queridos salen de la habitación?
Hace falta energía para pasar al otro lado. Con mucha frecuencia, los seres queridos se aferran a la persona moribunda sin siquiera darse cuenta de ello. Cuando salen de la habitación, el espíritu aprovecha el momento en que las cuerdas se han relajado para salir del cuerpo.

¿Puedo influir conscientemente en mi forma de morir?

Cada pensamiento, creencia y acción de tu vida, consciente o inconsciente, afecta a tu vida y, por supuesto, a tu muerte. Decide cómo quieres morir. Si lo tienes muy claro, cuéntaselo a los ángeles y ellos te ayudarán a hacer que suceda. No obstante, como con todas las cosas, añade esta condición: «Para el mayor bien de todos», o «Que se haga la voluntad de Dios». El motivo es que tu ego puede tener una idea, pero tu Yo Superior, que ve la situación general, puede tener una opinión distinta sobre tu manera de morir.

No quiero ser una carga para mi familia viviendo hasta que me convierta en senil o físicamente discapacitada. ¿Qué puedo hacer?

Ésta es una pregunta triple.

Primero: si crees que eres una molestia o una carga, es posible que te conviertas en ello, mientras que si te valoras, te respetarán en la vejez. Si necesitas cambiar tus sistema de creencias, afirma constantemente tu valía. Luego, empieza a actuar como un miembro sabio y valioso de tu familia y de tu comunidad.

Segundo: la senilidad se produce cuando las personas no quieren hacerse responsables de sí mismas. Reconoce que, consciente o inconscientemente, tú has creado tu vida. Domina la situación visualizando que eres feliz, que estás sano y que tienes claridad mental en plena vejez.

Tercero: hazte responsable de tu salud ingiriendo buenos alimentos que nutran tu cuerpo y tu cerebro. Bebe agua pura. Ríe mucho. Haz que tus pensamientos y tus emociones sean siempre sanos, felices y competentes.

Puedes ser una persona mayor sabia, feliz, sana y también querida.

Asesinato, eutanasia, suicidio

¿Por qué se producen asesinatos?
En un nivel superior, muchos asesinatos son contratos entre las dos almas, incluso aunque parezcan no conocerse. La víctima y el asesino están unidos por el karma que se activa a lo largo de las vidas.

No obstante, se sigue creando un nuevo karma. Si alguien le quita la vida a una persona, ésta se reencarnará en un cuerpo distinto para completar los años perdidos, y ella y su asesino estarán atados por el destino hasta que se haya producido la reparación. Nadie se sale con la suya nunca, porque siempre hay una resolución espiritual.

Ciertamente, las oraciones por la víctima ayudan, al igual que las oraciones por el asesino, porque al final todos deben regresar al amor y al equilibrio, porque todos formáis parte de la Unidad.

¿Alguna vez hay un propósito superior para un asesinato?
A veces lo hay. En primer lugar, la humanidad se niega a escuchar la orientación espiritual y continúa promoviendo la ignorancia o las leyes mal concebidas; el Yo Superior de un grupo de personas puede idear un plan de asesinato tan chocante que un cambio resulta obligatorio. En esos casos, las almas de las víctimas y los asesinos han acordado las circunstancias. Se han sacrificado para el eventual bien de todos.

En segundo lugar, el Yo Superior de una persona elige que ésta morirá asesinada para centrar la atención en el bien que ha hecho o en algo en lo que cree. Esto ocurre cuando la muerte a una edad avanzada no tendría el mismo impacto en la humanidad.

Ejemplos

La masacre de Hungerford provocó un cambio en la legislación sobre armas en Inglaterra de una forma que los asesinatos individuales no habían logrado.

Los tiroteos de escolares en Estados Unidos han provocado un debate sobre las leyes acerca de las armas, pero muchos más tendrán que morir de esa manera antes de que la gente vea la luz.

A veces, grupos de personas acuerdan morir juntas en un punto negro de accidentes o en un desastre ferroviario para acelerar los cambios.

El asesinato de Gandhi envió una onda dinámica por toda la India y por el mundo entero, y el resultado fue la paz durante un tiempo.

Recordatorio

La vida se considera algo sumamente valioso. Cualquier asesino, tanto si tiene un contrato espiritual como si no, carga con el karma.

¿Por qué dos niñas inocentes fueron asesinadas en Soham? ¿El nombre de la cuidad era significativo?

En un nivel superior, todo es perfecto. *So-ham* significa «el aliento de Dios» en sánscrito, y la luz divina brillaba con mucha fuerza en esas dos niñas. Ellas representaban la pureza y la inocencia, de modo que cuando sus almas se ofrecieron voluntarias para morir de esa manera tan espeluznante, lo hicieron con la finalidad de llegar a los corazones de todo el mundo. Tuvieron éxito. Sus muertes centraron la atención en la insidiosa oscuridad que estaba entrando en las escuelas y en lugares en los que se reúnen niños vulnerables. Esto inició un proceso de cambio. La gente también empezó a pensar o a decir *so-ham*, «aliento de Dios», concentrándose inconscientemente en lo divino. Los ángeles se llevaron a las niñas directamente a la luz y sus almas son faros resplandecientes en los planos espirituales.

¿Los ángeles juzgan de una manera distinta el asesinato y el homicidio sin premeditación?
Los ángeles nunca juzgan. Sólo son testigos, porque, a menudo, los actos de los humanos son incomprensibles para los seres que están llenos de amor.

Dado que ellos tienen una visión general, reconocen las energías que estan en conflicto y provocan que una persona mate a otra. Ellos observan que la intención premeditada de hacer daño sólo tiene lugar cuando el corazón está muy cerrado y que es posible que un asesino de ese tipo tenga que vivir varias vidas de experiencias dolorosas para que su corazón se abra. Los ángeles también saben si el asesino siente remordimiento o no. El remordimiento indica que su corazón se está abriendo; su falta indica que todavía está cerrado. Todos estos factores son tenidos en cuenta por los Señores del Karma cuando se toman decisiones sobre el siguiente aprendizaje por el que el alma debe pasar.

¿Qué le ocurre al asesino después de su muerte?
Inicialmente, los asesinos experimentan lo que ellos esperan experimentar. Después de eso, cuando están preparados, se les muestran las consecuencias de sus actos en las vidas de los seres queridos de sus víctimas. Esta revisión es algo asombroso y terrible para el alma. Con sus ángeles y sus guías, deciden lo que necesitan experimentar para

reparar el daño. Luego se reencarnan cuando se les encuentra una familia adecuada o entran en un centro de rehabilitación o de formación para prepararse para su siguiente vida.

Ejemplos

Un asesino puede sentirse horrorizado al ver las consecuencias de lo que hizo en la Tierra. Es posible que se reencarne con la persona a la que hizo daño y se sienta impulsado a servirla durante toda su vida posterior.

Es posible que otro no sienta ninguna compasión, en cuyo caso, en sus siguientes encarnaciones es posible que experimente que, el amor. Se le hace lo que él hizo a otra persona, para que pueda sentir la pérdida.

¿Debería enviar amor a los asesinos?

Siempre es apropiado enviar amor. Es posible que no te gusten los actos de alguien, pero les cierras tu corazón habrás permitido que su energía te afecte. Cuando tu corazón se abra completamente, experimentarás la dicha de la Unidad.

Acción para enviar ayuda a los asesinos

No juzgues. Tú no conoces la historia que está detrás de la vida de nadie, ni su karma, ni el plan superior.

Enciende una vela y pide a los ángeles que te ayuden a ver lo divino en todas las personas.

Cuando oigas hablar de asesinato, imagina que se enciende una vela en los planos interiores y que esa luz llega hasta la víctima.

Visualiza una luz rosada que llega hasta el interior de la persona acusada y una luz dorada que va hasta su mente.

Luego, corta cualquier cordón que te una a esa persona que puedas haber creado con tus juicios o prejuicios.

Pero no es justo para la víctima enviar amor al asesino, ¿o sí?
Enviar amor al asesino puede ayudarlo a abrir su corazón, y eso, a la larga, ayudará a la persona a la que ha hecho daño. Por favor, envía también amor, luz, sanación y oraciones a la víctima. Finalmente, todos sois Uno.

¿Existen consecuencias espirituales si uno mata a alguien accidentalmente?
Depende de la intención de la persona.

Si conduces tu automóvil en dirección a tu casa, sobrio y con prudencia, y un niño sale corriendo delante de ti y no puedes evitar atropellarlo, entonces no existe karma. No obstante, el efecto que esto tiene en ti es una consecuencia espiritual.

Si conduces en dirección a tu casa borracho y a una velocidad excesiva, de manera imprudente o sin el debido cuidado, y alguien se te cruza y muere, entonces debes pagar tu karma, a veces a lo largo de varias vidas. Esto es así incluso si era el momento de morir de esa persona.

¿Alguna vez hay motivos para la eutanasia?
Espiritualmente, la oportunidad de vivir es valorada por encima de todo lo demás. Sin embargo, hay casos en los que la vida física de una persona se torna insoportable. En ese marco hipotético, si la persona está preparada y morir es su auténtica voluntad, la eutanasia puede ser aceptable. Pero ése es un camino peligroso porque una decisión así debe tomarse con el corazón abierto y con la máxima integridad.

Si hay alguna sugerencia de presión sobre el paciente, las consecuencias kármicas serán serias.

¿Las personas que se suicidan son cobardes?

Los ángeles no las juzgan. Ellos observan que, para muchas personas, quitarse la vida es un acto de gran valentía. Nadie sabe lo que está sufriendo el otro, ya sea mental, emocional, física o espiritualmente.

¿Por qué se suicidan algunas personas?

Algunas de ellas saben que ha llegado su hora de morir y responden a la llamada de regresar al hogar. Otras sienten que necesitan abortar su misión en la Tierra porque presienten que están en el camino equivocado o que pueden hacer un trabajo más útil en el otro lado. La mayoría simplemente no es capaz de enfrentarse a lo que está ocurriendo en su vida. Todos vosotros, antes de encarnaros, habláis de los desafíos y las lecciones por los que queréis pasar. Para muchos, la vida es demasiado dura y ya no pueden soportarlo. Necesitan un descanso antes de volver a intentarlo una vez más, porque las pruebas que rechazaron pueden ser más difíciles la próxima vez.

¿El suicida muere de manera adecuada?

Eso depende del estado de ánimo de la persona en el momento de la muerte. A menudo, la mente está alterada o tan angustiada que la persona no es capaz de ver la luz. Un ángel de la muerte no se envía a ayudar al suicida a hacer la transición, de modo que puede tener dificultades para encontrar su camino. Es de vital importancia rezar para que todos los que eligen morir por su propia mano tengan una transición segura.

¿Qué les ocurre a las personas que se suicidan?

No se las juzga. La persona que se suicida es tan querida y bienvenida en el otro lado como cualquier otra. Se la ayudará amorosamente a observar las decisiones que tomó en vida y cómo las manejó. Si se marchó antes de haber terminado sus lecciones, después de que haya sanado y cuando esté preparada, su espíritu regresará a la Tierra para acabar su misión original, que entonces será más exigente y difícil que antes.

Mientras estoy escribiendo esto, fuera está lloviendo a cántaros. El tiempo parece el adecuado, porque esta mañana fui al funeral de una amiga que se suicidó. La llamaré Anjy, aunque ése no es su verdadero nombre. En los meses anteriores a su muerte, Anjy se había desvinculado de todas sus relaciones; sin embargo, la capilla estaba llena de gente. Otras personas que no pudieron asistir iban a reunirse durante la noche para encender velas y rezar por Anjy. Me pregunto si ella era consciente de lo importante que era para tantas personas. Y, si hubiese sido consciente de ello, ¿habría supuesto alguna diferencia? Supongo que no.

En el día que murió, una amiga suya había pensado ir a visitarla, pero en el último momento no pudo. ¿Esa visita habría impedido que Anjy se quitara la vida?

Creemos que había tomado una decisión clara, de modo que su ángel de la guardia se hizo a un lado en deferencia a su libre albedrío. Porque, si ése no hubiese sido su momento de morir o su decisión positiva de poner fin a su vida, su ángel habría orquestado una interferencia a su plan.

ORACIÓN PARA LOS QUE SE HAN QUITADO LA VIDA

Queridos ángeles, por favor,
iluminad el camino para aquellos que
se han quitado la vida. Envolvedlos con vuestras
alas y rodeadlos de amor.
Quitadles la angustia y dejad que
encuentren la fuerza, el valor,
el amor y la paz verdadera.
Amén

Morir

*No estoy segura de si mi madre, que murió el año pasado,
está bien. ¿Qué puedo hacer para ayudarla?*
Si tienes un sentimiento de intranquilidad sobre tu madre,
sobre cualquier ser querido o incluso sobre un extraño que
ha fallecido, pide a la Virgen María que los encuentre en
los planos interiores y los ayude. La Virgen María tiene una
energía angélica maravillosa, llena de amor y compasión, y
ella se comprometerá a hacerlo.

ORACIÓN PARA AYUDAR A ALGUIEN A PASAR AL OTRO LADO

Querida Virgen María, Reina de los Ángeles,
por favor, encuentra a ....
en los planos interiores. Envuélvelo/a
con paz, amor y sanación, y guíalo/a hasta la luz.

La visualización que aparece a continuación añadirá poder y energía a tu oración:

Visualización para enviar más ayuda

— Enciende una vela.
— Imagina a la persona para la que estás pidiendo ayuda. Es posible que no conozcas a la persona fallecida personalmente, pero puedes haber oído hablar de ella o haber leído sobre ella en los medios de comunicación, y tu intuición y tu compasión te están impulsando a ayudarla. En ese caso, simplemente siéntela.
— Visualiza a la Virgen María encontrándose con ella y envolviéndola con un hermoso color azul. Luego observa cómo se alejan caminando juntas hacia la luz.

Si nuestro ángel está ahí para ayudarnos, ¿por qué los espíritus de algunas personas se quedan aquí como fantasmas?
Existe una serie de motivos por los cuales algunas personas no realizan adecuadamente la transición hacia la luz. Si una persona tiene mucho miedo a la muerte, éste puede mantenerla estancada en la Tierra. Asimismo, si alguien está muy apegado a sus seres queridos, a su casa o incluso a las drogas o al alcohol, el apego terrenal puede ser más fuerte que cualquier llamada de los ángeles. Los asuntos inacabados también pueden impedir que un espíritu salga del plano material. Algunas personas que fallecen de una forma muy repentina están en estado de shock y no se dan cuenta de que están muertas, de modo que se pasean por ahí buscan-

do a sus seres queridos. Esto puede durar años, pero a ellas les parece que es mucho menos tiempo.

Estos espíritus simplemente no ven la luz y, por tanto, no pueden llegar a ella sin ayuda. Algunos de ellos pueden quedarse aquí durante cientos de años, pero, al final, todos regresan a la luz cuando les llega la ayuda. Vuestras plegarias les ayudan muchísimo.

¿Qué hace un médium de rescate?

Se trata de personas que ven a los espíritus. Tienen una luz que atrae hacia ellas a los que no han hecho la transición adecuadamente, y pueden ayudar a liberar al alma estancada para que pueda acudir hacia la luz. También hay personas que es posible que no sean mediums conscientemente que realizan su servicio de rescate mientras están dormidas. Es posible que se despierten y se sientan muy cansadas, especialmente si han ayudado en los días posteriores a un desastre.

¿Es siempre correcto ayudar a un alma estancada a hacer la transición?

Como ocurre con todas las cosas espirituales, depende de la situación individual y del deseo del espíritu. De modo que sintoniza con la persona y percibe lo que es correcto.

> Hace muchos años, cuando empezaba a dirigir pequeños talleres, solía alquilar el salón de una iglesia de la localidad. Para mi consternación y la de los participantes, cada vez que iniciábamos una meditación silenciosa, aparentemente alguien empujaba una pila de libros de la mesa, los cuales caían con un gran estruendo en el suelo. Casi nos acos-

tumbramos a esto, pero entonces, durante los momentos de silencio, se oían pasos, como si alguien corriera por el escenario. Sonaban como los de un niño furioso, y algunas personas se asustaban.

Kumeka, mi espíritu guía, nos dijo que ese fantasma era el espíritu de una niña de catorce años que había estado en un incidente que ocurrió fuera del salón de la iglesia unos cuarenta años atrás. La habían llevado dentro, donde había fallecido. Kumeka dijo que la niña no sabía que estaba muerta y que no estaba preparada para hacer la transición, de modo que nosotros no podíamos interferir con su libre voluntad de permanecer allí. Añadió que ella quería ser reconocida y que estaba enfadada porque creía que la estábamos ignorando. Esto puede parecer estúpido –ciertamente, a veces parecía tonto, especialmente cuando llegaba gente nueva a los talleres– pero a partir de entonces iniciábamos nuestras sesiones reconociendo la presencia de la niña. ¡Jamás volvimos a oír ni un crujido producido por ella! Estoy segura de que en el momento prefecto la persona adecuada la ayudará a regresar a la luz.

❋

Tuve otra experiencia con un fantasma que era distinto. Se trataba de una anciana que, cuando estaba con vida, había vivido en mi casa. Le encantaba su hogar y no quería irse. Solía sentarse en silencio en un rincón o se quedaba mirando por la ventana de mi estudio, esperando a mi regreso cuando yo salía. Pero era bastante triste y estaba dejando una energía pesada en la parte de la casa que habitaba.

La hubiera dejado quedarse ahí, pero en pocos días ocurrieron tres cosas. La anterior propietaria de la casa me llamó para hablarme del fantasma de una anciana que su hijo había visto con frecuencia. Al día siguiente, por la tarde, me presentaron a una médium que me dijo que en mi casa se encontraba el fantasma de una anciana que estaba haciendo que la energía de ciertas habitaciones bajara debido a su tristeza. Me describió esas partes de la casa con una extraña precisión. Una amiga que dormía en la habitación de invitados, que había sido la habitación principal antes de que la casa fuera ampliada, estaba asustada porque la anciana se la quedaba mirando fijamente por las noches.

Decidí que en el mundo físico esa casa es ahora mi hogar y que ella estaba interfiriendo, de modo que un grupo de personas nos reunimos una tarde para limpiar la casa y para convencer a la anciana de que se fuera hacia la luz. Ella empezó a correr de una habitación a otra para evitarnos, pero al final vio a su abuela y a su ángel esperándola y se marchó con una gran corriente de energía.

Lo interesante es que regresó casi inmediatamente para decir: «¿Por qué me habéis hecho marchar cuando yo no quería hacerlo?». Le explicamos que ésa era ahora mi casa y ella lo aceptó y nos dio las gracias, diciendo que era lo correcto y que ella era feliz.

¿Qué debes hacer si un alma estancada te visita y te pide que la ayudes a hacer la transición?
Llama a los ángeles para que la ayuden y la dirijan para que se dé la vuelta y vea la luz. En cuanto la vea, se marchará, y tu habrás hecho un verdadero servicio.

Ciertas personas que tienen una energía especial pueden ver a espíritus incorpóreos y, ciertamente, las almas perdidas son atraídas hacia ellas. Hay tantas almas estancadas que buscan ayuda que algunos médiums se sienten abrumados por sus peticiones. También tienes derecho a afirmar que sólo estarás disponible en momentos concretos o incluso que ya no deseas realizar ese trabajo.

> Todavía recuerdo a una señora que me vino a ver en la época en que yo era hipnoterapeuta. Estaba aterrada porque personas muertas la visitaban con frecuencia y querían hablar con ella. ¡Quería que yo la hipnotizara para poner fin eso! Por supuesto que yo no podía hacerlo. El problema era que ella era católica y su sacerdote le había dicho que era pecado hablar con espíritus o ayudarlos. Ella le había creído y no deseaba oír otra cosa, de modo que su mente y su alma estaban en conflicto. No sé si llegó a resolverlo.

A veces noto un olor a desinfectante por toda la casa. Sólo permanece un instante. He intentado averiguar de dónde procede, sin éxito. Mi tía, que era enfermera, murió el año pasado. ¿Podría estar esto relacionado con ella?
Sí, cuando tu tía viene a verte como espíritu, lleva el olor del desinfectante para hacerte saber que es ella. Casualmente, ahora está trabajando como enfermera en los planos interiores, porque es un empleo que le encantaba cuando estaba en la Tierra.

Mi vecina se suicidó. ¿Por qué debería ir a su funeral?
Es posible que el espíritu de tu vecina necesite tus plegarias y tu amor más que nadie. Por favor, asiste a su funeral con

el corazón abierto y con compasión hacia ella. Y recuerda que es posible que ella oyera la llamada fuerte y clara de volver a casa y respondiera de la única manera que sabía.

Funerales

¿Tu propio funeral puede ayudar a otras personas?
En los últimos años, ha habido dos funerales públicos que ayudaron a muchas personas. El primero fue el de la princesa Diana. Su muerte fue un catalizador para millones de personas para liberar sus propias emociones bloqueadas, y en numerosos casos, varias vidas de tristeza fueron liberadas de sus cargas y purificadas. Las oraciones, las flores y la concentración en su muerte crearon un enorme embudo de energía, el cual permitió a millones de almas estancadas con ella la transición hacia la luz. Ella encabezó una inmensa procesión de almas hacia las dimensiones superiores y había multitudes de ángeles esperando para ayudarlas.

El segundo fue el del Papa. Una vez más, las oraciones, los himnos, los cantos y la liberación de emociones creó una gran onda de energía que condujo a las almas hacia las esferas superiores. Muchas personas que estaban enfermas o ancianas aprovecharon esa corriente para abandonar sus cuerpos físicos. Ciertamente, siempre hay ángeles presentes en un funeral y las personas son consoladas por su presencia.

¿Tiene algún sentido enviar flores a los funerales?
Las flores albergan una esencia espiritual pura. Los ángeles pueden extraerla y amplificarla en los planos interiores,

y luego la utilizan para ayudar al espíritu de la persona que ha fallecido. Las flores también elevan la energía en los funerales, lo cual ayuda tanto a los que están desconsolados como a los que han fallecido.

¿El hecho de que yo asista al funeral ayuda al fallecido?
La energía colectiva puede ayudar al espíritu del fallecido a realizar adecuadamente la transición hacia la luz. Si la persona ya ha pasado completamente al otro lado, las oraciones y el amor energizarán su alma. Pero asiste únicamente si hay amor en tu corazón. Si vas a un funeral sintiendo odio o enfado, eso no ayudará al fallecido. Una pena excesiva tampoco ayuda al proceso de la muerte, ya que impide que el alma siga avanzando.

¿Es mejor que te incineren o que te entierren?
Lo que tú creas que es mejor es lo correcto para ti. Las diferentes sociedades y culturas han creado sus propios ritos de enterramiento, basándose en sus creencias, sus costumbres y el clima del lugar en el que viven.

¿Cuáles son las ventajas y los inconvenientes de la inhumación?
Si el cuerpo está sano y puro, la carne alimenta a la tierra y proporciona nutrientes para un futuro crecimiento de las plantas. Además, para algunas personas es reconfortante visitar una tumba y saber que su ser querido yace en tierra sacra.

Los inconvenientes son que si el cuerpo está plagado de enfermedades, la tierra acaba absorbiendo la enfermedad y tiene que limpiarla. Cuando alguien es enterrado, es más fácil que siga conectado al plano material, ya que la tierra es una energía femenina, cariñosa, acogedora. Y de forma muy ocasional, si el espíritu del fallecido va hacia la tierra, puede estar apegado a los restos físicos y permanecer cerca de la tumba.

¿Cuáles son las ventajas y los inconvenientes de la incineración?

El fuego es una fuerza poderosa, masculina y purificadora, de modo que gran parte de la energía astral o mental que rodea al cuerpo del fallecido es transmutada durante la ceremonia de la incineración. El espíritu del muerto, por tanto, es limpiado y eso hace que el viaje hacia delante sea más fácil. Al mismo tiempo, el fuego purifica el cuerpo físico, el cascarón exterior del espíritu, de manera que es más difícil, pero no imposible, que permanezca apegado al plano material.

Los inconvenientes de la incineración son que, con frecuencia, para la familia y los amigos, que desearían tener un lugar de enterramiento para poder visitar a su ser querido, esto parece ser algo muy definitivo. Un lugar en que colocar la urna con las cenizas puede ayudar en estos casos.

¿Un funeral sofisticado puede ayudar más al fallecido que uno sencillo?

Los ángeles ven la cualidad de amor que se pone en la organización de un funeral. Es el amor y las plegarias lo que ayuda a los que se van, no la sofisticación del evento.

¿Un féretro de madera es mejor que uno de mimbre?

No.

La familia

Ser padres

¿Cuál es el papel de los padres?
El verdadero papel de los padres es proporcionar un equilibrio perfecto de la energía amorosa masculina y femenina para criar a sus hijos. La responsabilidad espiritual de los mayores consiste en fomentar y desarrollar los talentos innatos del niño o de la niña y crear unas fronteras seguras y apropiadas para cada uno. Esto incluye escuchar y oír cuáles son las necesidades de los niños y responder en consecuencia.

¿Por qué actualmente hay tantas madres solteras?
En un nivel físico, ésta es la consecuencia de la desintegración de la sociedad. Por primera vez en cientos de años, las mujeres han reclamado el derecho a expresarse y a explorar su sexualidad. No obstante, muchas de ellas todavía no tienen la madurez o el entendimiento para hacerlo con la sabiduría que la maternidad requiere: ésta es una de las responsabilidades espirituales más importantes que se pueden asumir.

Muchas chicas y mujeres están teniendo bebés para satisfacer sus necesidades personales, no las del niño, y la sociedad occidental ha apoyado esto. Además, hay tantas almas que están pidiendo a gritos estar en la Tierra en esta época de grandes oportunidades espirituales, que están aceptando entrar a través de cualquier vehículo, por muy aparentemente inmaduro o inadecuado que pueda parecer.

¿Tener un bebé es el derecho espiritual de toda mujer?
No. Las mujeres se encarnan para experimentar muchas cosas, no necesariamente la maternidad.

¿Por qué hay tantos padres que no se hacen responsables de sus hijos?
Esto también es consecuencia de la desintegración de la sociedad. Muchos jóvenes son padres cuando todavía son demasiado inmaduros y no tienen claro cuál es su papel. Para aquellos que no tuvieron un modelo de paternidad, esto es muy difícil y ya no tienen el apoyo de una estructura familiar grande para llegar a ser un buen padre.

Además, las mujeres que no han tenido un modelo de madre apropiado tienen expectativas poco realistas, y lo que consiguen es que sus parejas se alejen de ellas.

Espiritualmente, cuando un padre no se hace responsable de sus hijos, adquiere karma hacia ellos, posiblemente durante varias vidas, hasta que aprende las lecciones y encuentra el perdón de los demás y de sí mismo.

Lo mismo se aplica, por supuesto, a las madres.

¿Se puede disolver el karma creado por haber sido un padre o madre ausente o irresponsable?
Los patrones y comportamientos familiares inapropiados suelen remontarse a varias encarnaciones anteriores y a través de generaciones. Finalmente, muchos padres y madres, y muchos abuelos, están despertando a su verdadera naturaleza espiritual y a sus responsabilidades. Están comenzando a comprender lo que han hecho a sus hijos, sin darse cuenta, y están buscando el perdón y nuevas formas de relacionarse. La familias están sanando. Cuando el remordimiento es genuino y las lecciones se han aprendido, los

Señores del Karma ofrecen gracia para liberar el pasado. Si crees que estás preparado para esto, pide una liberación kármica, pero debes solicitarlo desde tu corazón.

Ejemplos de patrones perjudiciales

Unos padres que están ausentes, física o emocionalmente, para sus hijos.

Imponer tu voluntad y tus deseos a tu hijos, como, por ejemplo, cuando esperas que tu hijo forme parte de tu negocio.

El exceso de disciplina o la falta de ella son patrones igualmente perjudiciales.

Convertir a tu hijo o tu hija en un confidente cuando es demasiado pequeño o pequeña.

Comprar el afecto de tus hijos en lugar de actuar con integridad.

Hablar mal de su padre o de su madre delante de tus hijos.

No comunicarte con el otro progenitor del niño/a o esperar que el niño/a actúe como intermediario.

Gritarle a tu hijo/a o ignorarlo/a.

Mentir a tu hijo/a.

Tratar a uno de tus hijos, o a uno de sus hermanos, como tu favorito.

No quererlos. Dejar que sientan que son una molestia. No valorarlos. Quitarles poder. Negarte a reconocer sus dones y talentos.

Desear que tu hijo o tu hija fuera de otro sexo.

Controlar mediante la fuerza.

ORACIÓN A LOS SEÑORES DEL KARMA

Reconozco que he caído en este patrón familiar
Con mis hijos – (nombra el patrón o los patrones).
Ahora deseo liberarme y liberar a mis hijos
de este comportamiento.
Prometo no continuar con esas actitudes y actos.
Pido que las creencias subyacentes sean borradas
de mi consciencia y que el karma sea disuelto.
Que así sea. Está hecho.

VISUALIZACIÓN PARA LIBERAR UN PATRÓN FAMILIAR

— Imagina que tu hijo o hija está delante de ti. Él o ella puede estar vivo o muerto, ser un adulto o un bebé.
— Di: «De verdad, siento haberte hecho esto (nombra el comportamiento). Te pido que me perdones».
— Espera un momento para sentir si está llegando.
— Entonces di: «Me perdono».

Si sientes que tu hijo o hija no está preparado para perdonarte, pide a tu ángel que le diga a su ángel que deseas pedir disculpas. Luego repite el ejercicio al día o la semana siguiente, hasta que la energía cambie.

Ciertamente, puedes hablar directamente con tu hijo o hija de tu nueva forma de ver las cosas y de tus remordimientos, pero sería útil que primero realices la visualización.

¿Cuál es el papel espiritual de los abuelos?

Ellos forman parte de la estructura de apoyo para los niños. Con mucha frecuencia, existe un fuerte vínculo entre los abuelos y sus hijos, el cual puede expresarse con mayor facilidad sin las responsabilidades que implica ser padres.

Adopción

¿Por qué un alma elige a un padre o a una madre que lo va a entregar en adopción?

Existen muchos motivos para hacerlo: la adopción nunca es una casualidad; siempre es algo divinamente elegido y perfecto. Antes de que el bebé es concebido, habla de sus posibilidades y lecciones futuras con sus ángeles y sus guías. En el caso de la adopción, la elección de los padres biológicos, así como de los padres adoptivos, se realiza en ese momento.

Con frecuencia, la adopción es una consecuencia kármica de otras vidas. Ocasionalmente, los niños adoptados desean experimentar una vida sin lazos de sangre. ¿Qué sentirán? ¿Cómo se adaptarán a eso? ¿Tendrán una sensación de rechazo? ¿Pueden sentirse integrados en tales circunstancias? Otros deseaban ser criados por los padres adoptivos y tuvieron que elegir un vehículo distinto para entrar, con la finalidad de llegar hasta sus verdaderas familias. Algunos tienen karma con los padres biológicos, el cual se paga con la oportunidad de vida que tanto la madre como el padre han proporcionado. En otros casos, el alma que llega, movida por el amor, ofrece una lección a los padres biológicos antes de pasar a las relaciones que le están destinadas.

¿Por qué tantos niños adoptados anhelan conocer a sus padres biológicos?

Si el niño adoptado, o la niña, tiene una conexión del alma realmente fuerte con la madre biológica o con el padre biológico, anhelará volver a encontrarse con ellos.

En algunos casos, la madre o el padre nunca ha dejado ir realmente al bebé y está llamándolo constantemente para que regrese. Esto afecta profundamente al niño mientras crece, especialmente si es sensible.

Mi hermana dio a un bebé en adopción hace veinte años. Nunca deja de pensar en él y quiere encontrarlo. ¿Qué sería lo más espiritual que puede hacer?

Ciertamente, existen acciones que ella puede realizar en el mundo físico para poner esto en marcha, pero, en un nivel espiritual, el paso más importante consiste en soltar al chico emocionalmente. Durante muchos años, ella ha estado enviándoles sentimientos angustiados, lanzando un enorme cordón energético alrededor de él, lo cual le causa una gran agitación. El hecho de desatar el lazo psíquico los liberará a los dos para que puedan hacer lo que sea para el mayor bien. El amor incondicional no crea un apego y jamás se puede perder.

Desatar a su hijo permitirá que las dos almas realicen elecciones más elevadas sin que las emociones negativas, como la necesidad, la añoranza, el control, la desesperación o la culpa nublen el asunto. Estos sentimientos ejercen un efecto repelente que mantienen al chico alejado de su madre biológica. El amor, la alegría, la independencia, el interés o la paz tienen una cualidad atractiva que atraerá a su espíritu hacia ella.

Una semana después de hacer el ejercicio que ofrezco a continuación, la madre puede meditar y pedir a los ángeles que le ayuden a encontrar el espíritu de su hijo en los planos interiores. Cuando tiene una sensación de su presencia, ella puede hablarle de su amor por él y de su deseo de conocerlo. Esto es muy importante, pero debe dejar claro si quiere hacer únicamente aquello que es para el mayor bien. Entonces, ella puede escuchar sus respuestas.

Si tu hermana encuentra que el ejercicio descrito anteriormente es difícil, puede sentarse en silencio y pedir a su ángel que lleve el mensaje al ángel de su hijo. Este mensaje debería expresarse en términos de amor, diciendo que a ella le gustaría conocerlo, pero que respeta sus decisiones y que hará lo que sea apropiado para él. Si la reunión es para el mayor bien, el ángel de su hijo esperará el momento adecuado para dejar caer los pensamientos en su mente. Si el chico desea conocerla, los ángeles harán que se encuentren cuando ella empiece a buscarlo.

Ejercicio para soltar las ataduras con tu hijo adoptivo

1. Siéntate en silencio y relájate profundamente concentrándote en tu espiración.
2. Invoca al arcángel Miguel para que te ayude. Puedes sentir su presencia cuando se coloque de pie junto a ti.
3. Imagina al bebé que dejaste, o al niño o al adulto que sientes que es ahora. Si no consigues obtener una imagen, piensa en él.
4. Explícale que te encantaría encontrarte con él. Sin embargo, quieres hacer lo que sea mejor para su mayor bien. Puesto que lo quieres, te ofreces a liberarlo emocionalmente. Si él elige acercarse a ti, estarás encantada, pero si prefiere no hacerlo, aceptarás su decisión.

5. Imagina que está delante de ti y sienta los cordones emocionales que os habéis enviado el uno al otro.
6. Quizás quieras tocar esos cordones para tener una idea de lo gruesos que son y de la textura que tienen.
7. Pide al arcángel Miguel que corte los cordones y envíe luz directamente a las raíces para deshacerlas a un nivel esencial.
8. Siente cómo la espada del arcángel Miguel corta los cordones de apego emocional y cómo la luz entra por tu cuerpo mientras los deshace.
9. Di adiós con la mano al niño o al adulto, mientras él se aleja por un sendero con bellas flores a los lados. Le has dado a tu hijo el regalo del amor y la libertad de ser él mismo.
10. Imagina que te estás bañando, quizás en el mar, o en un arroyo, o en la ducha.
11. Dale las gracias al arcángel Miguel y al espíritu de tu hijo.

Quizás podrías darte una ducha física después de esto para limpiar las emociones que puedan estar todavía pegadas a ti. Luego confía en que se producirá un desenlace que será para el mayor bien de todos.

La salud

¿Por qué Dios y los ángeles dejan que la gente enferme y sufra?
Ellos no lo hacen. Dios y los ángeles observan la enfermedad humana y el sufrimiento. Las almas han elegido venir a un plano de libre albedrío. Vosotros os infligís todas las enfermedades, el sufrimiento y la angustia.

Esto funciona así. Cuando tu alma establece un contrato para encarnarse en la Tierra, tú entiendes que tienes un dominio absoluto de tu cuerpo físico y que es tu responsabilidad cuidar de él. Construyes tu vida física de esta manera: tus creencias centrales construyen tu esqueleto y tu estructura ósea; tus pensamientos crean tus músculos y tu carne; tus emociones gobiernan todos los sistemas acuosos de tu cuerpo: orina, sangre, linfa, lágrimas. Atraes los accidentes, así como las situaciones felices o desastrosas, por tu energía, la cual está compuesta de tus pensamientos, tus sentimientos y tus creencias.

Tu cuerpo está diseñado como un sistema de retroalimentación que refleja lo que está ocurriendo en tu consciencia y cómo estás tratando a tu vehículo físico. ¿Tu cuerpo retiene líquidos? Ésa sería una señal para que explores tus emociones contenidas y para que dejes de consumir ciertos alimentos. Quizás tengas dolores de cabeza, los cuales indicarían que deberías examinar tu preocupación por lo que los demás piensan de ti y explorar cualquier alergia que puedas tener. El dolor de oídos sería un desencadenante para que estés abierto a lo que no quieres oír.

En tus primeras encarnaciones, los desequilibrios se rectifican fácilmente. A la larga, las personas ya no mantienen el equilibrio, de modo que no tratan la fuente de sus problemas físicos durante la vida. Esto crea un retraso, el karma de su salud, para que sanen en vidas posteriores. Cuando se reencarnan, los problemas no resueltos se manifiestan como una debilidad en algún órgano, o una propensión a una enfermedad o de alguna otra forma física. Gradualmente, el origen del problema queda oscurecido por el tiempo, de modo que cada vez es más difícil comprender su causa.

Dado que las personas se han disociado de su responsabilidad por su propia salud, se ha desarrollado la medicina alopática. Con frecuencia, esas poderosas sustancias químicas enmascaran el problema, porque nunca pueden sanar su origen. Y entonces, los humanos empiezan a culpar a Dios, a sus padres, a los médicos o a los hospitales por lo que ellos mismos han creado.

En la actualidad existe un enorme movimiento para que las personas busquen en su interior la esencia de sus problemas de salud. Los médicos intuitivos están empezando a centrar la atención en la correlación entre los diferentes órganos y enfermedades y sus posibles causas metafísicas. Los métodos de curación naturales están volviendo de nuevo.

También debemos reconocer que los avances médicos están ofreciendo alivio a muchos de los que sufren.

¿Por qué los ángeles no siempre te sanan?

Según las leyes espirituales, los ángeles no pueden quitarte tu libre albedrío, de modo que ellos no interfieren en la curación si tu alma ha elegido esa mala salud con una finalidad. Tampoco pueden sanarte si tú no estás preparado para aceptar la lección que te ofrece tu enfermedad. Por ejemplo, podrías desarrollar la enfermedad de Parkinson porque tienes un temor muy arraigado a la persecución como consecuencia de algo que te ocurrió en otra vida. Si tu alma está decidida a que te enfrentes al miedo en esta vida, tu ángel debe apartarse y permitir que lo hagas. En un caso así, el camino hacia tu curación consiste en explorar tu mundo interior. Si pides ayuda a los Seres de Luz, ellos te dirigirán hacia otra persona que pueda ayudarte, quizás haciendo que consigas cambiar de actitud, perdonar, explorar y liberarte de tus traumas de vidas anteriores, enfrentarte a tus emociones o alterar tus creencias. Cuando lo mental y lo emocional se purifican, automáticamente tiene lugar la curación en tu cuerpo físico.

¿Cuándo te curan los ángeles?

Cuando estás preparado para renunciar al dolor, la ira, la codicia, el orgullo, los celos, la envidia o cualquier otra emoción que bloquea tus sistemas de energía, tu alma está encantada de recibir la curación. Pide a los ángeles sanadores o al arcángel Rafael que te ayuden. Si lo haces antes de irte a dormir, ellos pueden trabajar contigo en el nivel apropiado durante la noche.

Recuerda, también, que la fe es una cualidad de lo más poderosa. Cuando la tengas y estés preparado para aprender tus lecciones y mantener la intención de perdonar a todos, incluido tú mismo, entonces los ángeles te ayudarán a eliminar todo el karma de la salud.

¿Por qué algunas personas son disléxicas?

Vivís en una sociedad muy centrada en el hemisferio izquierdo del cerebro, en la que los niños son empujados a desarrollar la lectura, la escritura y la tecnología, para el detrimento de los dones creativos del hemisferio derecho de su cerebro. La dislexia es, ciertamente, una de las cosas que un alma puede elegir antes de nacer y siempre hay una lección en ella. Con mucha frecuencia, impide que la persona se concentre en las opciones del hemisferio izquierdo del cerebro y las obliga a aceptar trabajos en los que pueden expresarse de una forma creativa y artística. A veces esto anima a una persona a encontrar una manera distinta, más imaginativa, de aprender.

Jacob provenía de una familia de abogados y contables, ¡ciertamente muy inclinados hacia el lado izquierdo del cerebro! Puesto que él era disléxico, no podía seguir los pasos de la familia. En su lugar, se dedicó a hacer armarios y tuvo mucho éxito. Además, aprendió a ser modesto, humilde, a estar contento, a ser ahorrativo, atento y amable, cualidades de las que sus padres y sus hermanos carecían. Todos en su familia lo consideraban inferior, pero gradualmente aprendieron a valorar sus dones especiales y su personalidad tranquila.

❋

La época escolar de Gwen fue un purgatorio, ya que, puesto que era disléxica, aprender le resultaba muy difícil. Gwen realizó una regresión a una vida anterior en la que era un hombre en una sociedad muy dominada por el género masculino. Descubrió que en esa vida había impedido, de una forma autocrática y despiadada, que las niñas recibieran una educación. Esta regresión ayudó a Gwen a aceptar su problema, pues reconoció las lecciones kármicas que había en él.

¿Qué efecto ejerce la morfina en una persona que se está muriendo?
La consciencia se encuentra en el espíritu, no en el cuerpo físico. Si tu mente resulta afectada químicamente, ya sea mediante el alcohol, las drogas o unos medicamentos, puede ser más difícil morir con facilidad. Tu espíritu, en una bruma, puede dar vueltas, sin poder encontrar la luz.

En estos casos, por favor, sed conscientes de que las plegarias constantes pueden ayudar a dirigir a la persona hacia el camino correcto, para que los ángeles puedan guiarla hacia el hogar.

¿Cuál es la visión espiritual de los transplantes de órganos?
Tus órganos son creados por tu consciencia y albergan tus recuerdos genéticos y de vidas anteriores. No es sólo la parte del cuerpo físico que está siendo transplantada; el paciente recibe energía mental, emocional y espiritual del donante. Los riñones están llenos de miedo y de todas las creencias sobre la supervivencia de la persona que los dona. El hígado alberga la acumulación de ira. El corazón es más que un órgano que bombea; está imbuido en la esencia del amor o en su carencia. El receptor tiene que manejar todo esto.

Ha llegado la hora de que los humanos se pregunten si realmente quieren transferir parte del alma de alguien a otra persona, porque es una forma inconsciente de ingeniería genética. La persona que muere sin dejar su cuerpo completamente intacto en su siguiente encarnación también tendrá dificultades con la parte que le falta.

Los ángeles, sin embargo, no juzgan. Ellos os observan imponer la consciencia de alguien en un paciente. Y os recuerdan que la muerte no es más que atravesar el velo y llegar hasta la luz.

¿Por qué actualmente hay tantas personas que tienen alergias?
Hay dos motivos. En primer lugar, muchas almas sensibles o sabias sienten rechazo por la sociedad moderna, pues creen que se puede vivir de una manera mejor. Este rechazo se manifiesta como una alergia física. En segundo lugar, la toxicidad de vuestro aire, del agua, de los alimentos, de los productos para el hogar y de las emisiones de vuestra tec-

nología implica que estáis viviendo en un estanque enve-nenado. Los sistemas inmunológicos de las personas están dejando de funcionar y una de las consecuencias es la aparición de alergias. Cuando esto resulte excesivo, los humanos buscarán una forma de existencia más pura y más sana.

Los mosquitos me pican constantemente. ¿Qué puedo hacer?
Primero toma la medida práctica de cubrir tu piel y luego eleva tu conciencia.

> En una reunión de formadores de profesores de la Escuela de Misterio Diana Cooper, me contaron esta historia:
> Un hombre se encontraba en una canoa en el Amazonas con tres chamanes cuando fueron atacados por una nube de mosquitos. Al visitante lo picaron por todas partes y, cuando los sabios empezaron a reírse a carcajadas, él se puso furioso.
> «¿Cómo se atreven a reírse de mi desgracia?», rugió.
> «No nos estábamos burlando de usted», le replicaron. «Nos reíamos para elevar nuestras vibraciones para que los mosquitos no nos picaran».
> Poco después de que nos contaran esta historia, una profesora gritó: «¡Me han picado!».
> Todos rieron hilarantemente y, durante un rato, la profesora se enfadó con ellos. ¡Pero luego lo entendió!

¿Las vacunas múltiples causan autismo?
La mayoría de los bebés puede soportar el gran número de múltiples vacunas en sus frágiles sistemas inmunológicos. No obstante, las almas sensibles que tienen una frecuen-

cia alta simplemente no pueden hacer frente a la energía oscura de las enfermedades que se sitúa en su interior. Sus espíritus abandonan parcialmente sus cuerpos físicos y les resulta difícil regresar, a menudo durante la totalidad de esa encarnación.

Medicina alopática y medicina natural

¿Qué piensan de las hierbas en los reinos espirituales?
Cuando vuestro planeta fue poblado por primera vez por humanos y animales, Dios les proporcionó hierbas que podían mantener a cada parte del cuerpo físico, emocional, mental y espiritual en armonía con el infinito.

Cada órgano del cuerpo tiene un tono propio, y hay una hierba que corresponde a la vibración de cada una de ellas. Imagina que existe una enfermedad en una parte de tu cuerpo. Cuando se ingiere la planta apropiada, permanecerá dentro de ti la cuerda divina de esa parte del cuerpo que funciona a la perfección. Esto permite que el órgano, o la zona enfermos, se reajuste gradualmente para volver a corregir la frecuencia. Entonces, toda la persona vuelve a armonizar. Si la hierba se toma correctamente, el resultado es una salud perfecta, sin efectos secundarios.

Las hierbas médicas son estructuras complejas que a los humanos les resulta imposible reproducir, porque contienen una resonancia espiritual que funciona en el cuerpo sutil. Las medicinas que se crean sin consideraciones espirituales solamente funcionan en el cuerpo físico y dejan, inevitablemente, residuos tóxicos.

Las enfermedades humanas responden a las hierbas, al amor y al descanso.

¿Cuál es el papel de los médicos alopáticos?

Muchos médicos alopáticos son sanadores. Sus auras son azules por la energía sanadora y ellos trabajan con los ángeles sin ser conscientes de ello. Ese tipo de médicos están curando a sus pacientes en el nivel mental, emocional, espiritual y físico. Sin embargo, actualmente están limitados por su formación sobre las medicinas.

Algunos médicos occidentales son buenos técnicos y pueden ser brillantes realizando operaciones, colocando huesos rotos en su sitio, diagnosticando enfermedades complejas o recetando medicinas poderosas cuando todo el organismo está demasiado frágil para responder a las suaves medicinas naturales. Benditos sean por lo que saben hacer.

> A Frieda le diagnosticaron un tumor cerebral. Ella probó todos los métodos holísticos para curarse, porque creía que una intervención quirúrgica sería negativa. Al final, por desesperación, accedió a ser operada y, en su caso, funcionó. Hay un momento y un lugar para todo.

¿Debemos tener médicos alopáticos?

Los médicos alopáticos constituyen una respuesta a las sociedades orientadas hacia el hemisferio izquierdo del cerebro, hacia la ciencia, que están buscando una sanación instantánea para sus propios desequilibrios. Aunque algunos son verdaderos sanadores, otros son unos técnicos que practican estrictamente de acuerdo con su formación racional. Recuerda que, según las leyes espirituales del universo, cada paciente individual atrae a los médicos adecuados para los que está preparado, y hasta que las personas estén dispuestas para asumir la responsabilidad de su propia salud, los médicos modernos serán necesarios.

¿Las medicinas alopáticas ayudan?
A menudo, las medicinas alopáticas ofrecen un respiro a la persona, de manera que su sistema inmunológico puede activarse. Las medicinas producidas artificialmente son muy poderosas. No obstante, jamás pueden tratar la causa de la enfermedad y, en algunos casos, crean problemas a largo plazo.

Las medicinas naturales son mucho más sutiles y suaves para el cuerpo. Apoyan los propios mecanismos de curación del cuerpo y necesitan complementarse holísticamente con una buena actitud, con dieta y descanso. En estos tiempos ajetreados y estresantes, las personas que están fuera de equilibrio rara vez se permiten ser cuidadas y descansar para recuperar la salud.

¿El agua bendita mejora la salud de las personas?
Cuando se bendice el agua o cualquier alimento, su frecuencia se eleva, y se torna radiante y vivo. Cuanto más alta es la vibración de cualquier sustancia que ingieras, más fácilmente se absorbe y la energía de tu cuerpo aumenta. Esto, por supuesto, impacta positivamente en tu salud.

El cáncer y el alzheimer

¿Cuál es el mensaje espiritual del cáncer?
El mensaje espiritual del cáncer es recordarte que debes tratar a tu cuerpo como si fuera un templo puro y que debes vivir la vida con alegría, felicidad y amor.

¿Por qué hay personas que tienen cáncer?

Las células se descomponen constantemente, de modo que el cáncer está presente en todo momento. Sin embargo, hay muchos motivos por los que una persona lo desarrolla hasta el punto de poner en peligro su vida.

En el nivel físico, el cuerpo es un instrumento delicado que necesita ser alimentado y cuidado de una forma pura. Los elementos contaminantes en el aire, las sustancias químicas que ingieres en la comida o que la piel absorbe a través del jabón, el champú, los detergentes, etc., y la radiación de los teléfonos móviles y los aparatos eléctricos ejercen un efecto sumamente dañino para el envoltorio físico. Destruyen el sistema inmunológico y descomponen las células, las cuales ya no pueden protegerse de los invasores. Una persona feliz, profundamente satisfecha, rara vez sucumbe a la enfermedad, lo cual explica por qué a veces las enfermedades aparecen después del sufrimiento por la muerte de un ser querido, un divorcio, un despido o una conmoción que ha dejado a la persona emocionalmente abierta y vulnerable. Cuando los pensamientos de la persona que está triste rechazan a la vida, envían un mensaje agotador al cuerpo, que debilita la fuerza vital.

Es importante que uno haga aquello que le hace sentir lleno de energía, alegría y vitalidad. Si entregas tu poder de hacer lo que te proporciona alegría, le estás diciendo a tus células que la vida es transigir, que es una carga, o incluso que no vale la pena vivir. Ellas reaccionan a tus instrucciones dejando de funcionar y eso permite que se desarrolle el cáncer. Con mucha frecuencia, la persona que quiere agradar, que cede y que es popular ha enterrado sus verdaderas aspiraciones en la vida para gustar y ser aceptada. Esto pone en peligro la satisfacción de su alma y, a la larga, su vida.

Muchas personas desarrollan el cáncer como parte de un karma familiar o individual. Otras tienen esta enfermedad como su forma de salir de la vida, porque permite que sus familias dispongan de unas semanas o unos meses para hacerse a la idea que su inminente partida.

¿Los ángeles pueden ayudar a una persona que tiene cáncer?
Los ángeles siempre asisten a los enfermos con amor y compasión, porque están preparados y dispuestos a ayudarte a liberar tu enfermedad si tu alma lo permite. No obstante, tú tienes que hacer la parte que te toca. Si tus desequilibrios químicos y emocionales o tu rigidez mental están muy afianzados, los ángeles sólo pueden hacerse a un lado y dejarte jugar con tu doloroso destino.

Ciertamente, si es el momento preestablecido para que la persona esté enferma o muera, elegido por el alma antes de la encarnación, los ángeles deben hacer caso del dictado de su voluntad superior. Si lo pides, ellos te proporcionaran todo el amor y la atención que necesitas para sostenerte a lo largo de tus tribulaciones.

Cuando una persona purifica lo físico, perdona y libera todos los bloqueos emocionales, y abre su mente a la iluminación y al amor, los ángeles pueden sanarte. Los milagros ocurren constantemente cuando existe amor y una intención pura.

¿Por qué se padece tanto cáncer de próstata en la actualidad?
Esto se debe, en parte, a los niveles de sustancias químicas, hormonas y radiación que ingerís y con los que os bombardean. Pero también es porque los hombres sienten que no tienen poder y no saben cómo expresar su sexualidad, la paternidad y la hombría. Dado que los papeles tradicionales

de los hombres y las mujeres se han desdibujado, existe una profunda intranquilidad y confusión en las conciencias de muchos. Esto debilita los sistemas inmunológicos de los órganos sexuales implicados.

¿Por qué existe tanto cáncer de mama en la actualidad?
Al igual que ocurre con el cáncer de próstata, esto se debe, en parte, a los niveles de sustancias químicas, hormonas y radiación que estáis ingiriendo y con los que os están bombardeando. Las mujeres también sienten que no tienen poder y no saben cuál es la mejor manera de expresar su sexualidad, su femineidad y la maternidad. Sus papeles están fuera de equilibrio. Algunas han empezado a competir con los hombres. Muchas sólo quieren ser madres, cuidadoras y creadoras, pero se sienten obligadas a ir a trabajar, dejando a sus bebés al cuidado de otra persona. Otras lo quieren todo. Estos conflictos crean enfermedades. Todas las actitudes que no sean de alegría y aceptación son perjudiciales para la salud.

¿Cuál es la mejor prevención para el cáncer?
La mejor protección contra el cáncer es la felicidad, la alegría, la valía personal, los alimentos orgánicos y el agua de buena calidad. Así, tu sistema inmunológico y todas tus células serán lo bastante fuertes como para ahuyentar a cualquier invasor.

¿Qué es el alzheimer?
Tu cuerpo está pensado para vivir de una forma sana y vigorosa durante cientos de años, tal como se demostró en la antigüedad. Sin embargo, actualmente, la humanidad tiene una creencia colectiva inconsciente de que la vejez debe ir

acompañada de un cuerpo decrépito y una mente que falla. Esta premisa no es cierta y no os sirve. No obstante, puesto que muchas personas están abiertas y son sensibles al poder de la consciencia universal, aceptan y absorben las ideas inferiores, las cuales inevitablemente se manifiestan en sus vidas.

Además, vuestro planeta se ha convertido en una fábrica química. Desde que sois bebés, os llenan el rostro y el cabello de las sustancias químicas que están en los champúes y los jabones. Cuando la gente se hace mayor, se añaden los tintes para el cabello. Vuestros alimentos, los productos de limpieza y el aire que respiráis están llenos de toxinas. Toda esas sustancias químicas cierran o matan células del cerebro, lo mismo que las frecuencias emitidas por gran parte de vuestra tecnología. La epidemia del alzheimer en el mundo no se debe a que la gente está viviendo más tiempo que hace veinte años; tiene su origen en que están ingiriendo y cubriéndose con toxinas perniciosas y están siendo bombardeadas con pulsaciones dañinas.

Cuando te enteres de lo que las industrias farmacéutica, alimenticia, cosmética y tecnológica están haciéndote, asumirás la responsabilidad de lo que comes, lo que pones sobre tu piel y lo que tienes en tu casa. Eso te llevará a volver a utilizar productos puros y saludables y a tener un estilo de vida más sencillo. Cuando todos asumáis la responsabilidad de vuestras actitudes y de vuestras vidas, descubriréis que los casos de alzheimer serán poco frecuentes.

¿Por qué cambia la personalidad de la persona cuando tiene alzheimer?
No cambia. Sin embargo, los mecanismos de control y las defensas que la persona ha tenido durante décadas ya no son capaces de funcionar.

Ejemplo

Una mujer pudo enfadarse con su padre, su madre o su marido durante muchos años, pero tuvo que reprimir su enfado para estar a salvo. Puesto que su necesidad de supervivencia era muy fuerte, su niña interior se aseguró de que complaciera a esas personas y fuera amable con ellas. No obstante, cuando ese control de supervivencia ya no funcione, la ira de su pasado se liberará y la mujer se comportará de una manera que la gente considerará inusitada. De hecho, finalmente, experimentará la oportunidad de expresar su ira.

¿Existe esperanza para el futuro?
Cuando las personas eleven sus consciencias y asuman la responsabilidad de sus sentimientos y aprendan a expresarse con honestidad, esta carga de emociones reprimidas ya no permanecerá encerrada en su interior, esperando como una bomba de tiempo para estallar inadecuadamente en la vejez. Estos últimos años han sido una época extensa para la limpieza en el planeta. Ahora que individuos, grupos y, a veces, incluso razas o países están asumiendo la responsabilidad de sí mismos y liberando el pasado, enormes nubes de energía oscura están elevándose para ser transmutadas por los reinos angélicos. Esto constituye causa de regocijo en la jerarquía espiritual y promete una vida más sana y unos años mentalmente más alertas.

El efecto de modificar los alimentos

¿Por qué hay tantas personas alérgicas al trigo?
Los seres humanos han interferido genéticamente en las variedades puras de trigo proporcionadas originalmente por la Fuente para vuestro sustento.

Hablé de esto con Cathie Welchman cuando asistió a uno de mis retiros. Está licenciada en biología y trabajó en el procesamiento de datos en las industrias alimentaria y química. Durante años, padeció una fuerte alergia al trigo de la que finalmente se curó con la quinesiología. Esto hizo que decidiera formarse en esa disciplina, combinada con la nutrición y otras terapias. Cathie ha dedicado su vida a promover la buena salud y es muy conocida por sus escritos sobre esos temas. Me explicó que la siguiente información había aparecido durante su trabajo de investigación:

En el siglo XIX, el pan se elaboraba con una mezcla de cereales como la cebada, el centeno y el trigo. El centeno, la avena y la cebada se han modificado relativamente poco. Sin embargo, el trigo era muy caro. En la actualidad, el trigo es el resultado de 150 años de hibridación y alteraciones genéticas, principalmente en las variedades estadounidense, canadiense y británica. En la década de 1860, el trigo original, conocido como espelta, fue «mejorado» mediante la hibridación para aumentar el tamaño del germen de trigo y duplicar la cantidad de gluten contenido en cada grano. Cuanto más gluten hay, más elástico se torna cuando se le añade levadura, de manera que el pan que se elabora con él sube más y tiene menos densidad. En el sistema digestivo, el pan modificado genéticamente se expande cuando entra en contacto con la levadura. Produce gases y provoca hinchazón.

Existe un tipo de gluten específico que está presente en el trigo llamado gliadina que se ha demostrado que resulta irritante para los intestinos humanos. Otros cereales también contienen gluten, pero no de este tipo concreto, que al aparato digestivo le resulta difícil descomponer porque es pegajoso. En algunas personas, la gliadina y la vitamina B presentes en la levadura se mezclan y convierten al trigo cocinado en una sustancia pegajosa, similar al pegamento, en el intestino. Ésta forma un revestimiento en el interior del intestino delgado, que impide la absorción de nutrientes. En otras personas resulta tan irritante que arrasa con la parte superior de las pequeñas vellosidades que absorben los alimentos para que entren en el torrente sanguíneo.

Se ha modificado no sólo el contenido en gluten del trigo. Cuando los nuevos cereales con un elevado contenido en gluten resultaron cada vez más susceptibles al ataque de insectos y hongos, se aumentaró la dureza de la cáscara. Al mismo tiempo, se realizaron modificaciones en la cáscara exterior y en el tallo para combatir el daño producido por el viento y la lluvia. El resultado es que el exterior es ahora tan duro como el PVC. Pasa por el intestino delgado y llega al colon sin haberse digerido, pero, a diferencia de otras fibras vegetales, las bacterias son incapaces de descomponerlo, y su naturaleza afilada y puntiaguda irrita las paredes del intestino, provocando inflamación, dolor abdominal, espasmos, hemorroides y diarrea, mientras el cuerpo intenta expulsarlo lo más rápidamente posible.

Los síntomas de intolerancia al gluten del trigo incluyen hinchazón, gases, reflujo, retención de líquidos, diabetes, acné, caspa, picores, opresión en el pecho, angina, alergias, déficit de atención, desequilibrios hormonales, celulitis, fatiga, dolores de cabeza, irritabilidad y defecación irregular.

Actualmente, la mayor parte de las operaciones de molienda de harina son realizadas por una empresa. Todo es blanqueado, y si se está preparando pan moreno, las cascarillas se muelen e introducen otra vez en la harina. Para preparar pan integral, vuelven a introducir la mayor parte de ellas. Por este motivo, para muchas personas en Occidente, el trigo está interfiriendo con su digestión. (Para más información, consulta www.gaiaessences.com)

Acción respecto a los alimentos genéticamente modificados

Si deseas ingerir productos elaborados con trigo, bendícelos.

Pide a los ángeles que abran y expandan la consciencia de los científicos que lo modificaron genéticamente, de los gobiernos que lo permitieron y de las empresas que se benefician de ello. Bendice a todas esas personas con una comprensión superior.

Visualiza a los ángeles influyendo en las personas afectadas por el cereal alterado por los humanos.

Imagina a una estrella de seis puntas con una espiga de trigo dorado en el centro, bajando desde la Fuente. Esta estrella está formada por la unión de una estrella ascendente con una estrella descendente, lo cual simboliza la unión del cielo y la Tierra y el retorno de los alimentos puros y perfectos.

Seguramente, los alimentos modificados genéticamente tienen los mejores genes, los más sanos y nutritivos, y los convierte en algo mejor que los antiguos, ¿no es verdad? ¿Acaso no es eso lo que hace la naturaleza?
Los ángeles lloran al ver lo que está ocurriendo en ciertas partes de vuestro mundo. Es cierto que la naturaleza se mejora a sí misma de una forma selectiva y orgánica. A los humanos se les dio la responsabilidad de co-crear con Dios, pero los que están al mando están intentando, una vez más, manipular la creación para obtener beneficios y

tener el control, no mediante unos cultivos selectivos, sino a través de la ingeniería química. Al hacer esto, están engañando a su pueblo. Eso fue lo que provocó la caída de la Atlántida.

Entiendo que muchos cultivos manipulados genéticamente se creen insertando en la semilla escogida un virus o bacteria genéticamente modificada que contiene herbicidas químicos o pesticidas. Cuando esas semillas se convierten en plantas, contienen la bacteria químicamente alterada añadida al ADN. Entonces, se crea un círculo vicioso porque necesitan un fertilizante más tóxico. Esto, a su vez, crea unas malas hierbas sumamente desarrolladas, las cuales requieren un control todavía más venenoso. En toda Norteamérica y en partes de Europa, la gente está ingiriendo estos alimentos tóxicamente contaminados, normalmente sin ser concientes de ello.

¿Por qué actualmente hay tantas personas que padecen diabetes?
En todo el mundo occidental, la gente está hambrienta de amor y de una sensación de finalidad, y está recurriendo a la comida basura y a los dulces para llenar ese agujero. En un nivel emocional, una dosis de azúcar te ayuda cuando sientes que no tienes poder o cuando estás insatisfecho emocionalmente. En un nivel espiritual, esto nubla tu aura y hace que tu frecuencia descienda. En un nivel mental, da un impulso temporal a tu cerebro, pero luego hace que tu mente esté confusa. En un nivel físico, sobrecarga y desequilibra a tus sistemas, de manera que tu páncreas ya no puede funcionar de manera eficaz, lo que desarrolla la diabetes.

Después de nuestra conversación, Cathie Welchman me envió un correo electrónico con esta explicación sencilla sobre el azúcar y su relación con el cáncer:

Cuando comes demasiado azúcar, tu páncreas produce la enzima insulina para neutralizar el exceso. El cuerpo debe deshacerse rápidamente del exceso de acidez causado por el azúcar en el torrente sanguíneo, porque un entorno ácido no puede absorber el oxígeno de manera eficaz y llevarlo a las células.

Si tu páncreas agotado no es capaz de producir la insulina adecuada, o si te falta una enzima, el cuerpo almacena el azúcar en los órganos de almacenamiento, como son los pechos, o en los que tratan los desechos, como el hígado, la vejiga o el colon. El entorno intracelular puede tornarse demasiado ácido para absorber oxígeno, de manera que las células se mueren, o se desarrollan células cancerígenas.

Puesto que la sangre desoxigenada no penetra en el corazón, éste jamás enferma de cáncer. El motivo por el cual fumar es dañino es porque la nicotina acidifica el cuerpo, de manera que los pulmones son vulnerables a la enfermedad.

¿Cuál es el equilibrio más adecuado de alimentos ácidos y alcalinos?
Cuando comes alimentos alcalinos en un 80 % y formadores de ácidos en un 20 %, ningún germen o virus puede prender en tu organismo. Los alimentos alcalinos incluyen a la mayoría de las verduras, frutas, hierbas, semillas, frutos secos y algunos aceites vegetales. Los alimentos formadores de ácidos incluyen a la carne, los productos lácteos, los dulces y los chocolates, el pan y algunos aceites.

Matrimonio

¿Cuál es la finalidad espiritual del matrimonio?
Originalmente, el matrimonio constituyó un compromiso
sagrado entre un hombre y una mujer. La finalidad era vivir juntos y proporcionar un hogar amoroso en el que criar
a los hijos con una influencia masculina y femenina equilibrada. El matrimonio era un contrato espiritual que solamente era adquirido si la pareja era compatible espiritual
y emocionalmente.

¿Se puede estar casado a los ojos del espíritu sin contrato legal?
Ciertamente sí. Muchas parejas que no han contraído matrimonio legalmente están casadas a los ojos del espíritu. Y
hay quienes han sido marido y mujer durante muchos años
y que no se consideran compañeros espirituales. Los ángeles sólo ven la profundidad y la calidad del amor que hay
entre las personas.

¿Cuál es el propósito de una ceremonia de matrimonio?
Las ceremonias son eventos sagrados durante los cuales los
poderes superiores son invocados para bendecir a la pareja.
Un ángel, que se esfuerza por mantener el matrimonio unido, es nombrado para velar por ellos.

¡Ten en cuenta que los ángeles no pueden obligar a los humanos a escuchar su orientación espiritual!

¿Una boda civil es bendecida por el espíritu?
Todas las bodas son bendecidas por el espíritu y siempre
está presente un ángel.

¿Una ceremonia de unión de manos, o algo similar, no legal, es bendecida por los ángeles?

Sí. El amor, la intención y el poder de las invocaciones y el ritual llaman a los ángeles a bendecir a la pareja.

> Una ceremonia de unión de manos, o una ceremonia de bendición celta, es una ceremonia en la que las manos de la pareja se unen para simbolizar su fidelidad mutua durante un año y un día. Después de ese tiempo, reafirman sus votos. Estos rituales de matrimonio se están poniendo de moda, pero no están reconocidos por el estado.

¿Los ángeles bendicen los matrimonios de parejas de cualquier religión?

Todos los matrimonios tienen el potencial de ser un camino hacia Dios. Las religiones se consideran iguales y sagradas; simplemente ofrecen un aprendizaje distinto, de modo que el color, la raza o el credo de los miembros de la pareja son irrelevantes para los ángeles.

¿Los ángeles bendicen los matrimonios de personas de diferentes razas o religiones?

Por supuesto que sí.

¿Y si el matrimonio es sólo un contrato social?

En muchos casos, el matrimonio se ha ido degradando a lo largo de los siglos hasta convertirse en un contrato social entre familias o dinastías. En esos casos, ambos miembros de la pareja se sacrifican por el dinero o la posición social, o para consolidar familias o países. Si los corazones de los miembros de la pareja no están felices, los ángeles lloran por ellos.

Hace años, tuve una clienta cuyos padres arreglaron su matrimonio. Él era homosexual y vivía con su pareja. Ella también tenía una relación. Una vez por semana, todo rastro de su verdadero amor desaparecía cuando ella y su «marido» invitaban a ambas familias a comer. Esta farsa duró algunos años para apaciguar a los padres. Ahora, sin embargo, ella y su verdadero compañero divino han querido formar una familia. Todos han tenido que aprender a ser fieles a sí mismos, a pesar de la presión de sus relaciones.

¿El matrimonio sigue siendo importante en nuestra sociedad actual?

Como estructura social, se está desintegrando; las parejas han reclamado libertad para casarse o vivir juntos fuera del marco legal. Los ángeles están interesados únicamente en la calidad del amor. No obstante, se ha observado que, a menudo, un voto formal de matrimonio puede ayudar a consolidar el compromiso y, por tanto, a ofrecer un entorno más equilibrado para criar a los hijos.

¿Y si una pareja se casa porque la mujer está embarazada?

Cuando una pareja se ama, ésta es una unión bendita, tanto si la mujer está embarazada como si no lo está. Si se casan sin amor, por la presión social, la situación es distinta. Cuando los padres no se quieren, ofrecen una encarnación oscura y problemática al hijo o la hija. Y si no trabajan juntos para el mayor bien del bebé, adquieren karma.

¿Tener un hijo es el derecho divino de todas las personas?

No. Podría no ser ése su karma o su opción superior. Quizás su alma se haya comprometido con un camino distinto.

¿Tiene algún sentido casarse si la pareja sabe que no puede tener hijos o si no quiere tenerlos?

Sí. El matrimonio ofrece una oportunidad para el amor y el apoyo mutuos y para el crecimiento espiritual. Además, presenta muchas lecciones.

¿Por qué hay tantos matrimonio que fracasan?

En primer lugar, en una época, la sociedad establecía que sólo se podía tener un matrimonio por vida, de manera que no existía ninguna cláusula de escapatoria, por muy infelices que fueran. Esto obligaba a la pareja a transigir y a adaptarse el uno al otro. Desde entonces, han ocurrido dos cosas: la consciencia ha comenzado a aumentar y las mujeres en Occidente están reclamando su poder, de modo que ya no es espiritualmente aceptable que la pareja viva de una manera tan limitadora para el corazón.

En segundo lugar, algunos matrimonios están fracasando porque muchas parejas se casan por motivos inconscientes. Pueden estar impulsados por una serie de factores, incluida la necesidad, el deseo de seguridad, la lujuria o la necesidad de sanar su infancia. Esos impulsos ocultos ofrecen una base insegura para un compromiso de por vida. Cuando las personas no se conocen a sí mismas, sus expectativas de la pareja e incluso de los hijos son poco realistas, de modo que no es posible que se relacionen de una forma madura y compasiva con las personas cercanas a ellas.

En tercer lugar, puesto que ahora es aceptable tener varias parejas en una vida, durante una encarnación se puede adquirir más karma de las relaciones.

¿Qué piensan los ángeles de los matrimonios fracasados?
En términos espirituales, la disolución de un matrimonio no es un fracaso. Simplemente es. Y es una oportunidad para abrir la puerta a una nueva experiencia.

¿Pero qué pasa con los hijos de un matrimonio que ha fracasado?
Los ángeles derraman lágrimas de compasión por muchas de las almas jóvenes desgarradas por el egoísmo de sus padres durante la desintegración del matrimonio. No obstante, a un nivel espiritual, el alma del niño ha elegido pasar por esa dura experiencia, aunque le rompan el corazón. Esto forma parte del destino y el aprendizaje y puede fortalecer al niño para su trabajo futuro. Los padres, por supuesto, adquieren karma si la separación se realiza sin consideración por el mayor bien de los hijos.

¿Es cierto que las parejas que rezan juntas permanecen unidas?
Una buena base de prácticas espirituales puede ayudar a las parejas en su relación.

El matrimonio de mi amiga se rompió. Ella era una persona encantadora y la ruptura fue culpa de su marido, que la trataba mal. ¿Por qué le ocurrió esto a ella?
Todas las relaciones son un acuerdo, de modo que no se puede culpar a una persona en un cien por cien. Solamente hay patrones que las personas llevan a la acción hasta que aprenden. Tu amiga se sentía débil e impotente y, por eso, puesto que las víctimas son automáticamente atraídas hacia los maltratadores y viceversa, ella y su marido se atrajeron mutuamente para trabajar sus problemas. Cuando tu ami-

ga empezó a valerse por sí misma, su matrimonio ya no fue sostenible. Ella ha aprendido de la experiencia y no se sentirá atraída hacia otro maltratador. Pero su marido no ha aceptado esta lección y atraerá más relaciones similares hasta que esté preparado para cambiar.

La contaminación

¿Por qué la gente tira basura al suelo?

Tirar basura al suelo es semejante a ensuciar tu nido. Sugiere que a las personas ya no les importa el ambiente o que no tienen un sentimiento de orgullo sobre su entorno y esto indica cierto malestar. Esto va acompañado de una falta de comunidad y pertenencia. En un nivel interno, un problema con la basura significa que la gente ha perdido su sentido de valía personal y de dignidad.

La basura atrae a animales, los cuales propagan enfermedades y esto está relacionado con el hecho de cerrar el centro del corazón. Cuando tu chakra del corazón está sano, crea un sistema inmunológico fuerte que puede vencer o ahuyentar a los gérmenes. Cuando se cierra, te tornas vulnerable a las enfermedades. Lo mismo ocurre con la sociedad.

Entonces, cuando veas basura, no juzgues a la persona que la tiró. En lugar de eso, envíale amor y bendiciones. Cuando recojas la basura de otra persona, hazlo como un acto de gracia. A la larga, cuando más personas asuman la responsabilidad de abrir sus propios corazones, recuperaréis un sentido de orgullo comunal del medio ambiente y veréis el reflejo en un mundo limpio.

> Tengo una amiga que se encontró en un lugar bello que estaba estropeado por la basura. Mientras tenía pensamientos críticos sobre las personas que habían tirado la basura, oyó la voz de un ángel que le decía: «¿Y qué me dices de la contaminación psíquica que estás dejando aquí con tus pensamientos críticos?».

Acción respecto a la contaminación

Si estás en un lugar que está contaminado por la basura, o si lo ves por la televisión, llama a los ángeles y visualízalos conteniendo la energía mientras las personas recogen cuidadosamente la basura. Imagina que toda la zona vuelve a estar inmaculada.

ORACIÓN PARA REGENERAR UN LUGAR DAÑADO

Gracias, ángeles de luz, por entrar en esta escena y derramar vuestra luz y vuestro amor sobre todos los que viven o pasan por aquí. Envolvedlos con amor y ayudadlos a sentir su magnificencia y su valía. Llenad esta zona de paz. Está hecho.

¿Cuál es el punto de vista más elevado sobre la contaminación química?

Por todas partes, en la Tierra, hay vehículos, aviones y empresas que vierten residuos químicos. Estáis matando a los árboles, los ríos, los animales y a seres humanos como vosotros y estáis provocando una reacción en cadena que tiene un impacto que va más allá de la Tierra, que llega al universo. Es imperativo que toméis medidas para detener esto.

Vuestro cuerpo es una fábrica química divinamente diseñada. Sin embargo, está siendo dañada insidiosamente por el mundo que habéis creado, que está impactando lentamente en la estructura genética de vuestras células. Muchos de vosotros no sabéis lo que es respirar aire limpio y puro. La fuerza que impulsa esta contaminación es la codicia y la inconsciencia. Y, sin embargo, ninguna posesión material puede proporcionaros paz; ningún impulso de tener éxito puede satisfacer vuestro anhelo de encontrar a Dios. Haz que tu vida sea más simple para limpiar tu mente y tu corazón.

Visualización para un mundo limpio y puro

— Cuando camines o te sientes en silencio, céntrate en tu respiración.

— Imagina que todo el planeta está limpio.

— Visualiza que los ríos y los mares están limpios y llenos de peces sanos y de agua pura.

— Visualiza las flores y los árboles cubriendo la Tierra con un hermoso manto de hojas verdes y pétalos de colores.

— Mantén un visión de las personas de todo el mundo trabajando juntas, riéndose, cooperando y viviendo de una forma sencilla y feliz.

— Sé consciente de que la energía de la naturaleza (del viento, el agua, el sol y las plantas) está siendo utilizada para el beneficio de todos.

— Reza a los Principados para que esto se haga realidad.

¿Podéis ofrecer una visión general de los escapes en los barcos petroleros?

El agua es una energía cósmica que purifica, absuelve y limpia a los niveles más profundos. Las aguas de los océanos son reservas del espíritu. Los peces se encarnaron por diversos motivos, uno de los cuales fue para mantener a los océanos transparentes y limpios. Las religiones que tienen una comprensión esotérica de este hecho utilizan al pez como un símbolo que representa la energía del amor cósmico incondicional.

¿Por qué son tan malas las bolsas de politeno?

El politeno emite constantemente dosis bajas de sustancias químicas tóxicas, las cuales respiráis. Cuando se utiliza para envolver alimentos, especialmente alimentos grasos, las toxinas son absorbidas y las personas las ingieren. Además, las bolsas de politeno asfixian. Provocan unas muertes atroces a numerosos animales y peces, incluidas las tortugas, cuando las confunden con alimentos y las ingieren, bloqueando los intestinos del animal.

Es alentador que algunos países hayan comenzado a prohibir el uso de bolsas de politeno. Si quieres ayudar al planeta, una pequeña acción que puedes realizar es llevar tu propia bolsa de la compra y comprar la mayor cantidad posible de productos que no vengan envueltos.

¿Los combustibles nucleares son seguros?

Dado que el nivel de consciencia de las personas que están al mando en vuestros países es tan bajo, la energía nuclear es uno de los riesgos más peligrosos que hay en la Tierra en la actualidad. No estáis preparados para utilizar la energía sabiamente. Además, no tenéis una forma segura de almacenaje de los residuos y actualmente están creando problemas para las generaciones futuras.

¿Es mejor usar carbón, gas o electricidad?
Los combustibles que son extraídos mediante perforaciones a Gaia dañan el planeta. Todas vuestras necesidades son cubiertas por la Fuente de una manera perfecta. Buscad otras formas de energía.

¿Cuál es la mejor forma de energía?
La energía del viento, el sol y el agua está disponible gratuitamente para ser utilizada por la humanidad sin dañar a la Tierra. Si cada edificio estuviera equipado con paneles solares y con un pequeño generador de viento, se reduciría considerablemente el uso de combustibles fósiles. Ya existen vehículos que funcionan mediante el uso de materiales naturales, y es hora de que se utilicen nuevas tecnologías para el mayor bien.

En las eras de inclinación espiritual, la gente comprendía cómo debía utilizar los cristales para proporcionar calor, luz y energía. Vosotros ya habéis tenido acceso a esta posibilidad al utilizar chips de silicona en vuestros ordenadores y pronto aprenderéis a obtener energías mayores. No obstante, antes de hacerlo, todos debéis elevar vuestra conciencia y aprender a hacer uso de la responsabilidad y la integridad.

¿De qué manera puedo ayudar más al planeta espiritual y físicamente?
Todo lo que puedas hacer para reducir el uso del agua o de energías provenientes de combustibles fósiles resultará útil. Cuando un número suficiente de personas haga esto, las

cosas cambiarán. Además, ello intensificará tu luz espiritual y te señalará como un cuidador del planeta.

Camina o desplázate en bicicleta en lugar de usar el automóvil; esto también es bueno para tu salud.

Cierra el grifo cuando no uses el agua.

Ten un bidón para recoger el agua de la lluvia.

Siembra tus propias verduras y frutas orgánicas o compra productos orgánicos cultivados en la zona.

Practica la jardinería orgánica.

Limpia tu casa con la menor cantidad posible de sustancias químicas.

Recicla todo lo que puedas y pasa las cosas que ya no necesitas a personas que puedan usarlas.

La Dama Gaia también absorbe tu energía, así que sonríe a menudo, ten pensamientos positivos, actúa con sinceridad e integridad y sé cálido con los demás.

Sé bueno con los animales y con las aves. Respeta todas las formas de vida.

Perdona a todos, incluso a ti mismo.

Busca continuamente lo mejor en los demás.

Reza y medita para recibir ayuda de los ángeles.

Visualiza el cielo en la Tierra y actúa como si eso ya fuera una realidad.

¿El planeta puede limpiar toda la contaminación?

Gaia es un organismo que se sana a sí mismo. La cuestión no es si puede limpiar toda la contaminación, sino cómo va a decidir desintoxicarse. Las inundaciones, los incendios, los huracanes o los terremotos son métodos que la Tierra puede usar para expulsar y transmutar la contaminación psíquica y física. Si tú, como individuo, decides limpiar tu suciedad *ahora*, y cada país, grande o pequeño, hace la parte que le toca, el planeta podrá avanzar más fácilmente hacia el futuro.

¿Cuáles son los efectos de los conservantes en los alimentos?
Contaminan el cuerpo, debilitan el sistema inmunológico y te conducen a una mala salud a largo plazo.

¿Cuáles son los efectos de los pesticidas en el cuerpo?
Envenenan los organismos y acaban causando una mala salud. Estáis dejando una mala herencia para vuestros hijos, nietos y bisnietos. Cuanto más os alimentéis con productos orgánicos, cuanto más os limpiéis y limpiéis vuestros hogares sin sustancias químicas y os vistáis de una forma natural, más fuertes estarán vuestros órganos.

Relaciones

Mi amiga y su marido son personas encantadoras, pero ella siempre lo critica sutilmente. Recientemente, me enteré de que él había tenido una aventura amorosa, pero había regresado con mi amiga, y me preocupa que pueda volverlo a hacer. ¿Debería decirle algo?
Tu amiga no está preparada para que una fuente externa le hable de su sombra. Su alma quedó profundamente herida por la traición de su marido y minó su sentido de valía. Devuélvele a tu amiga el reflejo de la belleza que ves en ella, todas sus buenas cualidades, y aprovecha todas las oportunidades que tengas para recordarle lo que vale. De esa manera, la luz que hay en su interior puede aumentar y disipar su miedo. Al mismo tiempo, observa tu propia relación y

cuida que exista en ella todo el apoyo, el cariño y la felicidad que sea posible para que puedas demostrar a tu amiga posibilidades más elevadas.

Un amigo al que quiero mucho está bebiendo demasiado y ha entrado en una depresión desde que lo despidieron por reducción de plantilla. ¿Cómo puedo ayudarlo?
Este hombre es una persona muy evolucionada y sensible, y tiene unos espíritus guías, ángeles y seres queridos muy elevados y puros con los que solía encontrarse en los planos interiores mientras dormía. Ellos eran su verdadera familia espiritual, de manera que, a menudo, despertaba con una sensación de pérdida, pero con el sustento y la fuerza para vivir su vida en la Tierra. Cuando lo despidieron, su impresión de valía recibió un golpe y él comenzó a beber para ahogar sus sentimientos. El alcohol hacía que sus vibraciones fueran más bajas y, por tanto, él ya no lograba conectar con sus vínculos de alta frecuencia en sus sueños. Ya no tiene acceso a la renovación espiritual que solía recibir por las noches. Esa es la verdadera causa de su depresión.

Puesto que él no es consciente de su vida onírica, la mayor ayuda que le puedes prestar es entrar en su mundo interior y ayudarlo desde ese espacio. Entonces, cuando medites, haz que brille una luz sobre él y visualízalo ascendiendo por una escalera dorada para volver a conectar con sus vínculos espirituales. Tu energía y tu intención concentrada pueden ayudarlo a alcanzar otra vez los niveles más elevados.

Me llevo bien con la mayoría de la gente, pero mi cuñado me hace enfadar. ¿Por qué?
Esto se conoce como «presionar tus botones». La mayoría de la gente te devuelve el reflejo de lo que te gusta de ti.

Sin embargo, tu cuñado te está recordando un aspecto de tu persona que no te gusta. Él es un gran amigo tuyo en el mundo de los espíritus, porque a menudo tus vínculos más difíciles son tus mayores paladines a nivel del alma. Ellos se ofrecen voluntarios para impartirte enseñanzas.

Ejemplo
Si te consideras una persona muy generosa, pero tu cuñado da a entender que eres tacaña o mala, tú te enfadas. Cuanto más enfadada, herida o temerosa te sientes, mayor es el «botón» o el problema al que necesitas prestar atención. La lección es que debes mirar en tu interior para hallar la fuente de tu enfado. Entonces, podrás sanar el miedo subyacente.

Cuantos más desencadenantes tengas, más difícil será tu vida a nivel emocional.

> A Frederick le gustaba ser popular, era realmente generoso, hacía regalos y siempre era el primero en pagar la ronda de todo, pero tenía sus límites. No le gustaba dilapidar el dinero en lo que consideraba lujos caros. Un amigo suyo siempre lo estaba fastidiando para que comprara botellas de vino de buenas cosechas o para que gastara dinero en restaurantes caros, diciéndole «No seas tan tacaño» cuando él ponía reparos. Esto presionó dos de los botones de Frederick (el de no ser suficientemente bueno y el de su temor a que se aprovecharan de él económicamente), hasta que se dio cuenta de lo que estaba ocurriendo en su interior. Entonces fue capaz de recordarse que no tenía nada de malo ser prudente con la economía. Después de eso, pudo reírse de los esfuerzos que hacía su amigo para

convencerlo. Fue capaz de responder que tenían valores distintos sobre el dinero y que él compraba lo que le parecía bien. Sólo entonces reconoció su amigo que él era un absoluto despilfarrador, que gastaba más de lo que ganaba y que a menudo tenía problemas económicos. Su amigo dejó de tener el poder de hacer que se sintiera mal.

Cuando alguien presiona tus botones y sientes un ataque de ira, culpa o dolor, o que realmente te desagrada esa persona, encuentra un lugar en el que puedas estar tranquilo. Cierra los ojos y recupera ese sentimiento. Entonces, imagina qué edad tenías cuando sentiste eso por primera vez. Es posible que fueras un niño muy pequeño y vulnerable. A esa edad no podías defenderte. Sólo deseabas ser querido, apreciado y protegido. Si un adulto te hizo sentir que no merecías ser querido, que no estabas a salvo o que no eras suficientemente bueno, ese sentimiento permanece dentro de ti. De vez en cuando, otras personas harán que, inevitablemente, lo recuerdes. Ese sentimiento estancado impulsará inconscientemente tus reacciones y tus respuestas a personas y situaciones, hasta que lo dejes ir o lo comprendas.

Visualización para sanar a tu niño interior

1. Imagina que te tienes en los brazos cuando eras pequeño/a, cuando tuviste ese sentimiento desagradable por primera vez.
2. Tranquiliza a tu niño/a interior diciéndole que lo quieres y que siempre cuidarás de él o de ella. Dile que es muy especial y que estás orgulloso/a de él o de ella. Dale cualquier cosa que necesite.

3. Siente cómo abrazas a tu diminuto Yo.
4. Toma la decisión de que conectarás con la parte pequeña y vulnerable de tu persona todos los días hasta que él o ella realmente confíe y crea en ti.

Sabrás que esto ha ocurrido porque te sentirás más feliz y ya no reaccionarás a los mismos comentarios.

Realmente intento ser una buena madre, pero mi suegra me dice constantemente que su hija es una madre maravillosa y jamás me elogia. ¿Qué estoy aprendiendo de ello?
¡Eres una madre estupenda! Luchas por la excelencia, ¡pero no crees al cien por cien que lo eres! Esto no es sorprendente porque, ciertamente, no es posible ser una madre perfecta o un padre perfecto. Tu suegra ha encontrado tu punto débil en tu concepto de ti misma y te lo está recordando.

Recuerda: cuanto más creas en ti misma como madre, ¡menos podrá alguien hacer que te sientas ofendida! Tu primera lección es que debes dejar de esforzarte excesivamente y debes aceptar que eres humana. La segunda parte de la lección es ésta: Al elogiar continuamente a su hija, tu suegra está dando a entender que ella siente que no fue tan buena madre, de modo que si quieres que tu suegra te elogie, permítete ser vulnerable respecto a tus defectos.

En tercer lugar, debes elogiarla y elogiar a su hija, de una forma genuina.

Vikki me contó esta historia:
«Yo trabajaba en una gran oficina donde una de las chicas, llamada Philippa, siempre era agresiva y desagradable. Aunque me gusta pensar que soy una persona amable, descubrí que con ella yo era

sarcástica y que le respondía con desprecio. Un día, mencioné esto al psicólogo de la empresa y él me dijo: «Encuentra algo en ella que puedas elogiar». En realidad, Philippa era una muy buena trabajadora, así que empecé a hacerle algún comentario siempre que ella hacía algo bien. Sorprendentemente, al poco tiempo ella respondió siendo realmente amable conmigo. Su agresividad simplemente desapareció. Philippa necesitaba ser valorada y reafirmada, y cuando eso ocurría, sus defensas se venían abajo. Con el tiempo acabamos siendo realmente buenas amigas».

Ejercicio para abrir tu corazón a alguien

1. Encuentra un momento de tranquilidad en el que puedas cerrar los ojos.
2. Imagina a la persona que ha sido desagradable contigo.
3. Su comentario o su acto ha sido motivado por el miedo, no por el odio. Imagínala siendo un niño pequeño o una niña pequeña que se siente tan vulnerable que tiene que mantener las distancias contigo o justificarse.
4. Imagina que estas abriendo tu corazón a ese niño asustado, o a esa niña asustada, y ayudando a que se sienta seguro/a y querido/a.
5. Quizás necesites hacer esto varias veces, pero empezará a cambiar la energía que hay entre vosotros.

Si perdono a alguien por portarse mal conmigo, ¿no pensará que soy débil y empezará a hacerlo otra vez?
Cuando perdonas a alguien genuinamente por un acto realizado contra ti, la huella en tu consciencia se borra. No

tiene energía. Por tanto, no puede volver a atraer la misma situación.

No obstante, si perdonas falsamente, el acto original todavía tiene energía dentro de ti. Entonces, ocurren dos cosas. La acción de reprimir la ira, el dolor o el miedo que queda te quita energía, de manera que te sientes cansada y, en segundo lugar, eres vulnerable a atraer el mismo comportamiento hacia ti otra vez.

Una clave es hacer cosas que te alimenten y te hagan sentir tan feliz y satisfecha que ya no haya lugar para el enfado.

Acción para liberar la ira

Pregúntate cuánto tiempo estás dispuesto a aferrarte a esa ira que está dañando tu salud y tu felicidad. ¿Un año? ¿Una vida? ¿Diez vidas? Recuerda que un día acabarás perdonando. ¿Por qué no hacerlo antes?

Tengo problemas cardíacos desde que mi marido me dejó. Quiero perdonarlo para sentirme mejor, pero todavía siento ira. ¿Qué tengo que aprender de esto y cómo puedo perdonarlo?

Te sientes tan profundamente herida y traicionada que tus emociones están presionando a tu corazón físico. El perdón no puede ser forzado prematuramente porque entonces es falso, pero tu marido todavía está ligado a ti, lo cual os mantiene a ambos en la esclavitud.

El enfado que sientes proviene de un corazón cerrado. Cuando un corazón está completamente abierto, el amor fluye tanto a través de él que no hay lugar para nada más. Y, por supuesto, entonces no puedes atraer el dolor o la traición, porque el amor sólo atrae amor.

Tus lecciones son acerca de abrirte y amar, y eso es algo que tú temes hacer. Pide a los ángeles que te ayuden a abrir tu corazón.

Éstos son unos ejercicios que podrían ayudarte:

AFIRMACIONES PARA ABRIRTE AL AMOR

— Amar es seguro.
— Estoy rodeada de amor.
— Amar es fácil.
— La gente responde a mi amor.

VISUALIZACIÓN PARA SOLTAR A UNA PERSONA

— Relájate.
— Pide al arcángel Miguel, el ángel de la valentía y la fuerza, que te ayude.
— Imagina a la persona que deseas soltar sentada delante de ti. Si esto te parece imposible, pide al arcángel Miguel que te proteja.
— Explica a esa persona que deseas soltar todos los apegos y dejaros libres a los dos.
— Si puedes, siente o imagina dónde están las cuerdas y cómo son. Por ejemplo, es posible que tengas una cuerda gruesa alrededor de tu cuello o una cadena entre tu plexo solar y el de la otra persona.
— Corta la cuerda o pide al arcángel Miguel que lo haga con su espada.
— Tira de todas las cuerdas, retirándolas, e imagina que las quemas.

— Da las gracias a la otra persona por haber venido a tu vida y haberte ofrecido lecciones. Quizás te resulte difícil hacerlo, pero recuerda que tu alma lo llamó para que viniera a enseñarte, ponerte a prueba o fortalecerte.

— Observa cómo se marcha de tu escena interior y se aleja en el horizonte.

Visualización para sanar tu corazón

— Relájate.

— Pide al arcángel Chamuel, el ángel del amor, que te ayude.

— Imagina a tu corazón, de una forma simbólica, colocado delante de ti.

— Fíjate qué aspecto tiene. Es posible que tenga cicatrices, que esté cubierto de pus, roto por un alambre de espino, magullado o dañado de alguna otra manera.

— Visualízate curándolo. Alívialo con una pomada, quítale el alambre de espino que pueda tener, cose las heridas o haz cualquier cosa que sea necesaria.

— A continuación, abre la puerta de tu corazón y mira qué hay en su interior. Es posible que te sorprendas o que te quedes estupefacto. Retira cualquier cosa oscura o dañina que encuentres y llénalo con amor.

— Deja las puertas y las ventanas abiertas, dando la bienvenida, para que el sol pueda entrar y el amor pueda salir.

— Cuanta mayor sea la frecuencia y la profundidad con que realices esta visualización, más rápidamente sanarán tus sentimientos.

Ejercicio de respiración del amor
Tómate un poco de tiempo y espacio para ti.
> Mientras inspiras, imagina que el amor fluye hacia el interior de tus pulmones.
> Mientras espiras, siente la paz que te rodea.

Respirar amor hacia la otra persona
Tómate un poco de tiempo y espacio para ti.
> Mientras inspiras, siente el amor que fluye hacia tu interior.
> Mientras espiras, siente el amor que se encamina hacia la otra persona.

ORACIÓN PARA SANAR TU CORAZÓN

Doy las gracias por todo el amor que he recibido alguna vez. Ahora pido ayuda para dejar ir todo el dolor, para poder abrir mi corazón completamente. Que así sea. Está hecho.

Realeza

¿Cuál es la finalidad espiritual de una familia real?
Antiguamente, ciertas almas evolucionadas se encarnaban en posiciones de poder para actuar como ejemplo y dirigir con sabiduría. Tenían títulos como rey, reina, príncipe, princesa, duque, duquesa, conde, condesa, lord o lady, cada

uno de los cuales indicaba el nivel espiritual que habían alcanzado. Eran respetados y admirados, porque dedicaban sus vidas y su sabiduría a ayudar a todo el mundo.

Con el tiempo, cuando la consciencia disminuyó, las almas de alta frecuencia abandonaron esos papeles. Sus lugares fueron ocupados por personas con un entendimiento inferior, que querían tener una oportunidad de experimentar la vida de la realeza con todo el glamur que ofrecía. También había muchas lecciones implícitas sobre el manejo del poder, el dinero, el prestigio, la influencia y el trabajo duro o la indulgencia.

La reina Isabel es una persona muy dedicada, ¿no es verdad?
Ciertamente, ella ha realizado bien en el papel que ha elegido, especialmente porque su alma ha tenido muy poca experiencia de la vida en la Tierra. Ella ha demostrado tener disciplina y dedicación, y ha actuado como un ejemplo para todos. Es sumamente inusual que alguien con tan pocas encarnaciones pueda asumir la responsabilidad de esa posición.

(Para más información sobre la edad y la experiencia del alma, ver SOCIEDAD – Edades del alma p.288.)

¿Fue asesinada la princesa Diana?
Desde un punto de vista espiritual, la princesa Diana fue asesinada por muchas personas. Todos los que le enviaban sentimientos de enfado fueron los responsables. Algunos pensamientos muy oscuros, como flechas envenenadas, fueron lanzados hacia ella con intereses creados para que fuera retirada. Toda esa energía se unió para convertirse en una fuerza física en esa noche predestinada e hizo que

el automóvil colisionase. Nunca subestimes el poder de la energía cuando se concentra en un objetivo. Cada una de las personas que enviaron sentimientos oscuros hacia ella tiene parte del karma, el cual se manifestará para ellas en esta vida o en otra.

¿Por qué el ángel de la princesa Diana no la salvó de tener que morir tan joven?
Era su hora, era una muerte que estaba predestinada. Su alma sabía que ella podía hacer más mediante su fallecimiento prematuro y dramático que permaneciendo en un cuerpo físico. Y, ciertamente, su muerte produjo una gran luz. Su trabajo estaba hecho y ella cumplió con su misión.

¿Cuál fue el propósito de la vida de la princesa Diana?
La princesa Diana y Sara Ferguson emprendieron una misión espiritual conjunta en esta vida. Se trataba de sacudir a la familia real, porque ha servido a su propósito, y atraer la atención del mundo hacia sus secretos. Ciertamente, interpretaron un culebrón real en un inmenso escenario.

Diana tenía una personalidad compleja que reflejaba muchos hilos de vidas pasadas, de modo que el propósito de su vida no era simple. No obstante, ella se llamó a sí misma la Reina de Corazones, y ése era su segundo propósito: llegar a los corazones de millones de personas. Su alma eligió hacerlo permitiendo que su inocencia fuera manipulada cínicamente por aquellos que tenían los corazones cerrados. Entonces, ella reclamó su poder y se convirtió en una auténtica mártir. De esta manera, en todas partes, la gente se identificaba con ella. Ella llegaba a los corazones de las personas enfermas, a los de las personas sin hogar, de las que estaban solas o hambrientas, de las que tenían SIDA, de las que habían tenido infancias infelices, de las que se sentían que no eran queridas, que eran rechazadas, que no tenían poder o que tenían problemas alimenticios. Entonces, cuando consiguió la atención del mundo, utilizó su poder para concentrarlo en males como las minas antipersona.

¿Cuál fue la finalidad de la muerte de la princesa Diana?
Ella llegó a la vida de tantas personas que se produjo una gran tristeza cuando falleció. La gente fue capaz de dejar salir la tristeza, el dolor, la pérdida y otras emociones que tenía bloqueadas y entonces una inmensa nube de energía oscura desapareció de los planos astrales mediante las oraciones y la intercesión de las masas.

(Ver LA MUERTE Y EL HECHO DE MORIR, ¿Tu propio funeral puede ayudar a otras personas? p.209).

¿Cuál es el propósito de la vida del príncipe Carlos?
El príncipe Carlos es un alma evolucionada de otro sistema estelar, donde no pasó la prueba de su iniciación. Las consecuencias de realizar y no pasar esa prueba son ciertamente serias, en este caso la encarnación en la Tierra, que es un planeta de baja frecuencia. Él nació con una comprensión avanzada, pero con su poder recortado, de modo que no ha sido capaz de influir en otras personas como él hubiera deseado. Además, su alma nunca había experimentado un plano de existencia con emociones y sexualidad. Él ha tenido que aprender cosas sobre ello, que experimentarlo y manejarlo con unos vínculos familiares sumamente difíciles.

El propósito de su vida era venir a vuestro planeta siendo un espíritu sensible y entrar en una situación en la que no era comprendido y mantener su integridad. Camila, un alma más familiarizada con la vida en la Tierra, eligió encarnarse con él para apoyarlo a lo largo de una vida muy difícil.

¿El príncipe Carlos y Camila son almas idénticas?
No, no son dos mitades de una chispa divina original, pero son almas gemelas. Esto quiere decir que están en la misma vibración y que pueden apoyarse mutuamente.

¿Es espiritualmente correcto que el príncipe Carlos y Camila se casen?
A los ojos del espíritu, ellos se casaron mucho antes de que tuviera lugar el matrimonio legal. Los ángeles ven si una pareja está casada por el vínculo de amor que hay entre sus miembros.

Pero un alma evolucionada no cazaría zorros ni dispararía a los pájaros, ¿no es así?
Tienes razón, pero un alma de este tipo que no puede expresar su verdad podría hacerlo.

¿El príncipe Carlos llegará a ser rey?
Eso todavía no está escrito.

Sexo y sexualidad

¿Por qué los humanos y los animales tienen sexos diferentes?
Los lemurianos, la raza que precedió a la Atlántida, eran andróginos; en otras palabras, eran macho y hembra en un

solo cuerpo. Ellos solicitaron a la Fuente que se les permitiera experimentar una condición física plena. Cuando esto sucedió, ellos tuvieron que dividirse de forma natural en dos identidades separadas, una mitad masculina y una mitad femenina, lo cual fue el origen de la búsqueda para encontrar vuestra «otra mitad», vuestra alma gemela.

¿Siempre ha habido homosexuales?
Cuando los humanos se dividieron en dos géneros, solamente unos pocos se sintieron confusos respecto a su identidad sexual, pero siempre hubo algunos homosexuales. El número aumentó cuando la gente experimentó más encarnaciones.

¿Los homosexuales eran aceptados en el pasado?
En épocas de una consciencia más elevada, los homosexuales eran queridos y aceptados exactamente tal como eran. Durante las épocas más oscuras de la consciencia humana fueron perseguidos, y en esos períodos la mayoría ocultó sus preferencias de género.

¿Y qué me dices de Sodoma y Gomorra?
Fueron destruidos, no porque personas del mismo sexo se amaran, sino por su estilo de vida hedonista, dominado por la lujuria y la codicia.

¿Por qué es tan habitual la homosexualidad en la actualidad?
Existe una serie de motivos.
En primer lugar, cuando ciertas almas emprendían más encarnaciones, a veces elegían varias vidas consecutivas en un cuerpo de hombre o de mujer. Cuando finalmente acce-

dían a nacer en el sexo opuesto, tenían una sensación de extrañeza y un anhelo de tener el género conocido. Ocasionalmente, esta emoción era tan fuerte que deseaban expresar su sexualidad de una forma que comprendían.

No obstante, cuando la homosexualidad fue perseguida, estos sentimientos fueron reprimidos, porque solamente un alma valerosa se atrevería a admitir esas inclinaciones. Los que negaban su sexualidad o eran maltratados, a menudo regresaban al mundo del espíritu con problemas no resueltos. Inevitablemente, entonces tenían que encarnarse en la Tierra para resolverlos.

No es sorprendente que la mayoría de esos seres no quisiera regresar como homosexuales en tiempos de represión. Preferían esperar hasta que las uniones de personas del mismo sexo fueran consideradas socialmente aceptables. En vuestro planeta, en la actualidad, en ciertas sociedades existe un clima de comprensión. Como resultado de ello, muchas personas que desean experimentar la homosexualidad han aprovechado esta oportunidad de acudir en gran número a las culturas en las que esto es posible.

En segundo lugar, y más importante aún, es que, durante siglos, el planeta ha estado gobernado por el principio masculino con su predominancia del hemisferio izquierdo del cerebro. Los hombres han controlado y dirigido las principales órdenes religiosas, los gobiernos, las entidades financieras y la escena doméstica. La negación de la sabiduría femenina ha creado infelicidad y una pérdida de la conexión divina. En general, los hombres homosexuales están más orientados hacia el hemisferio derecho del cerebro que los hombres heterosexuales. Por tanto, suelen ser más creativos, espirituales, amables y cariñosos, y están menos impulsados por la testosterona. Ahora se están encarnando para ayudar con el equilibrio de las energías masculina y femenina en el planeta.

Las lesbianas suelen tener atributos más masculinos que la media de mujeres heterosexuales, de manera que ayudan a luchar por los derechos de la mujer. Sin embargo, también hay muchas mujeres guerreras heterosexuales que se están encarnando y que también están promoviendo la igualdad del sexo femenino.

En tercer lugar, algunas personas están encontrando al fin a su alma gemela o a su otra mitad. Si se han encarnado en el mismo sexo, el amor suele resultar ser más fuerte que los prejuicios sociales.

¿Cuál es el propósito espiritual del sexo?
Originalmente, el propósito del sexo fue ofrecer una experiencia hermosa y trascendente que pudiera enriquecer y mejorar las vidas de una pareja y consolidar su amor mientras traían niños al mundo y los criaban. Cuando lo femenino sagrado fue devaluado, el sexo fue utilizado de maneras que jamás fueron imaginadas por la jerarquía espiritual: como una forma de manipulación, como un sustituto del amor, para tener poder y control, para la lujuria y la gratificación sensual.

La Iglesia inculcó la culpa en la gente diciéndole que el sexo era malo y que los bebés nacían pecadores porque habían sido concebidos como resultado de la unión sexual. Desde el punto de vista angélico, el sexo con amor es una expresión divina.

¿El matrimonio de personas del mismo sexo es espiritualmente permisible?
La legalidad del matrimonio es obra de los humanos, no de Dios. Desde los reinos angélicos se ha observado que

unas cuantas parejas del mismo sexo se casan por amor y con un compromiso profundo y verdadero para honrar y adorar a su pareja, de la misma manera que lo hacen las parejas heterosexuales. El espíritu jamás condena al amor.

Otros tienen motivos más confusos y egoístas para desear hacer un contrato legal, que no tienen nada que ver con el amor incondicional. No obstante, el matrimonio ofrece una oportunidad para experimentar el compromiso. En épocas de miedo, ayuda a que las dos personas se sientan seguras y les ofrece una protección dentro de vuestro marco terrenal. En cualquier matrimonio hay un ángel con las dos partes, bendiciéndolas y derramando amor sobre ellas. El espíritu no juzga si son un hombre y una mujer, o dos personas del mismo sexo. Él ayuda a las parejas durante el tiempo que están juntas.

¿El celibato es espiritualmente importante?
Ciertas personas espiritualmente evolucionadas, tanto hombres como mujeres, han sido capaces de elevar su energía sexual y usarla al servicio de lo divino. Es un don relativamente poco común y normalmente una persona verdaderamente célibe ha recibido una formación en los planos espirituales antes de entrar en esta encarnación. Luego necesita continuar formándose durante sus vidas. Para la mayoría de los hombres, éste es un logro tan difícil que únicamente los que tienen una vocación son capaces de realizar esa aspiración.

Aquellos que aspiran al celibato y no lo logran no son juzgados. Ellos pueden volver a formarse en los planos interiores y comprometerse otra vez para su siguiente encarnación.

¿Qué ocurre si se viola un voto de celibato?

Si un voto de celibato es violado, como ha ocurrido con mucha frecuencia en ciertas religiones en las que hombres débiles y a veces malvados han hecho un mal uso de su poder, sus almas se reencarnan con un karma sumamente difícil.

Los abusos sexuales que se han perpetrado ahora están empezando a salir a la luz. Están saliendo a la superficie para ser sanados y, con el tiempo, perdonados y liberados.

¿Por qué algunas personas abusan sexualmente de sus víctimas?

Como ocurre con cualquier forma de violación, el abuso sexual es una forma de gratificación del ego. Su fuente es la más absoluta falta de valoración personal, la cual conduce a un deseo de tener poder sobre otras personas, o controlarlas. En el caso de los abusos sexuales a niños, también puede existir cierto odio hacia sí mismo tan grande por parte del abusador, que éste busca extraer la pureza de un niño inocente para incorporarla a su propia alma.

Desde un punto de vista espiritual, la sanación tanto del abusador como del abusado es una cuestión de purificación, perdón al otro y a uno mismo. Los ángeles lloran al ver que esas cosas terribles ocurren y esperan con compasión para ayudar a aquellos que están preparados para liberar el pasado.

¿Y si alguien quiere cambiar de sexo?

Antes de la concepción, el alma habla con sus guías y ángeles del género que servirá mejor al crecimiento espiritual de la persona en esa vida. No hay accidentes. El sexo del bebé es una decisión que se toma a nivel del alma. Una vez que está en un cuerpo físico, es posible que la personalidad no esté feliz con la decisión que tomó. Veamos el ejemplo de un hombre que ha experimentado varias encarnaciones en un cuerpo de mujer. A pesar de reconocer que podría ser muy difícil, su alma, sin embargo, ha decidido que ya es hora de experimentar la vida en un cuerpo de hombre. Cuando nace como un niño, es posible que le resulte incómodo, e incluso traumático, vivir en lo que él siente como una forma y un género extraños.

Hasta los recientes avances en la medicina, no había manera de salir de una elección «equivocada». Actualmente, algunas personas pueden decidir que la elección que hizo su alma es insostenible y que están preparadas para soportar el dolor y la dureza de volver a tener el cuerpo que su personalidad considera que es el correcto. Esto se convierte entonces en una elección espiritual y los desafíos a los que la persona se enfrenta constituyen el crecimiento de su alma durante esa vida concreta.

Los ángeles observan y son testigo de lo que ocurre. Ellos no juzgan. Ellos sienten empatía y te envuelven con su amor.

Si una chica viste de una forma provocativa y es violada, ¿es su culpa?
La violación es siempre algo terrible, independientemente de las circunstancias. Cada persona atrae sus propias experiencias, y eso no tiene nada que ver con la culpa, sino con la responsabilidad. ¿Qué energía está emitiendo la chica que viste de una forma provocadora? ¿Qué mensaje está transmitiendo consciente o inconscientemente? Esas cosas atraen hacia ella ciertas circunstancias.

¿Y la anciana que es violada mientras duerme tranquila-
mente en su cama?

Una vez más, esto tiene que ver con la energía. Únicamente, los miedos profundos y a menudo inconscientes pueden atraer una circunstancia tan horrible. El deseo del alma de eliminar el karma es otro de los motivos.

Al final, sólo existe una manera de estar totalmente a salvo, que es liberando el miedo y perdonando todas las cosas, para que tu aura sea pura. He aquí un decreto de perdón que también ayuda a disipar los miedos:

DECRETO DE PERDÓN

Di esto dos veces al día:

— Perdono a todos los que me han herido o me hecho daño alguna vez, consciente o inconscientemente, en esta vida o en cualquier otra, en este universo, plano o nivel de existencia, o en cualquier otro. Les ofrezco clemencia.

— Pido perdón por todo lo que he hecho alguna vez para herir o hacer daño a otras personas, consciente o inconscientemente, en esta vida o en cualquier otra, en este universo, dimensión, plano o nivel de existencia, o en cualquier otro. Pido clemencia.

— Me perdono por todo lo que he hecho alguna vez para herir o hacer daño a otras personas, consciente o inconscientemente, en esta vida o en cualquier otra, en este universo, dimensión, plano o nivel de existencia, o en cualquier otro. Acepto la clemencia.

— Soy libre. Todas las cadenas y limitaciones han caído. Ahora tengo todo mi poder como Maestro (o Maestra).

Si alguien ataca estando bajo el efecto de las drogas o el alcohol, ¿es responsable?, y, ¿las Leyes de Atracción se siguen aplicando?

Sí a ambas preguntas.

Fundamentalmente, eres kármicamente responsable de tus actos conscientes o inconscientes, y de todo lo que atraes a tu campo áurico.

¿Por qué sigue existiendo la pornografía?

Si estás sano emocional y sexualmente, la pornografía no te interesará. Tus centros de energía o chakras estarán llenos de energía y de luz. El objetivo superior es elevar tu consciencia desde tu chakra de la base, pasando por tu chakra del sacro o sexual, ascendiendo por el plexo solar y el corazón, la garganta y el tercer ojo, y, finalmente, para llegar al chakra de la coronilla.

No obstante, si los pensamientos de una persona se concentran en un área, el chakra relacionado se bloquea o se torna hiperactivo, lo que desequilibra todo el sistema. Con la concentración actual en la sexualidad en los medios de comunicación, muchas personas tienen sus chakras sexuales atascados e, inconscientemente, intentan estimularlos con la pornografía. Otros tienen chakras sexuales hiperactivos, de modo que se concentran cada vez más en temas lascivos, y cada vez están más fuera del equilibrio.

Con la elevación de la frecuencia del planeta, ha llegado el momento de hacer brillar la luz del espíritu puro y la inocencia en todas las áreas sexuales, para que la energía gloriosa del amor y la creación pueda utilizarse adecuadamente.

¿Qué piensan los ángeles de la masturbación?

Los ángeles no piensan en eso. El sexo es una actividad humana. El cuerpo fue diseñado para la dicha y el placer. Originalmente, se pretendió que el sexo uniera a dos personas de tal manera que las frecuencias de ambas se elevaran. Cuando el planeta se encontraba en una vibración más alta, las personas solteras aprendieron a expresar su sexualidad a través de la creación y la adoración divina. Ninguna otra opción se tenía en cuenta. En vuestro mundo actual, la mayoría de la gente no entiende este uso más elevado de la energía.

En la mayoría de los casos, darse placer a uno mismo ocasionalmente solamente afecta a la vibración del chakra del sacro de la persona. No obstante, los poderosos pensamientos que los humanos suelen dirigir a otras personas mientras realizan esos actos pueden penetrar en sus auras. Esto es muy dañino, porque puede reducir el campo de energía de la persona que los recibe, o crear agujeros en él. Inevitablemente, esto atrae karma.

El exceso de masturbación puede bloquear el chakra del sacro, haciendo que se torne lento y pegajoso, en cuyo caso se busca tener más actividad sexual para acelerarlo. En otros casos, hace que el chakra del sacro gire con una rapidez excesiva, creando un desequilibrio en el campo energético.

¿Cómo se pueden eliminar los desequilibrios del chakra sexual?

La lujuria, el miedo, el enfado con el sexo opuesto, una profunda sensación de no estar a la altura o el deseo de controlar son algunas de las emociones que provocan desequilibrios sexuales. Cualidades como el amor, la serenidad, la valoración de uno mismo y la aceptación empiezan a volver a alinear a este chakra.

Visualización para despejar tu chakra sexual

— Cierra los ojos y respira llevando el aire hacia tu estómago, con espiraciones largas y lentas, hasta que te sientas relajado.

— Pide a tu ángel que te ayude a despejar y limpiar tu chakra sexual.

— Imagina que hay unos escalones descendentes delante de ti. Cuenta los escalones hasta 20, mientras desciendes con tu ángel de la guarda. Siente que estás totalmente a salvo.

— Te encuentras en un sótano.

— Enciende la luz y mira a tu alrededor.

— Tómate tu tiempo para examinar todo lo que hay en el sótano. Si está inundado, sécalo. Retira cualquier trapo que encuentres para dejar al descubierto lo que hay debajo. Si hay algo que debas lavar, encuentra un fregadero y lávalo.

— Quizás encuentres a alguna persona o personas ahí abajo con quienes tengas que hablar.

— Cuando hayas explorado cada rincón del sótano, agarra una escoba y barre todo el lugar hasta dejarlo limpio completamente.

— Luego pinta las paredes del color que te parezca apropiado.

— Convierte el sótano en un lugar cálido, acogedor. Si quieres, puedes colocar objetos que representen el amor, la calidez, la cercanía y el cariño. Haz cualquier cosa que sea necesaria para que sea cómodo, porque tú tienes el poder para crear lo que quieres.

— Vuelve a subir por los escalones hasta la luz.

— Da las gracias a tu ángel.

¿Por qué los pedófilos se sienten sexualmente atraídos hacia los niños?

Normalmente porque el pedófilo tiene una energía sexual oscura, atascada, y se siente atraído por la luz pura e inocente del niño en un esfuerzo por purificar su propia enfermedad. Profanar o empañar la inocencia atrae una deuda kármica pesada y las fuerzas espirituales observan consternadas lo que ha tenido lugar en la Tierra.

Sociedad

¿Por qué la sociedad está dejando de funcionar ahora?
He aquí tres razones, entre muchas otras.

En primer lugar, vuestros líderes carecen de integridad. Están gobernados por el ego y sirven a sus propias necesidades, en lugar de trabajar por el mayor bien de su pueblo. Esto ha derivado en una falta de confianza, de manera tal que los ciudadanos ya no desean contribuir al bien común. En segundo lugar, la gente ha perdido su sentido de pertenencia. Las personas se sienten anónimas e impotentes en un mundo impersonal y poco acogedor.

El tercer motivo es el siguiente: finalmente se está llegando a un equilibrio entre las energías masculina y femenina en el planeta. No obstante, los hombres quieren aferrarse al pasado, pues temen que su autoridad y control se vean minados. Además, se sienten confundidos e inseguros respecto a su papel. Las mujeres están intentando demostrar que son capaces de ser esposas, madres y amas de casa y, al mismo tiempo, de ganarse la vida. Ellas también están saliendo a trabajar, impulsadas por la necesidad de proporcionar un hogar o por un deseo de tener más posesiones materiales. En consecuencia, muchas están demasiado ocupadas y estresadas para ofrecer un espacio de cariño y satisfacer las necesidades de sus familias.

Tanto los hombres como las mujeres están luchando para estar a la altura de las expectativas cambiantes de la sociedad, al mismo tiempo que su base familiar cambia. Sin embargo, cuando las personas intenten equilibrar sus propios yin y yang, encontrarán un nuevo equilibrio. Entonces, la armonía comenzará a reinar y, cuando cada género honre y respete al otro, la consciencia de la sociedad se elevará.

Acción para ayudar a la sociedad

Pregúntate qué puedes hacer para ayudar a tu sociedad. Los pequeños actos, como ayudar a alguien con la compra o la jardinería, o compartir tu automóvil para ir al trabajo, marcarán una diferencia.

Los actos positivos, como ofrecerte voluntario para ayudar en una tienda caritativa o presentarte como candidato para el ayuntamiento de tu localidad, contribuirán a la cohesión de la comunidad de tu zona.

Trabaja tu propio equilibrio masculino-femenino.

Recuerda que tu felicidad está directamente relacionada con tu nivel de integridad. Asegúrate de que estás actuando desde un centro sincero.

¿Por qué hay tantas mujeres agresivas en el mundo?

Algunas mujeres están intentando demostrar que valen tanto como los hombres. Están utilizando la energía masculina porque así es como imaginan que debería ser el éxito. El péndulo masculino-femenino está buscando el equilibrio, pero en algunos casos ha ido demasiado lejos, y ése es el motivo por el cual están apareciendo mujeres agresivas en los negocios.

¿Cuál es la mejor manera de hacer que la sociedad avance?
Recuperando la confianza. La visión suprema es tener una sociedad igualitaria, en la que todos compartan, cooperen y se ayuden unos a otros de buena gana. En una comunidad así, todos son valorados y respetados, y no hay personas pobres ni vulnerables. En consecuencia, la ciencia y la tecnología avanzan espiritualmente, porque las dos son totalmente compatibles.

Para que esto ocurra, es necesario que se produzca un cambio en los niveles de comunicación, pero lo primero es que volváis a tener fe los unos en los otros.

Dado que la consciencia es contagiosa, vuestra mayor contribución es cambiarte a ti mismo.

Abre tu corazón y piensa, habla y actúa con integridad, bondad y de una forma digna de confianza. Usa tu intuición, no sólo tu cerebro racional. Deja de luchar y relájate más. Toma todas las decisiones con una bondad amorosa. Cuando suficientes personas hagan esto, todo el mundo alcanzará una forma de ser superior.

Acción para incrementar la integridad personal

Cada mañana, enciende una vela y pide a los ángeles que te ayuden a pensar y actuar con integridad y bondad amorosa, para el mayor bien de todos, durante todo el día.

¿Las sociedades iniciáticas tienen alguna ventaja?
La iniciación de los chicos está diseñada como un rito de transición que les permite pasar a la edad adulta. Esto no

incluye simplemente pruebas de valor físico, aunque son importantes. Mediante la comprensión de los mitos, la historia y las narraciones de su país o cultura, se le inculca al muchacho un sentido de orgullo y de pertenencia. Se le enseña a respetar la sabiduría femenina. Cuando el iniciado está preparado, se le revelan secretos esotéricos espirituales. Entonces, él declara su madurez, convirtiéndose en un hombre fuerte, sabio y carente de temor que apoya a las mujeres, a los niños y a los que son más débiles que él. Las sociedades que desarrollan este tipo de hombres son más pacíficas que las comunidades más blandas, y las personas tienden a ser más seguras, más felices, más confiadas y a disfrutar más de un sentido de valía personal.

Las mujeres no necesitan este tipo de iniciación porque sus pruebas son internas. Las tres etapas de la edad adulta de la mujer son la menstruación, el parto y la menopausia. En las sociedades iniciáticas, estos tránsitos están señalados con rituales que proporcionan a la mujer un sentido del orgullo y dicha de ser ella misma. Esas mujeres no buscan competir con los hombres, porque se sienten completas.

Desde un punto de vista angélico, las sociedades iniciáticas desarrollan la valoración de uno mismo, la pertenencia, la sabiduría, la paz y el cariño, que son cualidades divinas.

¿Por qué hoy en día todas las estructuras, como los hospitales, las oficinas gubernamentales y los supermercados, son tan grandes?
Todos estos edificios están hechos para el ego de los que están al mando y no tienen nada que ver con las necesidades de la gente.

¿Cómo se llevan a cabo los cambios sociales?

La jerarquía espiritual observa la energía de los lugares y de las personas. En cuanto ven que una persona tiene una luz especial, los ángeles son enviados para ayudarla a desarrollar su visión. Si el objetivo es provocar un cambio en el mundo y ayudar a la gente, los unicornios apoyan la integridad, la intención pura y la determinación de los individuos. Así fue como Gandhi mantuvo su gran visión de la noviolencia ante la opresión y la agresión. No tenéis ni idea de con cuánta frecuencia los seres iluminados están observando, esperando y dando fuerza a las personas con grandes aspiraciones para ayudarlas a activar su poder para el bien.

Si los ángeles ven que una ola de energía se está levantando dentro de una comunidad, un país, una religión o el mundo financiero para crear un cambio para mejor, ellos ayudan a que se produzca ese movimiento. Ahí donde hay un rayito de luz en las mentes de la humanidad para mejorar las condiciones de los seres humanos o de los animales para traer la paz, educar, hacer que exista igualdad o para promover la justicia, los Seres de Luz están en camino.

¿Por qué están tan enfadados los hombres?

Durante siglos, el único poder que han tenido las mujeres ha sido a través de sus hijos, de modo que aprendieron a manipular a sus niños de muchas maneras, algunas sutiles y otras descaradas. De ese modo, cuando el chico crecía, la madre mantenía el control de la siguiente generación. Esas madres se aseguraban ser indispensables. Cualquiera que sea manipulado se siente enfadado y, en algún nivel, mal. Es posible que la persona no sepa hacia dónde dirigir esos pensamientos, pero los está impulsando inconscientemente.

Ahora, de repente, el péndulo está empezando a balancearse y las mujeres están reclamando su independencia y su libertad, de modo que los hombres no saben dónde se encuentran. Sienten que están en desventaja y están confundidos.

Ciertamente, cuando los hombres asumen la responsabilidad de sus actos del pasado y de sus emociones, y tienen un dominio de sus vidas, la confusión desaparece. Cuando perdonen y liberen su historia del pasado, se sentirán bien consigo mismos y reclamarán su verdadero poder. Entonces, toda la ira desaparecerá y ellos podrán aceptar su masculinidad con integridad.

Tengo miedo de salir, porque siempre leo cosas sobre ataques y violencia.

Todo lo que lees o ves en la televisión es atraído hacia ti por tu propio campo energético, que atrae cosas semejantes, así que ten cuidado con lo que lees y miras. La única manera de estar totalmente a salvo es siendo inofensivo, de modo que vigila tus pensamientos y asegúrate de que sean pacíficos, amorosos y que incluyan a los demás. Entonces tu campo de energía disolverá automáticamente cualquier daño que venga hacia ti. Debes saber que una persona con un aura pura es invisible para quienes tienen malas intenciones.

VISUALIZACIÓN PARA OBTENER PROTECCIÓN

— Respira paz, llevándola a tu aura.
— Pide al arcángel Miguel que coloque su manto de protección de color azul intenso sobre ti. Siente cómo lo pone sobre tus hombros y tira de la capucha colocándola

por encima de tu cabeza y cayendo sobre tu tercer ojo. Imagina que el manto se cierra con una cremallera que va desde tus pies hasta tu barbilla. Haz esto todas las mañanas y todas las noches, y pide que permanezca en su lugar durante todo el día o toda la noche.

— Haz lo mismo para tus hijos y tus seres queridos.
— Pide a los ángeles de protección que caminen junto a ti y sé consciente de que están ahí.

Acción para protegerte

Dondequiera que vayas hoy, imagina que tu aura es dorada y que estás rodeado de luz pura.

¿Cómo puedo mantener a mis hijos fuera de peligro?
En el nivel físico, ¡sé sensata!

En el nivel espiritual, el miedo atrae al daño. Siempre que te preocupas por tus hijos, estás penetrando en sus auras con tus miedos y puedes provocar que algo suceda. Si pides a la jerarquía espiritual que cuide de ellos, pero continúas estando preocupada por ellos, estás negando tu petición. Asegúrate de que imaginas constantemente que las personas cercanas a ti están bien, a salvo y felices. Pide a los ángeles que protejan a cada miembro de tu familia. Da las gracias por su seguridad y confía en que está hecho.

VISUALIZACIÓN PARA LA PAZ

— Pide a los ángeles que te ayuden a ver lo mejor en todas las personas y en todas las situaciones.

- Respira una maravillosa sensación de paz y condúcela a tu aura.
- Imagina que una esfera dorada de luz rodea a cada uno de tus seres queridos y llénala de amor y paz provenientes de tu corazón.

AFIRMACIONES PARA LA SEGURIDAD

- Estoy totalmente a salvo.
- Mis ángeles me protegen en todo momento.
- Me mantengo dentro de la Luz de Cristo.
- Irradio únicamente paz y amor.

Si las personas inofensivas están a salvo, ¿por qué mataron a Gandhi?
Ésa fue una ofrenda de su alma para ayudar a traer la paz entre los musulmanes y los hindúes. Él dedicó su vida a la noviolencia y, cuando fue asesinado por la violencia, la conmoción hizo que muchas personas se dieran cuenta de la sabiduría que había en sus enseñanzas.

¿Por qué está teniendo lugar el robo de identidades?
El universo tiene una forma maravillosa de recordaros vuestras lecciones. Actualmente, muchas personas han olvidado su propósito. Están confusas y ya no saben quiénes son. Han perdido, metafóricamente, su identidad y, para llamar su atención sobre esto, sus identidades les son robadas, literalmente.

281

Ciertamente, en el nivel físico, éste es el resultado de un mal uso de la tecnología, y en la totalidad del tiempo, los que roban a los demás tendrán que pagar su deuda en karma.

¿Por qué hay tantos vecinos que están en conflicto?
En esta época se están encarnando en la Tierra más almas que nunca. Está abarrotada de gente y las personas ya no tienen espacio donde estar. Ahí donde hay vegetación, la naturaleza absorbe y disuelve la energía negativa, pero ahora vosotros vivís en ciudades de cemento, en las que la Madre Tierra no puede realizar su trabajo calmante, sanador.

Además, la gente ya no tiene una sensación de pertenencia a un lugar. Sus vecinos suelen ser extraños con los que no tienen ninguna comunicación. Ahí donde la gente conoce y habla con los que viven en su vecindad, es mucho más difícil actuar de una forma egoísta e iracunda.

Acción para la armonía en el vecindario
Camina en la naturaleza o en el parque con la mayor frecuencia posible, para que la Madre Tierra pueda atraer la energía negativa que hay en ti, para que la haga salir, y empiece a sustituirla por la paz.

Enciende una vela y pide a los ángeles que te ayuden a relacionarte bien con tus vecinos.

Además, reza para que las personas de todas partes abran sus corazones y entablen amistad.

Visualiza una esfera de luz rosada rodeándote y rodeando a las personas que viven cerca de ti. Si resides en un lugar que está lleno de gente, imagina que la esfera rosa rodea el bloque de apartamentos o el grupo de casas.

Lo más importante de todo es que sonrías a tus vecinos. Establece un contacto visual con ellos. Háblales de cualquier cosa, por muy trivial que sea.

> El vecino de la casa de al lado de Pete y Sally era un anciano muy cascarrabias. No gustaba a nadie en su calle y era bastante desagradable. Pete y Sally decidieron iniciar una ofensiva de encanto hacia él. Cada vez que lo veían, lo saludaban como si fuera su mejor amigo. Le sonreían o lo saludaban. Le preguntaban cómo estaba y escuchaban sus respuestas. Al poco tiempo, el hombre los trataba como si fuera un buen amigo. Seguía siendo hosco con todos los demás, pero su rostro se iluminaba de placer cuando veía a Pete y a Sally.

¿Por qué hay personas agradables que atraen a vecinos terribles?

La leyes espirituales dicen que los iguales se atraen De modo que si eres realmente cálido, amable y cariñoso, y sin embargo atraes a un vecino difícil, mira dentro de ti para ver si no están haciendo que te acuerdes de algo negativo que está enterrado en tu interior, y sánalo. La ira reprimida atrae a personas enfadadas. La creencia en la traición atrae a alguien que no es digno de confianza. Observa qué botones presiona tu vecino, y después consuela y da poder a tu niño interior, que está disgustado.

Si su autoexamen no te revela nada, o si realmente crees que has aprendido la lección, que el comportamiento de tu vecino te ha ofrecido, ¡el universo podría estar diciéndote que ya es hora de que te mudes!

Roy y Janice eran una pareja de lo más agradable y bondadosa, con dos niños encantadores y alegres y un perro que siempre se comportaba bien. Vivían desde hacía algún tiempo en el mismo recinto y se llevaban realmente bien con sus vecinos, hasta que una nueva familia con tres niños se mudó a la casa de al lado. Los niños les gritaban groserías cuando salían de su casa, chutaban la pelota constantemente contra el automóvil de Roy y golpeaban la puerta principal. Arrojaban basura a través de la valla y el padre aparcaba su automóvil delante de la entrada de Roy y Janice para que no pudieran salir. Cuando ellos se quejaron, los niños y sus padres los insultaron a voz en grito. Aunque Roy y Janice meditaban para comprender la situación y traer la paz a ella, las cosas no hacían más que empeorar. Sus hijos y el perro tenían miedo de salir al jardín.

En una ocasión, mientras me explicaban la situación, dijeron que siempre habían querido vivir en el campo y tener un terreno con muchos animales, pero que en realidad no se lo podían permitir. ¡Ahora su deseo parecía aún más atractivo! Decidieron hablarlo con sus familias. Inmediatamente, los padres de uno de ellos dijeron que harían un fondo común para que pudieran comprarse una casa grande en el campo. Una vez tomada la decisión, llegó la ayuda del universo. Vendieron su casa rápidamente y una casa perfecta, con tierras, se puso en venta.

Actualmente, viven en paz y armonía, y llevan la vida que siempre desearon. Pero fueron necesarios unos vecinos horribles para que salieran de su cómoda casa y se fueran a otra nueva y mejor. La oscuridad sirve para vuestro crecimiento.

¿Por qué permite Dios que las personas se comporten tan mal unas con otras?

Cuando Dios proporcionó libre albedrío a los humanos, el papel divino consistió en hacerse a un lado y observar lo que las personas hacían con él. ¿Mantendrían su comprensión espiritual o el ego haría que se separasen de la Fuente y unas de otras? ¿Podrían trabajar juntos en cooperación y unidad, queriéndose y sirviéndose unas a otras, o intentarían controlar a los otros humanos? ¿Utilizarían su libertad para compartir la abundancia que la Tierra les proporcionaba o acumularían codiciosamente objetos materiales para su gratificación personal y para sentirse superiores a los demás? Son estas elecciones, realizadas individual y colectivamente, las que han causado la inhumanidad en la Tierra, no Dios.

Y ahora os elev*á*is otra vez a niveles más altos de solidaridad e interdependencia.

Cada vez que compartes, o que ayudas a personas más débiles que tú, o que cooperas en una visión más grande, ayudas enormemente a que el péndulo se incline hacia la bondad.

¿Por qué en muchas culturas tratan tan mal a los ancianos?

La Ley Espiritual del reflejo hace que recibáis el reflejo de vuestras creencias. En estos tiempos de tecnología y velocidad, las personas mayores creen ser inútiles. Como resultado de ello, a menudo actúan de una forma tonta, se quejan, se tornan irascibles o difíciles, y reciben el reflejo de esta acción en la falta de respeto y de cariño que reciben.

En las sociedades en las que la tecnología y los bienes materiales se han convertido en los dioses, muchos ancianos son tratados como anacronismos, como estúpidos, como una carga y como un desperdicio de recursos, que es como ellos mismos se sienten. Los jóvenes cierran sus corazones a las necesidades de sus mayores y sus mentes a la sabiduría acumulada porque las personas mayores infravaloran sus propias cualidades, de manera que creen que no tienen ningún papel. Ése es el motivo por el cual muchos se refugian en la senilidad.

Los ángeles ven que los ancianos son una fuente de sabiduría y de conocimiento. Ellos tienen la comprensión ancestral para las generaciones más jóvenes. En las culturas en las que esto es reconocido y honrado, los sabios tienen un lugar y se sienten felices y útiles. Ya es hora de que los ciudadanos mayores reclamen su posición actuando con sabiduría, dignidad y sensatez, para que la juventud responda una vez más a esas cualidades superiores.

Acción para ayudar a las personas mayores

Cada vez que veas a una persona mayor o pienses en algún anciano o anciana, imagínala rodeada de una llama de dorada de luz. Bendice a esa persona y afirma que es querida, valorada y respetada.

Tu energía será transferida a la persona mayor y empezará a marcar la diferencia.

¿Puedo hacer algo para influir en mi vejez?

Sí. Puedes decidir qué tipo de vejez deseas. ¿Quieres estar rodeado de tus hijos y de tus nietos? ¿Preferirías vivir independientemente en tu propia casa, o te gustaría vivir en comunidad con personas de ideas similares a las tuyas, o te encantaría viajar por el mundo hasta tu muerte? Elige y luego tenlo claro.

Ejercicio para iluminar tu vejez

1. Concéntrate en tu intención. Habla de ella y no permitas que nadie se burle o menosprecie tus esperanzas.
2. Imagina lo que deseas crear y asegúrate de que nunca permites que un pensamiento negativo se filtre para rebajar tu visión.
3. Crea una afirmación en torno a ello. Por ejemplo:
   Estoy rodeada de amor en mi vejez.
   Permanezco sana y fuerte y seré independiente hasta el día que muera.
   Soy valorada y respetada por mis coetáneos y por las generaciones más jóvenes.

En su juventud, Evelyn era bella y encantadora, y todos querían ser sus amigos. Se casó con un hombre rico y fueron muy felices, aunque no tuvieron hijos. No obstante, ella tenía sobrinos y sobrinas y se sentía cerca de ellos. Cuando se quedó viuda, su vida se limitó. Evelyn no dejaba de decir que solamente quería que cuidaran de ella. Con su dinero pudo pagar ayuda para la casa, a una cocinera, un jardinero y a personas para que realizaran trabajos poco corrientes para ella. Pero Evelyn seguía diciendo: «Quiero a alguien que cuide de mí todo el tiempo». Puesto que estaba cada vez más frágil, se volvió senil y fue ingresada en una residencia cara en la que cuidaban muy bien de ella. De hecho, eso era exactamente lo que había pedido durante toda su vida. Ella creó ese escenario para su vejez.

❉

Robert era un profesor de yoga que vivió hasta los ochenta y tantos años. Montó en su bicicleta, condujo su automóvil y enseñó yoga hasta el día en que murió. Siempre había gente a su alrededor, escuchando las cosas que él transmitía y prestando atención a sus sabias palabras. Él afirmaba constantemente que tenía la intención de permanecer activo hasta el final. Y lo hizo.

¿Por qué hay tanta agitación por todo el mundo?
La agitación generalizada es el resultado del descontento divino porque las personas insisten colectivamente en que haya justicia, en contra de las leyes injustas.

Las edades del alma

Por favor, explicad lo que significa «edad del alma».
Cada vez que tu alma se encarna en la Tierra, te familiarizas más con lo físico, con las emociones, con la sexualidad y con el funcionamiento de las cosas en vuestro mundo. Durante tus primeras vidas, eras como un bebé, en el sentido de que necesitabas que cuidaran de ti. A medida que vas visitando tu planeta cada vez con más frecuencia y la «edad de tu alma» aumenta, te tornas más entendido, tienes mayor sabiduría sobre las cosas mundanas. Si has evolucionado mucho en otros sistemas planetarios, puedes servir a la sociedad y demostrar gran sabiduría, pero las formas de funcionamiento del mundo te resultan extrañas y probablemente tendrás algunas características de un ser más joven.

¿Qué son las nuevas almas jóvenes?

Las almas se encarnan para experimentar. Las nuevas almas jóvenes son aquellas que no han evolucionado demasiado en otros sistemas planetarios y solamente han estado en la Tierra en pocas ocasiones. Tienen que aprender a manejar las emociones, así como la parte física de la vida en un cuerpo. Como los bebés, necesitan que cuiden de ellas y las atiendan. Harán lo que una figura de autoridad les diga que tienen que hacer, sin cuestionarlo, porque la seguridad es de máxima importancia para ellas y, como consecuencia, muchas se encuentran viviendo bajo dictaduras. Tienden a reunirse en regiones para buscar seguridad, y prefieren elegir cultura simples. A estas almas, las sociedades económica y tecnológicamente avanzadas les resultan difíciles. Por lo general, las almas nuevas no se están encarnando en vuestro planeta, pues está cambiando con demasiada rapidez para ellas.

¿Hay almas que son evolucionadas en otros sistemas planetarios, pero que son jóvenes en la Tierra?

Sí, y suelen llegar a tener cargos de responsabilidad, porque poseen una comprensión madura de la naturaleza y de la Unidad. No obstante, pueden tropezar en el ámbito sexual o emocional.

Por favor, ¿podríais explicar lo que es un alma «bebé»?

Estas almas pueden hacerse oír y también pueden ser muy destructivas e ignorar los sentimientos de los demás, hasta el punto de llegar a ser crueles. Necesitan límites firmes y suelen congregarse en las religiones fundamentalistas. Odian los cambios e intentan impedir el progreso con sus puntos de vista rígidos y a menudo críticos. Tienden a estar en contra del aborto y de los derechos de los homosexuales, y a estar a favor del matrimonio y de los lazos familiares fuertes, de la Iglesia, de las prisiones, de la pena de muerte y, por otro lado, de mantener la vida a toda costa cuando alguien se encuentra en un estado vegetativo. Están acumulando karma.

¿Qué son las almas «adolescentes»?
Son personas que han estado en la Tierra muchas veces. Son pioneras, emprendedoras, aquellas que quieren ganar dinero sin importar las consecuencias, y están llenas de energía. A menudo muestran cualidades egoístas, pues les importan poco los sentimientos de los menos afortunados. Fuerzan las fronteras de la tecnología sin tener ninguna consideración por las personas a las que hacen daño o por la ecología del mundo. Se les puede encontrar ganando dinero en la bolsa, dirigiendo empresas con el deseo de expandirse sin tener en cuenta los sentimientos de los empleados. Son esos soldados que van armados y disfrutan sintiendo su poder. En el otro extremo, creen en la santidad de la vida, por muy dolorosa o insostenible que sea para la víctima. Naturalmente, ellos están adquiriendo mucho karma.

¿Cuáles son las características de las almas «de mediana edad» o «maduras»?
Son personas que han aprendido mucho sobre la Tierra. Han crecido y evolucionado a través de las fases más jóvenes y ahora ven la vida desde una perspectiva más amplia. Quieren ocuparse de los menos afortunados y acabar con el hambre y la pobreza. Ofrecen soluciones sensatas y pacíficas a la guerra y buscan respuestas económicas y sociales que beneficien a todos; son liberales y democráticos. Estas

almas son creativas y artísticas, y son aquellas que intentan conservar la naturaleza. Tienen una consciencia mundial. Muchas de ellas están pagando el karma que adquirieron en vidas anteriores y parecen tener vidas difíciles. Muchos de los países europeos tienen poblaciones con almas predominantemente maduras que son inclusivas y que están abriendo sus fronteras a los menos afortunados.

¿Qué son las almas «viejas y sabias»?
A menudo se trata de almas sabias, filosóficas, retraídas, que desean utilizar su influencia para el bien. Es posible que estén hartas del mundo y quieran tener una vida tranquila, pero irradian una influencia benigna. La gente percibe sus cualidades superiores y se siente atraída hacia ellas, porque ofrecen una voz de esperanza y cordura. No buscan tener riquezas ni fama, sino que trabajan para el mayor bien de todos.

Muchas de ellas se encuentran en el Himalaya y en otros lugares de gran luz espiritual. Otras son líderes sabios de las culturas nativas que comprenden el poder sanador de la naturaleza y la responsabilidad humana hacia ella. Están repartidas por todas partes, por todos los continentes, actuando como maestros, sanadores, chamanes y guardianes de las antiguas historias y tradiciones.

¿Hay almas «especiales»?
Hay muchas que están llegando para encarnarse ahora y que se han formado en las universidades de luz en otros sistemas de estrellas, en otras galaxias o universos. A menudo no han tenido ninguna vida en la Tierra, o muy pocas. Sin embargo, son espiritualmente evolucionadas y pueden asumir papeles de liderazgo para ayudar a avanzar al planeta.

Estas almas iluminadas han entrado en el planeta para difundir la comprensión de la Unidad.

¿Podríais comentar las tendencias en los diferentes países?

ÁFRICA

Las nuevas almas jóvenes y bebés de África permitieron que las almas adolescentes de Europa saquearan sus países durante muchos años. Aunque el continente está poblado mayormente por almas jóvenes y vulnerables, ahora hay almas adolescentes que se están encarnando allí. Desgraciadamente, actualmente están utilizando su energía exaltada para luchar en guerras civiles y causar un sufrimiento indecible. No obstante, puesto que el resto del mundo produce almas más maduras, esperamos que su consciencia y su sentido de la responsabilidad hagan que ofrezcan su ayuda y cuidados sanitarios a África central. En Sudáfrica, la derrota del apartheid, impuesto por almas blancas adolescentes sobre almas negras maduras, responsables y mayormente pacíficas, es un ejemplo de lo que es posible.

ESTADOS UNIDOS

Los fundamentalistas cristianos en Estados Unidos son predominantemente almas bebés, aunque su apego a las creencias fundamentalistas está desmoronándose ahora que más almas adolescentes se están encarnando. Estas almas adolescentes están presionando a los hombres de negocios que se han negado durante tanto tiempo a realizar los cambios ecológicos necesarios. Actualmente también existe una población cada vez mayor de almas maduras que está creando un sentido de responsabilidad social y mundial.

PAÍSES ÁRABES

Las creencias rígidas de las almas bebés están cediendo ahora porque se están convirtiendo en adolescentes y están reaccionando contra los sistemas que las han mantenido esclavas de sus líderes y de Occidente. La rebelión es el sello del alma adolescente que no está centrada en el dinero o en el éxito.

AUSTRALIA

Muchos de los que originalmente fueron deportados a Australia son ahora almas adolescentes y están haciendo avanzar a su país. Actualmente, un gran número de ellos son almas maduras con consciencia social.

CHINA

China estaba llena de almas nuevas y almas bebés, gobernadas y dominadas por almas adolescentes. Ahora, el país ha evolucionado hasta una fase adolescente y esos individuos expansivos están buscando más libertad y oportunidades para comerciar y ganar dinero. Están haciendo a un lado, con bastante rapidez, a las viejas barreras y están llevando a China al siglo XXI, tecnológica y económicamente.

EUROPA

En los últimos siglos, las almas adolescentes de Europa intentaron colonizar y dominar otras partes del mundo, saqueando y robándoles sus tierras y sus riquezas. Eso es lo que hacen las almas adolescentes indisciplinadas. Los ingleses, los españoles, los franceses y los portugueses se enriquecieron a expensas de otros. La época adolescente y destructiva de Alemania, el holocausto nazi, es más reciente. Esto no puede volver a ocurrir, porque todos esos países han evolucionado y ahora se están encarnando allí almas más maduras. Por toda Europa y Escandinavia, grandes grupos de almas de mediana edad y viejas están asegurándose de que el cambio social evolucione.

INDIA

El motivo por el que las masas hambrientas de la India estuvieron sometidas durante tanto tiempo fue que eran predominantemente nuevas almas jóvenes, incapaces de defenderse por sí mismas. Ahora, sin embargo, el karma ha finalizado y en los últimos veinte años han nacido más almas adolescentes allí. Ya no se resignan ante la pobreza y están centrando su energía en la tecnología y los negocios, haciendo que la India entre en una nueva fase. En el futuro, a los otros países les resultará más difícil explotar a este país. En el Himalaya y por toda la India hay almas viejas y sabias que están esforzándose por sanar y aliviar la transición, e inspirando espiritualmente a la población.

ISRAEL

Éste es otro país que está lleno de almas adolescentes decididas a luchar por lo que consideran que son sus derechos, sin importar las consecuencias, y Estados Unidos las ha animado en esta actitud. No obstante, está empezando a avanzar hacia una fase más madura, de manera que, con suerte, las voces de la razón, la comprensión, la compasión y el compromiso empezarán a hacerse oír.

JAPÓN

Este país está actualmente lleno de almas adolescentes que están contaminando el medio ambiente y ganando dinero.

Sin embargo, las almas viejas y sabias ya están empezando a tener una ligera influencia.

Rusia

Debido al gran número de almas maduras y viejas, el cambio ha sido relativamente lento para un país tan inmenso. Rusia carece de la energía y el entusiasmo de las almas adolescentes para ser impulsada hacia delante. Además, su incapacidad de establecer regiones libres en desarrollo continuará acarreándoles problemas.

Sudamérica

Esta región está habitada por almas jóvenes y bebés, pero eso también está comenzando a cambiar, ya que más almas adolescentes están entrando y se están negando a conformarse con las antiguas condiciones.

Gobierno

¿Existe una forma de gobierno social, económica y política que sería la adecuada para todos los pueblos y todas las culturas?

Hay un sistema perfecto por todo el mundo que actualmente se encuentra etéricamente en el Salón de los Registros en la Esfinge y al que tendréis acceso cuando el momento sea el adecuado. En la actualidad, hay demasiados países que están interesados en sí mismos. Cuando la consciencia del mundo esté lo bastante elevada como para tener un gobierno mundial espiritual, entonces el cielo regresará una vez más a la Tierra.

VISUALIZACIÓN PARA SANAR AL MUNDO

— Imagina al mundo rodeado de una luz blanca y a las personas tomadas de las manos en todas partes del planeta.

— Visualiza a todas las personas libres, bien alimentadas, educadas, felices y trabajando para el bien común.

— Pide a los ángeles que tomen tu visión y le añadan energía.

¿Cómo veis el capitalismo desde una perspectiva espiritual?

El capitalismo alienta el egoísmo y la codicia, de manera que la brecha entre los ricos y los pobres se agranda. Es un sistema muy querido por las almas adolescentes llenas de energía que están dispuestas a hacer cualquier cosa para aumentar la gratificación de su propio ego y su base de poder económico. Actualmente, seres de Sirio se están encarnando en países capitalistas con la finalidad de hacer que las mentes de las personas se alejen de este sistema económico. Muchos rebeldes provienen de Sirio.

¿Cómo veis el socialismo desde una perspectiva espiritual?
El socialismo funciona en los países en los que hay muchas almas maduras que están preparadas para ayudar a las personas ancianas, enfermas y desfavorecidas. Tienen sistemas de educación y de salud idealistas para ofrecer a todos las mismas oportunidades. Y ése es un paso positivo. La desventaja de esto en vuestro actual estado de consciencia es que quita poder a los que permiten que cuiden de ellos, de manera que al final no devuelven a la comu-

nidad lo que deberían. A menos que todos apunten hacia la excelencia, el socialismo que se aplica actualmente también tiende a fomentar la mediocridad. El sistema se va a pique si unas cuantas almas adolescentes se encarnan en el país.

¿Cómo veis el comunismo desde una perspectiva espiritual?
Las sociedades basadas en la comunidad, en las que hay muchísimas almas jóvenes y suficientes almas maduras para cuidar de ellas y mantener la visión, funcionan bien. Todos se benefician, siempre y cuando todos trabajen para el bien común. No obstante, suele existir una tendencia a explotar a las almas jóvenes. El comunismo falla cuando se encarnan almas bebés que empujan las fronteras o surgen almas adolescentes que quieren trabajar para obtener sus propias recompensas. Esto forma parte de la evolución de los países y de la sociedad.

¿Cómo definirían los ángeles un gobierno espiritual?
Se trata de un gobierno de integridad que busca un sistema político y económico que funcione para el mayor bien de la gente. Reconoce que todas las almas tienen el mismo valor, tanto si son ricas o pobres, viejas o jóvenes, sanas o enfermas, y fomenta la interdependencia, la responsabilidad por uno mismo y la confianza. Un gobierno espiritual permite que haya democracia y libertad con discernimiento.

¿Cuál es la respuesta para el mayor progreso del mundo?
Actualmente, para poder avanzar, el mundo necesita almas maduras y viejas que tengan una visión global. Deberían inspirar y dirigir a las almas menos evolucionadas para que trabajen para el mayor bien de todos. Tenéis que votar a lí-

deres que tengan integridad e ideales ecológicos, entendiendo que esto es sentido común para la seguridad y el desarrollo de vuestro planeta en el futuro.

¿Cuál es vuestro punto de vista más elevado sobre los documentos de identidad?
En el estado de consciencia actual en todo el mundo, se abusará de ellos.

¿Cómo veis los niveles tan elevados de impuestos desde el punto de vista espiritual?
Cuando hay impuestos altos combinados con una falta de respeto hacia el gobierno, la gente gasta demasiado tiempo y energía intentando evitar el sistema, o engañarlo. Entonces, la regulación se torna punitiva. Esto afecta al estado de ánimo y la buena voluntad se pierde. Se acentúa la falta de confianza entre la población y quienes la gobiernan.

¿Cuál es la tasa de impuestos espiritualmente correcta?
Es el 10 %, pero con vuestro actual nivel de consciencia egoísta en la Tierra, esto no sería viable. Solamente es posible allí donde hay amor, interés por los demás, beneficencia y una dedicación desinteresada, y cuando la comunidad mundial pacífica trabaja junta para el mayor bien de todos.

¿Cuál es el punto de vista angélico de la propiedad de casas y tierras?
Los humanos ya no pueden ser propietarios de tierras, al igual que no pueden ser propietarios de un árbol o una flor. Vosotros sois los guardianes de la tierra y de vuestras casas,

independientemente de lo que indique vuestro sistema económico local. La perspectiva más elevada es cuidar de esos jardines y edificios que están a vuestro cargo lo mejor que podáis hasta que estéis preparados para que otra persona los cuide.

¿Es importante que los países desarrollen la tecnología?
El desarrollo de la tecnología expande la consciencia humana. Más crucial es cómo manejáis vuestro desarrollo. Los gobiernos con integridad y sabiduría que usan los avances para mejorar la calidad de vida están actuando para el mayor bien.

¿Cómo pueden los países desarrollar la tecnología de una forma responsable?
En vuestro mundo, el desarrollo de la tecnología es mayormente una actividad del hemisferio izquierdo del cerebro, y eso quiere decir que puede ser creada sin corazón. Cuando aprendáis a valorar el hemisferio derecho del cerebro y a educar a vuestras generaciones futuras para que abran esa parte de su consciencia, produciréis una tecnología visionaria, mucho más poderosa que cualquier cosa que hayáis concebido. Y la utilizaréis con integridad.

¿Cuál es la consecuencia de los gobiernos dirigidos por líderes que utilizan el hemisferio izquierdo del cerebro y que están concentrados en los logros y las estadísticas?
Los líderes que utilizan el hemisferio izquierdo crean gobiernos de corto plazo que acentúan las diferencias entre las culturas y las personas. Dado que las decisiones se toman con la mente y no con el corazón, se desarrolla poca armonía o confianza. Una sociedad así intenta imponer una

estructura y un orden sin sentido común o sensibilidad, de modo que se produce cierto énfasis en las reglas y en las órdenes, y la proliferación de reglas y regulaciones excesivas. Con frecuencia, las decisiones son despiadadas, de modo que la gente se esfuerza por tener más posesiones materiales como sustituto de la seguridad y la economía suele ser el tema que más le importa. Se desarrolla la tecnología avanzada y la ciencia. Dentro de esos países, se forman religiones que están centradas en la limitación y en la exclusividad, en lugar de tener una perspectiva espiritual. Como consecuencia, la gente suele sentirse vacía, perdida, temerosa y rebelde.

¿Qué ocurre si los líderes de la sociedad se orientan hacia el hemisferio derecho del cerebro?
Este tipo de sociedades valora la originalidad, la creatividad, la imaginación y la capacidad artística. Las artes y la música son importantes. Puesto que el hemisferio derecho del cerebro gobierna las cualidades femeninas de compartir, la confianza y la alimentación, lo que hace que domine la apertura, estas sociedades desarrollan unos elevados niveles de cooperación y de paz, lo que da lugar a unos ciudadanos felices, centrados en la espiritualidad y el misticismo. Por el contrario, se advertirá una carencia de crecimiento económico, desarrollo científico e influencia en el mundo.

¿Qué ocurre si un país concede la misma importancia al hemisferio derecho e izquierdo del cerebro?
Cuando el pueblo y sus líderes equilibran la lógica y el orden del hemisferio izquierdo del cerebro con la sabiduría y el amor del hemisferio derecho, el país se desarrolla de

una forma armoniosa. La energía masculina del hemisferio izquierdo construye una economía sólida con una tecnología muy desarrollada. Al mismo tiempo, la femenina respeta la naturaleza, atenúa las reglas y la disciplina con sabiduría y se preocupa por las necesidades de la gente, que está feliz de cooperar con el mayor bien y que trabaja a conciencia sin estresarse, porque se siente valorada y libre. Los niños se educan para ser competentes en las matemáticas y usar la lógica. Al mismo tiempo, su originalidad y su creatividad son respetadas y desarrolladas. Puesto que estas personas tienen un pensamiento expandido, están más abiertas a maravilla infinita y la orientación del mundo espiritual.

¿Cuánta libertad tienen realmente los ciudadanos de las democracias occidentales?
Repasa los últimos diez años y verás que vuestra libertad ha resultado erosionada. El punto de vista angélico es que las llamadas naciones democráticas están convirtiéndose en estados policiales sin que la gente se dé cuenta. Vigila y protege con celo tu derecho a expresarte, pues ésa es verdaderamente una manera divina de vivir.

Acababa de escribir este párrafo cuando dos amigas me visitaron. Me hablaron de «cocer la rana». Por lo visto, cuando se coloca una rana dentro del agua y sube gradualmente la temperatura, grado a grado, ésta no se da cuenta de que está siendo cocida, de modo que permanece inerte hasta que es demasiado tarde. Los políticos occidentales están utilizando la expresión «cocer la rana» para describir la manera en que están reduciendo libertades gradualmente a la gente sin que ésta se alarme.

Visualización para la libertad

Puesto que vuestros líderes están encadenados, a vosotros también os amarran y limitan.

— Respira cómodamente hasta que te sientas relajado.
— Imagina a los líderes del mundo con los grilletes que tienen actualmente.
— Pide a los ángeles que corten las cadenas y observa cómo caen.
— Visualiza a los líderes liberados dándose la mano unos a otros de un modo significativo.
— Ahora están liberando a todas las personas.
— Imagina a todo el mundo respondiendo a la liberación siendo feliz, productivo y trabajando para el mayor bien de todos.
— Visualiza unidades familiares juntas. Los niños juegan libremente en sus barrios.
— Imagina a las comunidades viviendo en armonía.
— Siente la sensación de buena voluntad.

Guerra, violencia y terrorismo

¿Qué quieren los terroristas?
Su objetivo es extender el miedo. Esto hace que la sociedad se desestabilice para que ellos puedan provocar el cambio que desean. El miedo surge únicamente cuando te separas de tu esencia divina.

¿Por qué algunas personas son terroristas?

Las injusticias de largo plazo, sumadas a una sensación de impotencia y de ser menospreciado impulsa la ira que subyace a todos los actos de inhumanidad.

¿Está justificada la violencia en alguna ocasión?

Nunca está justificado espiritualmente el hecho de matar, herir o hacer daño a cualquiera de las creaciones de Dios, incluido tú mismo.

¿El objetivo final de obtener la libertad o de derrocar a un mal gobernante justifica la guerra o el terrorismo?

Pelear y matar no está nunca justificado espiritualmente. Muchos terroristas están expresando de un modo inadecuado su ira de vidas anteriores y no tienen una visión espiritual.

Hay otro camino. La serenidad interior es el mayor poder que alguien puede tener, porque influye en las personas de tu entorno de una forma profunda y calma los miedos subyacentes a los opresores.

Si hay una injusticia, ¿cómo puede actuar la gente para conseguir los fines deseados sin recurrir al terrorismo?

Hay maneras pacíficas para corregir los desequilibrios de la sociedad. Cuando una persona declara su sentido de valía personal y su poder personal, las personas de su entorno responden automáticamente con respeto. Éste es un resultado inevitable de la ley espiritual en acción. Cuando las personas se sienten valoradas, su ira desaparece y actúan de una forma responsable. Esto se aplica a todos los grupos, razas y religiones. Ocúpate de tu consciencia.

¿Cuál es la mejor manera de combatir el terrorismo?

En el nivel físico, primero debéis ocuparos de todas las injusticias y de educar a la gente. Tenéis que aseguraros de que sus necesidades básicas estén cubiertas. Lo más importante de todo es valorar a todos y respetar su forma de ver las cosas.

El terrorismo es una forma de manipulación, un mecanismo de control del ego para forzar a las personas a que se comporten de otra manera. El miedo o la ira subyacen al deseo de controlar. Cuando respondas a unas amenazas, ten claro cuáles son tus fronteras. Luego demuestra que puedes mantener la calma y permanecer centrado, actuando de una forma honorable y pacífica para el mayor bien, cualquiera sea la provocación.

Ejemplo

A un niño que está aprendiendo a caminar no se le permite comer todas las golosinas que desea, porque son malas para él, y tiene una rabieta. Su sabia madre, o su sabio padre, le explica el motivo y no permite que la explosión de rabia del niño le haga cambiar su decisión. Se le ofrece un límite claro y el adulto se mantiene tranquilo y centrado en todo momento. Pero si un niño pequeño tiene una pataleta porque está cansado y hambriento, la madre sabia o el padre sabio reconoce que debería haber respondido antes a las necesidades del niño y le ofrece amor, consuelo, descanso y la comida apropiada.

¿Qué les ocurre a los terroristas suicidas cuando mueren?

Inicialmente, entran en un plano en el que se cumplen sus expectativas. Luego se les muestra las consecuencias de sus actos. Ellos sienten la angustia de las personas a las que han matado o herido y de sus familias. Experimentan los devastadores efectos de largo plazo en el niño que se ha quedado huérfano, de la madre que ha perdido a su bebé. Después, reciben la sanación y hablan con sus guías y ángeles de cuál será la siguiente parte de su viaje. Algunos se reencarnan inmediatamente para intentar enmendar parte del horror que han causado. Otros permanecen en los planos interiores para recibir una educación espiritual antes de regresar.

¿Existe cierta diferencia espiritual entre la guerra y el terrorismo?
No. La intención de ambas cosas es controlar a otras personas o cambiar su forma de comportarse.

¿Está justificado tratar mal a los prisioneros de guerra?
No. Nunca está justificado tratar mal a nadie.

¿Por qué son los humanos tan inhumanos los unos con los otros?
En los gloriosos días de la Dorada Atlántida, en una época en la que la consciencia del planeta estaba en lo más alto, todas las criaturas de Dios se consideraban iguales. Los ciudadanos se amaban, honraban y respetaban entre ellos, así como a las plantas y a los animales. Dado que sus centros del corazón estaban completamente abiertos, ellos ponían el énfasis en los demás seres. Eso quería decir que sentían y comprendían el dolor y el sufrimiento de todos, de modo que no era posible que hicieran daño o perjudicaran a nadie o a nada.

Sin embargo, la codicia y el deseo de poder y de control empezaron a instalarse cuando la frecuencia descendió. Los corazones de la población se cerraron y las personas ya no pudieron sentir su propio dolor, ni el de los demás. Enton-

Respuestas de los ángeles

ces dejaron de honrar aquello que no comprendían o que consideraban inferior.

Algunas personas pensaron que eran mejores que los animales, e incluso que otros humanos, de manera que creyeron que tenía derecho a poseerlos o maltratarlos. Ése fue el momento en el que comenzó la inhumanidad, brotando del ego y de los corazones cerrados. En muchas sociedades «civilizadas», se considera apropiado pegar a un niño, para enseñarle así desde una edad muy temprana que la violencia es una forma aceptable de controlar a otros seres humanos. De hecho, el único camino espiritual para guiar es el del ejemplo.

Ejercicio para empezar bien el día
1. Enciende una vela cada mañana y pide a los ángeles que te ayuden a ver lo mejor en cada persona con la que te encuentres a lo largo del día.
2. Abre tus brazos e imagina que tu corazón se abre completamente.
3. Establece la intención de ser un ser humano radiante para que otros sigan tu ejemplo.

¿Cuáles son los efectos espirituales de la violencia?
Tanto la persona maltratada como el maltratador se han rebajado espiritualmente. Los sentimientos de ira, culpa, impotencia o miedo los atan inevitablemente durante varias vidas, hasta que el karma es corregido.

Mis padres solían pegarme y eso nunca me hizo ningún daño. ¿Qué tiene de malo dar unos cachetes a un niño?
Ello demuestra falsamente al niño que el uso de la violencia es una forma aceptable de salirte con la tuya o de controlar

306

a alguien más débil que tú. Tras haber asimilado la comprensión de que la fuerza bruta es poder, el niño podría convertirse en un adulto que continúa teniendo ese comportamiento. Esto inicia un ciclo kármico de maltrato, hasta que el padre o la madre y su dañado hijo o hija encuentran el respeto, la valoración y el perdón por sí mismos.

¿Por qué haría daño un niño a un animal o a otro niño?
Únicamente un niño cuyo corazón está cerrado, que no siente el dolor del otro, se comporta de esa manera. Quizás sus padres no han prestado atención a su sufrimiento, porque creen que es normal ignorar el dolor del otro. Quizás su corazón está cerrado debido a experiencias en vidas anteriores. Ciertamente, es responsabilidad de los padres mostrar amor a sus hijos, pero muchos padres también han cerrado sus emociones. Esto puede tener repercusiones durante varias vidas en las almas que se encarnan como sus hijos. Sin embargo, ahora es el momento de cambiar. Recuerda: cuando te sanas a ti mismo, influyes en generaciones anteriores y futuras.

> La hija de Megan padecía eczema. Incluso cuando era un bebé se rascaba tanto que tenía úlceras que supuraban por todo el cuerpo. Megan era una madre centrada en su corazón, cariñosa y atenta, que llevaba a la niña a todas partes para intentar encontrar una curación y algún alivio. Una clarividente le dijo que su hija tenía varias vidas anteriores con madres poco cariñosas y que, a nivel del alma, estaba tan furiosa, frustrada y herida que había desarrollado el eczema. Pero en esta vida había elegido a una madre amorosa y el eczema acabaría desapareciendo. Y eso fue lo que ocurrió. La irritación de

la piel fue desapareciendo gradualmente. La hija de Megan es ahora madre de una niña y ninguna de las dos tiene problemas de piel.

¿De dónde procede la predisposición a la violencia?
Los sentimientos de ira reprimida a los que la persona no se enfrentó en una vida están codificados genéticamente en ella cuando se reencarna. Todo el mundo llega con predisposiciones kármicas, pero las influencias de tus padres y, lo que es más importante aún, tus propias actitudes afectan profundamente a cómo te sientes y te comportas.

¿Por qué algunas personas son tan serenas?
La serenidad muestra un alma evolucionada que ha aprendido lo que es el equilibrio a lo largo de muchas vidas. Sin embargo, puedes elegir consciente y constantemente responder al estrés con alma y pedir a los ángeles que te ayuden a desarrollar la paz interior. Si haces esto con la suficiente concentración y dedicación, pronto irradiarás un aura serena y tranquila.

Ejercicio para conseguir serenidad
1. Siéntate en silencio y respira amor.
2. Piensa en la paz mientras espiras lentamente.
3. Después de algunas respiraciones, haz que tu espiración pacífica sea de un color dorado hasta que sientas que estás dentro de un huevo de serenidad.
4. Éste es un buen espacio para tomar decisiones.

¿Por qué algunos musulmanes son tan beligerantes?
Se sienten deshonrados y están intentando manipular a la gente para que los respete, al mismo tiempo que esperan

que el resto del mundo los acepte y acepte sus creencias. Al mismo tiempo, ellos no están permitiendo que los demás expresen su forma de ver las cosas. Esto no funciona, porque el respeto es algo que obtienes mediante tu comportamiento y tu energía. Su aprendizaje y su sanación consiste en reconocer y aceptar las diferencias.

¿Durante cuánto tiempo deberían las naciones recordar guerras y disputas del pasado?
Honrad a los muertos. Recordad su valor y su valentía. Perdonad y olvidad las causas y el horror de las disputas lo antes posible.

Tanto si es individualmente como si es a nivel nacional, cuanto más tiempo os aferréis a los malos recuerdos, a la traición, a los actos sucios, al dolor y al sufrimiento, más tiempo lo mantendréis vivo en vuestras psiques. Cuando mantienes algo en tu consciencia, atraes una y otra vez la misma situación o las mismas circunstancias. La manera más rápida de poner fin a la guerra y a las disputas es dejándolas ir.

Honra lo bueno que hay en una nación, en lugar de culparla por un fallo del pasado. Entonces, la gente se comportará de una forma cálida contigo. Ésa es la base de la paz entre todos los países.

¿Puede haber una paz verdadera entre Israel y Palestina? Y, ¿el mundo exterior puede ayudar?
Los que nacen en esas dos razas llevan semillas de desesperanza y desesperación, las cuales se expresan en forma de ira. Se han estado encarnando en esa situación durante generaciones, a menudo en los distintos bandos en vidas consecutivas, con la finalidad de volver a experimentar esos

miedos hasta que sus corazones deseen vivir de una forma distinta. Como todos los humanos, ellos también llevan en su interior chispas de amor y de paz.

El mundo exterior puede dejar que resuelvan sus propios dilemas sin apoyar a ninguno de los lados, lo cual los obligaría a enfrentarse a algo que está en su más profundo interior. O podría imponer restricciones. Pero ningún organismo puede imponer el cambio o la paz a los demás. Para que sea permanente, ello debe provenir del interior.

Hay un camino espiritual. Si cada palestino que está preparado para la paz bendijera a diario a los israelíes y cada israelí que está preparado para la paz hiciera lo mismo a diario por los palestinos, esas bendiciones se extenderían en forma de paz. Al mismo tiempo, si el resto del mundo dejara de juzgarlos y, en lugar de eso, bendijera continuamente a ambas partes, podría llegarse a una solución más elevada.

¿Por qué permitió Dios que una bomba nuclear cayera sobre Hiroshima?
Dios observa y solamente interviene cuando los ángeles se lo piden como resultado de una oración humana. La energía en la Tierra había caído en la degradación y en la oscuridad, y la gente tenía que aprender la lección. Ciertamente, cuando detonó la bomba nuclear, el mundo vio un reflejo de su propia oscuridad y eso conmovió a todas las partes, forzando el cambio. No obstante, el precio fue enorme, porque destrozó y esparció los cuerpos físicos, etéricos, emocionales, mentales y espirituales de las personas que murieron —algo espantoso y terrible. Nunca antes se había experimentado nada parecido en el planeta y las consecuencias fueron inimaginables.

Preguntas generales

Abundancia

¿Por qué permite Dios que algunas naciones sean ricas mientras que otras se mueren de hambre?
Dios ha ofrecido a todas las personas en la Tierra libre albedrío y, por tanto, se aparta para observar cómo manejan los humanos este don. Durante siglos, la gente ha elegido actuar con codicia y control, y los más fuertes han explotado a los débiles. Como resultado de ello, algunas naciones se han hecho ricas, sin importarles el hecho de que otras están muriéndose de hambre. Esta situación es fruto de la falta de sentimientos humanos, no por un poder superior, porque en la visión divina cada individuo es igual y abundante, y siempre lo ha sido. Ya es hora de que las personas utilicen su poder y su influencia para restablecer la igualdad.

¿Por qué algunas personas nacen ricas y otras pobres?
Cada alma elige su familia, sus relaciones y sus circunstancias antes de nacer con la finalidad de experimentar lo que necesita para crecer. Algunas tienen que comprender la

pobreza y los desafíos que ofrece, mientras que otras necesitan explorar las riquezas. La riqueza o la penuria son manifestaciones externas de elecciones espirituales. Son meras lecciones, porque vuestro núcleo divino es totalmente abundante.

¿Cuáles son las lecciones de la pobreza?
Cuando eres pobre, una de tus lecciones es valorarte, reconociendo y aceptando que tú vales, cualesquiera que sean tus circunstancias. Tu aprendizaje puede estar abierto a la consciencia de abundancia si cambias tu forma de pensar, creer y actuar. Si experimentar una vida de pobreza hace que te sientas una víctima, tu lección consiste en dominar las leyes espirituales y transformar tus creencias. O es posible que, para llegar a ser independiente, tu alma necesite entender la dependencia. Los ángeles te deleitan mientras creces pasando por tus desafíos y te liberas.

¿Cuáles son las lecciones de la riqueza?
Las riquezas materiales traen consigo lecciones de responsabilidad, pues el dinero puede usarse de una forma sabia o despilfarrando. Puede destinarse al bien superior, ser derrochado siendo demasiado indulgente con uno mismo, o utilizarse para comprar poder personal. Con frecuencia, tener una buena posición económica hace que la persona se pregunte si realmente la quieren por ella misma o por su riqueza, de manera que, al igual que la pobreza, la riqueza ofrece lecciones de valoración personal. Pone muchas tentaciones en el camino, porque una persona rica puede considerarse superior a otra, lo cual contradice las Leyes Espirituales de la Unidad. La prueba fundamental de la riqueza es mantener la pureza de corazón.

Los objetos físicos se denominan «trampas» porque atan a las personas a la riqueza material e impiden que sus almas busquen la verdad espiritual.

¿Por qué elegiría el alma que fuera pobre? No tiene sentido. Elegir nacer pobre puede parecer extraño para tu personalidad, pero tu Yo Superior juzga qué experiencia es adecuada para tu crecimiento y repasa todo el viaje de tu alma, incluidas tus vidas anteriores en la Tierra, antes de realizar esa elección.

He aquí algunas de las razones por las que tu sobrealma podría elegir la pobreza:

Quizás hayas abusado de las riquezas en otra vidas y necesites experimentar lo contrario.

Es posible que tu alma crea que el dinero es el camino a la condenación, de modo que elige la escasez.

Es posible que en vidas anteriores hayas descubierto que la riqueza te traía infelicidad.

Quizás te preguntaras si la gente te quería sólo por tu situación material.

Es posible que hayas sentido que existían demasiadas responsabilidades ligadas a las finanzas y, por tanto, decidieras tener una vida en la que no pusieras el énfasis en el oro.

Quizás tu alma valora el amor sobre las posesiones.

Pueden existir muchos motivos para elegir algo así, incluido el simple desafío: ¿Puedes ser pobre y aun así mantener tu conexión divina?

¿Por qué iba a elegir un bebé nacer, sólo para morir unos días después a causa de la pobreza o el hambre? En esos tristes casos, el alma sólo desea tocar la Tierra durante un breve período de tiempo, quizás para experimen-

tar el abrazo de una madre o para volver a conectar brevemente con un ser querido. En ocasiones, hay almas nuevas
que nunca han conocido la existencia humana y sólo pueden hacer frente a unos pocos días en vuestro plano material. En otros casos, algunas almas viejas y sabias se encarnan para traer esperanza a las masas que sufren. Sus auras
brillan como luces en la oscuridad.

¿Es realmente difícil que una persona rica vaya al cielo?
Las personas que administran sus riquezas con responsabilidad, humanidad, equidad, justicia y cuidado se encontrarán con unas puertas del cielo que están abiertas y les dan
la bienvenida.

Aquellas que manejan sus circunstancias privilegiadas
controlando o explotando a otras personas, con hedonis-
mo, despilfarrando o con una autocomplacencia descuida-
da, pasarán a las dimensiones inferiores, donde pueden repasar las consecuencias de sus actos. Luego comentarán las
lecciones que sus almas no han aprendido y elegirán otra
encarnación que les ofrezca menos tentaciones o la oportunidad de volver a enfrentarse a los mismos desafíos.

*¿Cómo es que algunas personas pasan de ricas a pobres, o de
pobres a ricas?*
Han cambiado sus creencias. Puedes generar en tu vida cualquier cosa en la que creas, porque, minuto a minuto, escri-
bes tu propia obra de teatro. Es muy sencillo. Debes concentrar tus pensamientos, palabras y actos en lo que quieres
en todo momento.

Al mantener su visión de esta manera, algunas personas pobres se convierten en ricas, aunque es posible que
ni siquiera sean conscientes de cómo lo están haciendo. Al

activar la Ley Espiritual de la Abundancia al alinearse con el sentimiento de abundancia, automáticamente atraen las recompensas. Ellas creen y, por tanto, así es.

La gran mayoría de gente pobre se mantiene en la consciencia de pobreza porque refuerza constantemente su situación con un sentimiento de inevitabilidad, de que las cosas siempre van a ser así –y, por tanto, lo son. Piensan en la escasez y creen ser víctimas.

Las que eran ricas y luego perdieron sus posesiones materiales tienen un miedo subyacente a la pérdida o una creencia en su propia falta de valía. Entonces, inconscientemente, hacen que eso ocurra en su experiencia de vida.

Es tan injusto. Yo trabajo muchísimo y no tengo dinero, y mi hermana nunca hace nada y es rica. ¿Por qué permite Dios que esto ocurra?
Dios no permite esta situación. Tú la permites. La consciencia crea karma, y tu hermana tiene la creencia de que ella se merece lo que tiene. Cambia tus creencias, tus pensamientos y tus palabras. Haz que sean de abundancia y generosidad. Actúa como si fueras próspera, bendice a tu hermana por su riqueza y observa cómo prospera tu vida.

¿Qué es la consciencia de abundancia?
La consciencia de abundancia es la creencia de que te mereces que un constante flujo de cosas buenas llegue a ti y estás abierta a recibirlas. Sabes que la abundancia ya te rodea y la atraes hacia ti.

¿Qué es la consciencia de pobreza?
La consciencia de pobreza es una creencia en la escasez, en que no hay suficiente amor, dinero, éxito, trabajo o felici-

dad para ti y en que, de todos modos, no mereces tenerlo. Esta ilusión está impidiendo avanzar a demasiadas personas. La verdad es que la abundancia te rodea. Simplemente tienes que darle la bienvenida a tu vida.

Me han dicho que fui rico en una vida anterior. ¿Eso quiere decir que ahora tengo que estar mal de dinero?
No necesariamente. Pero, al final de esa vida, rica tu alma evaluó la forma en que manejaste tu riqueza. Si adquiriste una deuda kármica, tu alma eligió pagarla en otra vida, quizás en ésta.

El karma está genéticamente codificado en tu ADN y tú lo solucionas en tu vida.

Tienes el poder de cambiar todo eso mediante una vida correcta, relajándote, concentrándote en lo positivo y teniendo pensamientos y actos de abundancia. Perdónate, decide manejar tu auténtica abundancia divina con responsabilidad y entra en el camino dorado.

¿Qué puedo hacer para ser rico?
Puedes concentrarte en tu visión sin dudas y desviaciones. Deja que tus pensamientos, tus palabras y tus actos sean de abundancia. Cree que ya eres rico y así será.

No quiero luchar para ganarme la vida. ¿Qué puedo hacer al respecto?
Deja de concentrarte en la lucha. Cualquier cosa en la que pones energía continúa estando en tu vida, de modo que, puesto que estás pensando en la batalla y las dificultades, eso es lo que has creado. Recuerda las épocas en las que las cosas fluían en tu vida y bendice esos momentos. Decide qué es lo que te hace feliz e imagina constantemente que

estás atrayendo una vida próspera haciendo lo que más te gusta. Tu hermoso futuro ya está en la mente de Dios. Tu tarea consiste en abrir la puerta y atravesar el umbral y hacerlo tuyo.

¿Cómo elige Dios a la persona que gana la lotería?
La Fuente no elige, sino que lo hace tu propio Yo-Dios. Normalmente es el resultado de buen karma acumulado de otras vidas, en cuyo caso tu alma está preparada para aceptar esa bonificación. No obstante, podría ser simplemente que tu Yo Superior desee experimentar la riqueza durante esta vida.

Conocí a un maravilloso quiromántico espiritual que me dijo que una ganancia inesperada o una gran victoria es algo kármico y que estaría indicado en la mano. También me comentó que yo no tenía esa marca, ¡de modo que nunca compré lotería! Sin embargo, la abundancia fluye desde muchas fuentes, como un lago que espera en los planos interiores para ser aprovechado.

Cuando las instituciones financieras son tan corruptas, ¿es espiritualmente correcto engañarlas?
No. Su karma es suyo. El tuyo es tuyo.

Cuando la gente dice que el dinero sólo es una energía, ¿qué quiere decir?
Cada objeto empieza siendo un pensamiento. Luego diriges ese poder mental y añades pasión, comunicación, creencia y una acción adecuada para manifestarlo. Las monedas, los billetes y los balances bancarios son un resultado tangible de este proceso, el cual utiliza tu fuerza vital o *prana*. Por

tanto, el dinero es producto de una energía utilizada de froma correcta.

Siempre he sido pobre. Mi familia también. Trabajamos muchísimo, no tenemos tiempo para el placer y nuestra ropa es de segunda mano. La vida es sencillamente una rutina desgraciada. ¿Qué tienen los ángeles que decir a eso?
La consciencia de pobreza está impidiéndote avanzar, a ti y a los demás en el planeta. Ya es hora de que dejes de concentrarte en lo que no te gusta y aceptes la abundancia que está esperando a que le des la bienvenida para entrar en tu vida.

Animales

¿Los animales tienen alma?
Sí, la tienen. Los animales se encarnan como los humanos con la finalidad de aprender y enseñar. Algunos de ellos pertenecen a un grupo de almas, de manera que cada uno de ellos forma parte de una energía mucho mayor. Las bandadas de aves o los cardúmenes de peces pequeños son ejemplos de este tipo de entidades colectivas.

¿Los animales tienen ángeles?
Cada criatura tiene a un ser de los reinos angélicos designado para cuidar de ella.

¿Es cierto que los animales blancos son especiales?
Los animales de color blanco puro, no los albinos, se encarnan para demostrar la consciencia de Cristo. Actualmen-

te hay búfalos, leones, tigres, pavos reales y otros animales blancos entre vosotros, mostrándoos silenciosamente el camino hacia la iluminación.

¿Qué es lo que hace que una persona sea cruel con los animales?
Un corazón cerrado. Envía tus plegarias al maltratador, así como a los animales que sufren, y visualiza que todos son sanados.

ORACIÓN PARA LOS ANIMALES

Ayudadme a abrir mi corazón por completo. Permitidme ser un faro de amor para los demás a través de mis pensamientos, mis palabras y mi ejemplo. Bendecid a los animales que sufren a causa de la crueldad humana y abrid los corazones de aquellos que realizan ese tipo de actos.

VISUALIZACIÓN PARA AYUDAR A LOS ANIMALES

— Imagina a un grupo de personas crueles con sus corazones cerrados con unas cadenas sujetadas con un candado.
— Imagina a todos los animales a los que han maltratado y sé consciente de la oscuridad del miedo que los rodea.
— A continuación, visualiza a unos ángeles acercándose a cada persona con una llave dorada y abriendo todos los candados.

— Visualiza sus corazones abriéndose, irradiando un amor de color rosado hacia los animales.
— Observa cómo ese amor disipa toda la oscuridad que los rodea.
— Ahora están rodeados de una luz rosada.
— Mantén la visión de los animales viviendo felices y de una forma natural entre la gente, todos queriéndose, respetándose y honrándose unos a otros.

Si no existiera la cría intensiva, ¿habría suficientes alimentos para todos?
Por supuesto que sí. Cuando los humanos trabajan con la naturaleza en lugar de intentar controlarla, hay suficiente para todos. Por ejemplo, cuando las gallinas son apreciadas y se les permite deambular libremente y picotear la tierra, ponen huevos más nutritivos, llenos de la energía del amor, lo cual alimenta al consumidor a muchos niveles. Entonces, la gente necesita menos huevos para su sustento.

Las gallinas de granja son felices, ¿no es verdad?
Los humanos tienen una extraña forma de definir a la gallina de granja: que las aves de corral estén dentro de una jaula con acceso a un patio exterior. En la práctica, las gallinas más débiles no pueden llegar hasta la puerta y nunca toman aire fresco. En su frustración, intentan hacerse daño unas a otras, y a muchas de esas bellas criaturas les cortan el pico. ¿Tú serías feliz en esas condiciones?

Recuerda que su miedo y su frustración se transfieren a sus huevos y su carne, los cuales son ingeridos por los humanos.

¿Por qué habría que bendecir la carne de cualquier animal que uno se come o el producto que sale de él?

Bendecir y apreciar los alimentos eleva su frecuencia. Crea una nutrición con una energía superior. Además, envía gratitud al alma del animal que muere, acelerando su viaje espiritual.

La siguiente oración invoca la consciencia de Cristo, que es amor incondicional, para que bendiga vuestros alimentos. Ciertamente, podéis invocar una bendición en el nombre de cualquiera de los iluminados de cualquier religión.

ORACIÓN PARA BENDECIR LOS ALIMENTOS

En el nombre de Cristo, pido que estos alimentos sean bendecidos, para que los frutos de la Tierra alimenten a mi cuerpo físico y las bendiciones alimenten a mi cuerpo espiritual. Amén.

¿Cuál es la visión angélica de la caza del zorro?

Cualquier crueldad con los animales es contraria a las leyes espirituales. Ponte en el lugar del zorro. ¿Te gustaría que te persiguieran y de desagarraran en pedazos? A los ojos de Dios, todas las criaturas son distintas, pero iguales.

¿Dios castiga a los que son crueles con los animales?

El amor jamás castiga. No obstante, bajo las Leyes Espirituales del karma, tu alma querrá experimentar lo que impone a los demás y pagarlo de alguna manera. Dependiendo de tu nivel de desarrollo espiritual, esto puede ocurrir en esta vida o en otra. Un alma evolucionada equilibra el karma al instante. Para una que es menos consciente, pueden ser necesarias varias vidas para que pague lo que les hizo a los animales.

Recuerda: la persona que atormenta será atormentada. Esto puede ser en el nivel emocional, mental, físico o espiritual, y no proviene necesariamente de la fuente original del karma. La persona que acosa será, de alguna manera y en algún momento, acosada. Los que hacen que los animales se peleen entre sí se encontrarán en conflictos. Los que dan de comer comida inadecuada, serán envenenados. Esto puede ser desde un bicho en el estómago hasta un veneno químico. Los que tienen a los animales en jaulas serán, a su vez, encarcelados.

Los humanos y los animales son aspectos de Dios, de la Unidad. No puedes hacer daño o herir a una criatura sin hacerte daño a ti mismo. Y cuando amas, respetas, cuidas o curas a cualquiera de las criaturas de Dios, esa energía regresará a ti multiplicada.

Acción para bendecir a los animales
Cada vez que veas a un animal, en la televisión o en la realidad, bendícelo en silencio con amor y aprecio.

Si sacrificas a un animal ¿adquieres karma?
Depende de la intención de la persona que toma esa decisión. Si sacrificas a un animal porque estás aburrido de él, o por motivos económicos, adquirirás una deuda kármica con ese animal. El amor jamás atrae karma, de manera que si tomas esa difícil decisión para el mayor bien del animal, sólo habrá armonía entre vuestras almas. En

el futuro, tu animal y tú os encontraréis en los planos interiores u os reencarnaréis juntos en una relación feliz y beneficiosa.

Estoy segura de que he estado antes con mi gato. ¿Es eso posible?
Sí. Si tienes un vínculo de amor con un animal en una vida, podéis escoger estar juntos en la siguiente encarnación.

¿Por qué un perro que normalmente es cariñoso de repente ataca a su amo?
Pueden existir varias razones. Un hombre bebía en un bar en el que una entidad se adhirió a él y el perro se lanzó contra el espectro, creyendo que así protegía a su amo. Si el dueño maltrató cruelmente a su animal en una vida anterior, el ataque podría ser el regreso del karma. Si el can ha sido criado y entrenado para vigilar y matar, podría regresar a su verdadera naturaleza. La pregunta, entonces, es: «¿Por qué eligió ese humano vivir con esa raza en particular?».

¿Por qué está atacando la gripe aviar a los humanos?
Las criaturas aladas están en la Tierra para enseñar lo que es la libertad y la alegría, así como para aprender a expresar su sabiduría y su vitalidad dentro de los confines de la gravedad y de un cuerpo físico. La crueldad perpetrada en ellos por la humanidad no era una parte esperada de su programa. Es de vital importancia que los humanos reconozcan lo que están haciendo a las criaturas aladas. A través de este virus gripal particular, las aves están logrando que la humanidad preste atención a su difícil situación y a su importancia.

¿Los animales resultan afectados por las vibraciones de la elevación del planeta?

Claro que sí. Ellos también están elevando su consciencia. Algunos animales están empezando a reclamar su verdadero lugar divino en la Tierra. En lo más profundo, ellos saben que todos somos uno a los ojos de Dios.

¿Por qué la gente trata tan mal a los delfines?

Los delfines son seres iluminados. Ellos demuestran el arte de estar alegres, la sabiduría y el amor. Pensar en los delfines o estar en su presencia te pone en contacto con sus cualidades especiales y empiezas a crearlas dentro de ti. Esto eleva automáticamente tu frecuencia.

Los humanos con una baja consciencia están gobernados por el miedo, el cual intenta destruir cualquier cosa que ellos no entienden. Sin embargo, no pueden matar a ninguna criatura sin el permiso de su Yo Superior. Estos bellos mamíferos se dejan atrapar y matar para llamar la atención al mundo sobre su situación y la de otros moradores del mar. Ellos tienen la esperanza de que la humanidad reflexione sobre lo que están haciendo a los océanos y cambien las cosas.

En 2005, el mundo vio cómo una ballena moría en el Támesis. ¿Cómo subió río arriba?

Fue enviada como emisaria de las ballenas para llamar la atención sobre los sónar que los humanos están utilizando bajo el agua. Esto está desorientando a las criaturas marinas y causándoles un gran sufrimiento. No pueden realizar la misión de su alma y su destino mientras los humanos contaminan sus aguas e interfieren en sus sistemas de navegación.

¿Qué ocurre espiritualmente si una especie se extingue?
Cuando la especie se retira, deja un vacío espiritual en la Tierra que jamás puede llenarse. En términos cósmicos, esto se considera algo terrible.

He oído decir que las vacas se están marchando del planeta.
¿Es cierto? Y, ¿a dónde se van?
Las vacas provienen de Lakuma, un planeta ascendido cerca de Sirio, que actualmente vibra más allá del alcance de vuestra visión. Cuando mueren, sus almas regresan allí.

Las vacas se encarnaron en un cuerpo físico para aprender a ser sólidas, fiables, amables y tranquilas. El toro era poderoso y protector, mientras que la hembra era amorosa y cariñosa. Originalmente, servían a los humanos ofreciéndoles su leche y demostrando siempre una gran capacidad para ofrecer generosamente. En respuesta, los humanos las querían y cuidaban de ellas.

Sin embargo, esto cambió y su buen carácter fue explotado.

Últimamente, las vacas dejan que la enfermedad de las vacas locas penetre en sus organismos como una protesta por la forma en que son tratadas. Finalmente, permitieron que las sacrificaran en pilas funerarias ardientes para llamar la atención sobre sus sufrimientos. Las llamas también ayudaron a purificar algunas de las vibraciones de dolor y sufrimiento que habéis inflingido al ganado durante años.

No, las vacas no quieren marcharse de la Tierra. Aquí es donde establecieron su contrato espiritual para aprender y desarrollarse, y todavía tienen mucho que hacer. No obstante, su sobrealma está explorando la posibilidad de continuar con su educación en otro sistema planetario que es más amoroso. Si toman esta decisión, será una pérdida incalculable para vuestro planeta.

ORACIÓN PARA EL GANADO

Ofrecemos amor y agradecimiento a todas las vacas que alguna vez se han encarnado, por todo lo que nos han dado y por la paciencia que han mostrado. Pedimos que los ángeles de luz lleguen a los corazones y las mentes de todos los que cuidan de ellas o ganan dinero con ellas de cualquier manera, para que sean tratadas con amor y con respeto.

¿Adónde van las almas de los animales cuando mueren?
Al igual que las almas humanas, las de los animales acaban regresando a su planeta de origen para retornar el aprendizaje que han absorbido durante su encarnación en la Tierra y para ayudar a ese planeta a desarrollarse. Antes de hacer esto, muchas pasan cierto tiempo en los planos de sanación para recuperarse de las terribles experiencias o de las enfermedades. Es posible que visiten a los que han querido y que ahora están en forma de espíritu o incluso que todavía estén vivos. Y, por supuesto, sus almas evalúan sus vidas y deciden cuál será la siguiente etapa de su viaje.

> Teníamos un dulce gatito que fue atropellado y murió. Treinta años más tarde, estaba contemplando el jardín desde la ventana y lo vi jugando con el gato atigrado de mi suegro. Estaban rodan-

do de acá para allá juntos y pasándoselo maravi-
llosamente bien. Más tarde, ese mismo día, me
enteré de que el gato del anciano había muerto un
día antes de que yo los viera, y supe que habían
venido para mostrarme que estaban bien.

¿De dónde vienen los animales?

Al igual que los humanos, los animales proceden de una
gran variedad de planetas, sistemas estelares y universos,
con la finalidad de experimentar la vida en un cuerpo físico. El objetivo de su Yo Superior es llevar su aprendizaje de
vuelta a su lugar de origen.

ORIÓN

Orión es el planeta de la iluminación. Los espíritus que son
de allí o que visitan sus establecimientos formativos son
seres iluminados. Estar cerca de una presencia así, ya sea
humana o animal, ilumina el aura y abre a las personas a
frecuencias de luz más altas.

Las siguientes criaturas son originarias de Orión:

Los osos: los osos están aquí para demostrar su poder.
Cuando son atrapados en trampas o utilizados para actuar en los circos, ellos ilustran de una forma conmovedora
cómo su autoridad y su dignidad pueden ser castradas.

La familia de los felinos: toda esta familia, incluidos los
gatos domésticos, los leones y los tigres, traen lecciones de
iluminación a la Tierra. Además, vigilan psíquicamente a
su gente. Incluso en los tiempos actuales de baja consciencia, los felinos domésticos tienen el poder de cuidar de sus
familias, protegiéndolas de las entidades negativas. En la

época en la que la gente vivía en la frecuencia de la quinta dimensión, los felinos ayudaban con sanaciones y mantenían la energía para la visión superior de las personas con las que trabajaban.

Dado que los felinos grandes tienen más poder que los pequeños, en las épocas de agitación se encarnan más para intentar que la luz se mantenga constante en la Tierra.

Las cabras: estas criaturas, que con frecuencia no son comprendidas, traen una energía superior al mundo. Ellas muestran humildad, ecología y utilización de residuos al comer ramas secas y restos de comida.

Pan, el dios de la naturaleza, se considera que tiene cuernos de cabra, los cuales representan la iluminación. Desgraciadamente, la cabeza con cuernos de la cabra ha sido denigrada en vuestra época al convertirse en la cabeza del diablo.

> Juliette de Bairacli-Levy, la herbolaria iluminada, cuenta una historia sobre su hija cuando ésta era bebé, a la cual no podía darle el pecho. Cuando una nodriza ya no pudo proporcionarle la leche, apareció una cabra. A las horas en las que tenía que alimentar a la niña, la cabra simplemente llegaba y dejaba que ésta mamara directamente de sus ubres. ¡Qué ofrenda de amor!

Los conejos: originalmente, los conejos se encarnaron para mostrar a los niños las cualidades femeninas de la suavidad y de proporcionar cariño y cuidados. Además, les enseñaban a divertirse. Los conejos pueden sanar el corazón con su sabiduría y su amor. El Yo Superior de los animales permitió que se introdujera la mixomatosis para llevar la atención inconsciente de la humanidad a las cualidades amables que estaban escaseando en la sociedad y para intentar despertar su compasión.

Las ardillas rojas: las ardillas rojas proporcionan a la humanidad una poderosa sensación de alegría y vitalidad. Ellas muestran lo que es la libertad y la felicidad. Estos seres iluminados están retirándose lentamente de la Tierra, ya que las condiciones están resultando imposibles para ellos, dejando que animales de menor frecuencia ocupen su lugar.

Las jirafas: las jirafas ofrecen dulzura, ternura, dignidad y gracia. Aunque parecen ser vulnerables, como resultado de estas características femeninas, cuando se defienden o cuando defienden a sus crías, su patada es como un puño de hierro en un guante de terciopelo.

Can mayor

Esta estrella es conocida como la estrella perro. Sirio es una de las estrellas de la constelación de Can Mayor, y Lakuma es una estrella ascendida alrededor de Sirio.

Sirio

Sirio se considera el planeta del intelecto y la racionalidad. Muchas almas que traen nuevas tecnologías o que trabajan con actividades del hemisferio izquierdo del cerebro, como las matemáticas, el derecho, la ciencia y algunos aspectos de la literatura, habrán visitado Sirio para recibir una formación antes de encarnarse. Las vibraciones de esta estrella también ofrecen sanación, la cual afecta a las actitudes, las pautas de pensamiento, las creencias y los miasmas heredados, y ayuda a traer la sabiduría de la mente superior.

Los delfines: los delfines, los sumos sacerdotes y sacerdotisas de los océanos y guardianes de la sabiduría guardan la información sagrada de la Atlántida para la humanidad. Son como ordenadores vivientes. Estos seres especiales han decidido entrar en un cuerpo físico para demostrar a vuestro mundo que existe una forma de ser más elevada. Además, recuerdan a los arrogantes que creen que los humanos son las criaturas más evolucionadas en la Tierra que hay otras que son mucho más sabias. Muchas personas que nadan con los delfines o conectan con su energía reciben el conocimiento superior y sanación.

Los pájaros: los pájaros se han encarnado desde Sirio para aprender a expresar la libertad y la alegría mientras están atrapados en un cuerpo físico. Además, están demostrando que es posible superar la gravedad y son ejemplos vivos de cómo volar.

Los albatros: estas aves sumamente poderosas representan el poder de la serenidad y la confianza. Al conservar su energía, ellos nos muestran lo que es ir con la corriente.

Las águilas: el águila simboliza el poder con majestuosidad y la capacidad de juzgar desde una perspectiva más alta y más grande.

Los colibríes: con su actividad constante, estos pájaros nos enseñan lo que es la diligencia y la ética del trabajo sin esforzarse. Ellos muestran a los humanos el uso equilibrado de la energía.

Los avestruces: estas enormes aves muestran al mundo que uno puede ser aquello que cree ser. Viajan a grandes velocidades y enseñan e ilustran el poder de la mente sobre la materia.

Los petirrojos: los petirrojos nos muestran la belleza de la naturaleza. Ellos proclaman que es posible ser territoriales, aceptando a los humanos y trabajando en asociación con ellos. La cooperación y la amabilidad son sus lecciones.

Los cisnes: estas bellas criaturas ofrecen una exposición pura de esplendor, majestuosidad, dignidad y fe.

Los gorriones: pequeños, pero fuertes, los gorriones muestran que creen en sí mismos para sobrevivir en cualquier lugar. Ellos enseñan y aprenden lo que es la simplicidad y el poder del grupo.

Los buitres: su objetivo es hacer desaparecer los desperdicios.

LAKUMA

Las vacas: las vacas se encarnan desde Lakuma, trayendo a los humanos una ofrenda de leche. Originalmente, en los tiempos en los que las vacas eran seres de muy altas frecuencias y la hierba y las hierbas de las que se alimentaban tenían una vibración hermosa, su leche era rica y perfecta para los humanos. Esto ya no es así. Ellas eligen la Tierra para encarnarse y desarrollar sus caminos espirituales por el amor y el respeto que les tenían los seres de la quinta dimensión de la Atlántida.

Los caballos: cuando los caballos se encarnaron en Lakuma para participar en el experimento de la Atlántida Dorada, eran montados a pelo y dirigidos telepáticamente. Nadie soñó con limitar su espíritu libre con una silla de montar o una brida, hasta después de la caída. Ellos ayudaban con el transporte y en los campos, pero en aquella época eran apreciados. Los caballos son criaturas de una frecuencia muy alta, que aprenden e imparten lecciones de amor y dignidad, así como de orgullo y valía.

Los ciervos: los ciervos traen cualidades de amabilidad. Ellos están aprendiendo lecciones de confianza y enseñándoos a confiar.

Los camellos y los dromedarios: estos animales son originarios de Lakuma. Ellos están aprendiendo y enseñando lo que es el servicio con resistencia y cómo usar los recursos sabiamente.

Los elefantes: estos gigantes amables, han venido desde Lakuma para aprender y enseñar lo que es la vida familiar y la estructura. Ellos exhiben los aparentes opuestos de majestuosidad y diversión, intuición y poder masculino.

MARTE

Los canguros: los canguros son centrales de energía acumulada. Son impredecibles, protectores y están llenos de energía, y nos muestran cómo usar, conservar y descargar la energía femenina.

ANIMALES DE OTROS PLANETAS

Los monos: todas las variedades de monos provienen de muchos planetas distintos, aunque bajan su frecuencia, como muchos humanos, a través de las Pléyades. Ellos se encarnan para experimentar la diversión, la vida familiar y la estructura. Están aquí para aprender lo que es la vida en la Tierra, no con el intelecto de un humano, sino con las cualidades del hemisferio derecho del cerebro de amor incondicional, aceptación, lealtad y confianza.

Los caimanes, los cocodrilos y los reptiles: todas estas criaturas proceden de un planeta que no se encuentra en esta galaxia y que tiene energía plutoniana. Ellos ilustran las cualidades-sombra de los humanos, como ser de poca confianza, el frío desapego, el sigilo y muchas otras. Os permiten sacar a la superficie vuestros miedos más profundos. Dado que os ayudan con vuestros planes ocultos, ellos aparecen en tu vida cuando estás preparado para examinar tus aspectos oscuros. Entonces lo harás, tanto si eres consciente de ello como si no.

Co-creación

¿Qué significa «co-creación»?
Co-creación es el uso de tu voluntad, respaldado por la energía universal.

Como hijos e hijas de Dios, se os proporcionó libre albedrío y poder para manifestar con vuestros pensamientos, palabras y actos. Cualquier cosa en la que eligierais concentraros estaría respaldada por la fuerza cósmica y sería traída a la vida. Se previó que vuestras aspiraciones se fusionarían con la fuerza divina para glorificar y expandir la creación de una forma asombrosa. Luego, cuando progresarais, la tecnología espiritual sería canalizada y sería utilizada para mejorar y desarrollar las vidas de todos. La co-creación es un poder que puede ser utilizado para el bien o para el mal. Muchos se han concentrado en pensamientos oscuros e iracundos que co-crean situaciones, relaciones y criaturas no deseables.

No es demasiado tarde para concentrar vuestros corazones y vuestras mentes en una visión que sea para el mayor bien de las personas y del planeta. Recuerda: cada pensamiento al que le confieres energía, crea. Tienes una inmensa oportunidad para hacer que algo maravilloso ocurra en tu mundo. La fuerza divina te apoyará.

¿Cómo puedo co-crear con Dios una vida mejor para mí?
La vida que tu corazón desea ya está ahí, en lo etérico, esperando a que tú la manifiestes, o manifiestes cualquier versión de ella que elijas, en el mundo físico.

Escucha tus dictados interiores y, cuando tengas claro lo que realmente quieres, concentra tus pensamientos, tus palabras y tu imaginación. Pide a los ángeles que le añadan su energía y actúa cuando recibas sus señales. Añade siempre estas palabras: «Que esto o algo mejor se manifieste ahora para el mayor bien de todos». Ésa es tu protección, porque, al dar por sentado que oíste correctamente la voz de tu Yo Superior, los ángeles te ayudarán con tu empresa. Si no escuchaste correctamente y lo que pides no es para tu mayor bien, estas palabras garantizarán que no se manifestará.

Ejercicio para manifestar tu mayor bien

1. Decide cómo quieres que sea tu vida. Si descubres que estás pensando en lo que no quieres, o que no te mereces eso, estás enviando mensajes mezclados al universo y bloqueando tus esperanzas.
2. Anota por escrito exactamente lo que deseas co-crear. Asegúrate de que cada palabra que usas sea positiva y esté en el tiempo presente. Cuanta más claridad tengas, mejor. Recuerda que debes añadir al final: «Que esto o algo mejor se manifieste ahora para el mayor bien de todos».
3. A continuación, visualízalo como si ya hubiera llegado a tu vida. Recuerda: el universo es completamente imparcial. Puedes tener cualquier cosa que creas que te mereces. Lo único que te impide recibir toda la abundancia de lo que tu corazón desea es tu propia valoración de ti mismo.
4. Da gracias a los ángeles por haberte ayudado a hacer que se produzca.
5. Esto activa el poder de la fe.
6. Cuanto más preparado estés mental, emocional, física y espiritualmente para vivir tu sueño, más rápidamente llegará a tu vida.

Ejercicio de dibujo para manifestar tu mayor bien

La escritura utiliza el hemisferio izquierdo del cerebro. Cuando dibujas, usas el hemisferio derecho, de modo que si, además de escribir como lo hiciste en el ejercicio anterior, ilustras lo que quieres, ello se asegura de que el ordenador de tu mente te esté ayudando a crear tu visión.

Cuando hayas terminado tu dibujo, con todos los detalles que quieras, dibuja un globo de color rosa a su alrededor. A continuación, imagina que lo sueltas para que pueda irse volando al universo. Debes soltar tu visión para que los ángeles puedan proporcionarle energía.

¿Y si mi deseo no se manifiesta?

Si no se manifiesta, es porque no era para tu mayor bien, o porque no estabas preparado, o porque no creíste verdaderamente que iba a ocurrir.

Si se esperaba que los seres humanos expandieran la creación de Dios, ¿es que no era perfecta ya?

La creación de Dios es, y siempre ha sido, perfecta. La mente divina ve todas las cosas, en todo momento.

La expansión, divinamente prevista, era de la experiencia. Los padres tienen hijos que salen al mundo y traen de vuelta su nueva comprensión de las cosas para enriquecer y expandir la familia, del mismo modo que la vida de cada persona realza la Fuente. Como es arriba, así es abajo.

¿Los humanos tienen derecho a interferir en la creación de Dios?

Tenéis libre albedrío para co-crear. No obstante, esto no os da derecho a interferir con el anteproyecto genético divino de vuestra propia forma o de otras formas de vida.

He oído hablar mucho del servicio cósmico de pedidos. ¿Eso es la co-creación?

Sí, es otra manera de describir el poder de manifestación con lo divino.

Imagina que el cosmos es un inmenso almacén. Puedes pedir cualquier cosa que quieras y te será enviada, siempre y cuando tengas el dinero para pagarla. El secreto es tener el dinero correcto, lo cual, en el caso de un pedido cósmico, es la vibración de tus pensamientos y tus emociones. Debes asegurarte de que estás preparado emocionalmente para recibir lo que has pedido. ¿Tus pensamientos son positivos en un cien por cien? ¿Puedes imaginarte teniendo eso en tu vida? ¿Eso te mejorará? ¿Podrás arreglártelas con eso? ¿Tu familia y tus amigos te ayudarán? ¿Estás preparado para realizar los cambios necesarios para tener cabida para eso? Si las respuestas a estas preguntas son afirmativas, espera que se produzcan milagros.

Manifesté un automóvil nuevo con el que llevaba siglos soñando, pero me lo robaron poco después. ¿Por qué?

Tu creencia de que en realidad no te merecías ese automóvil nuevo atrajo al ladrón que lo robó. Eso hizo que prestaras atención a tus pensamientos limitadores.

> Mi abuela tenía una placa en la pared de su cocina que ponía: «No tiene sentido tener ideas de Rolls Royce si tus ingresos son de bicicleta». De hecho, soñar despierto pone en marcha el proceso de manifestación. Después de eso, debes creer que puede ocurrir, lo cual significa cambiar tu consciencia para convertirla en la consciencia de alguien que posee una limusina. Así que piensa en tener

un coche especial, habla como si ya lo tuvieras y, por último, actúa como si lo tuvieras. Luego observa al universo en busca de pistas sobre cómo te llegará. En cuanto estés preparado psíquicamente, estará de camino.

Atrajimos la casa de nuestros sueños y se la encargamos al universo. Fue bastante extraño, porque encontramos exactamente la casa que habíamos visualizado y nos mudamos a ella hace dos años. Ahora estamos teniendo problemas para pagar la hipoteca. ¿Qué es lo que ha salido mal?
Ya sabes que puedes manifestar. ¡Ahora tienes que aplicar los mismos principios a tu economía! Decide cuánto necesitas. Haz un dibujo tal como quieres que sea del extracto de tu cuenta bancaria. Deja que el universo decida cómo va a ocurrir, porque hay muchos canales de prosperidad que puedes traer a tu vida. Simplemente, concéntrate en el resultado final.

Recuerda que cualquier duda que tengas es particularmente dañina. Cualquier declaración como, «¡No nos lo podemos permitir!», cerrará los canales de la prosperidad. Debes mantener y afirmar tu visión en todo momento. Entonces, la cantidad de dinero que necesitas para pagar tu hipoteca siempre estará ahí.

Quiero co-crear un centro de sanación y tengo una imagen clara de él en mi mente. Incluso he visto el edificio que deseo para el centro, pero, ¿cómo sé que eso es realmente lo adecuado para mí?
¡Tu visión está demasiado borrosa! El hecho de que plantees esta pregunta sugiere que tienes dudas de que ése sea el paso

que debes dar. Medita a diario hasta que realmente tengas claro qué es lo adecuado para ti. Si no lo es, deja ir la idea para que pueda surgir algo nuevo.

Mi vida siempre está cambiando. Decido que algo es realmente lo adecuado para mí y me dedico a ello al cien por cien. Luego, después de unos años, ya no me cautiva y hay otra cosa que me entusiasma. ¿Soy una bala perdida o hay una finalidad en esto?

Tu alma tiene una visión para ti. Sin embargo, necesitas tener una experiencia variada y dominar varias etapas antes de que estés preparado. Es bueno que sigas tu intuición. Actualmente, el universo te está ayudando a co-crear situaciones de las que necesitas aprender. Cuando sea el momento correcto, se te animará a seguir el camino divino correcto y entonces sentirás que estás estable.

Desastres

¿Por qué permite Dios que ocurran desastres?

Dios no lo hace. Los desastres son el resultado natural del karma humano colectivo. Tras haberos proporcionado libre albedrío para amar o destruir, Dios se hace a un lado y observa vuestros actos.

¿Por qué ocurrió el 11 de septiembre, las Torres Gemelas?

Ese horror fue predicho hace cientos de años por Nostradamus, si la humanidad no cambiaba su forma de comportarse. Existen muchos motivos por los que eso ocurrió.

Los seres humanos han creado un mundo en el que existen desigualdades entre la gente, aunque en lo más profundo sabéis que todos son iguales a ojos de Dios. La codicia humana y el deseo de control han creado algunas personas que tienen riquezas materiales, a menudo obtenidas con el trabajo de quienes no tienen nada. Los pobres se sienten, inevitablemente, furiosos y frustrados. Esto es así particularmente si ellos se perciben a sí mismos como buenas personas, trabajadoras, mientras que los poco ricos son indulgentes consigo mismos y posiblemente tienen unas vidas hedonistas.

La ira de estas víctimas se enciende cuando se sienten explotadas, cuando son obligadas a pagar unos intereses abusivos o cuando su sustento se ve amenazado por unas restricciones excesivas al comercio. Cuando un ser humano o un animal se siente enjaulado e impotente, muestra rabia, y esa furia se expresará de una forma violenta, especialmente por aquellos que tienen una consciencia más baja.

Ciertamente, la violencia nunca es el verdadero camino divino y la jerarquía espiritual no lo aprueba. No obstante, los ángeles sienten una enorme compasión por los oprimidos.

¿Hay otra manera de conseguir la igualdad, que no sea la violencia?
Gandhi se encarnó para demostrar a la humanidad que existe otra manera. La no violencia es una gran aspiración espiritual. Conlleva su tiempo, pero el respeto que engendra acaba provocando el cambio y la comprensión mutua.

¿Por qué tuvo lugar el desastre de Aberfan en 1966?
Ese terrible desastre todavía se recuerda claramente. Los residuos de carbón de la montaña que estaba encima del

pueblo de Aberfan, en Gales, se deslizaron por la ladera, enterrando a la escuela local. La causa física fue el agua de un manantial subterráneo y la fuerte lluvia, los cuales liberaron los residuos del carbón. El motivo espiritual fue la violación de los recursos de la Tierra y la eliminación negligente de los residuos, junto con las emociones de la gente de la región, que llevaban mucho tiempo contenidas. Esto llamó la atención sobre la importancia de vuestros hijos y vuestras familias, y sirvió como advertencia a los gobiernos de todo el mundo de que debían cuidar la Tierra y mantener a salvo a la gente.

En este caso, la tragedia precipitó la acción y se aprobó una ley en el Reino Unido para impedir que los vertederos abandonados fueran un peligro para el público. Enviamos todas nuestras bendiciones a esos niños y a sus familias.

¿Por qué se hundió el Titanic?

La energía que se usó para construir y lanzar el *Titanic* fue una energía de arrogancia. Su finalidad era conquistar los mares, sin respeto o humildad. El agua es una energía poderosa, y es importante que los humanos aprendan a honrarla y a trabajar con ella. Muchas almas dieron sus vidas para llevar la atención del mundo hacia esta lección.

¿Por qué algunas personas eligen vivir sobre las fallas de la Tierra?

A algunas personas, consciente o inconscientemente, les gusta vivir en el límite y buscan la incertidumbre, el drama y la aventura. Esas almas se sienten atraídas a vivir sobre las fallas.

¿Por qué se siguen produciendo tragedias de matanzas con armas?

Son el resultado de una agresividad y una ira humanas fuera de control, unidas a la oportunidad letal que ofrecen las armas. Ha ocurrido una serie de tragedias terribles en las que varios niños han sido asesinados salvajemente. Normalmente, esas almas han aceptado morir de esa manera para poder concentrar las mentes de las personas en el peligro que representan las armas de fuego. Actualmente, en ciertas partes del mundo, las masas no están escuchando. Están eligiendo el miedo en lugar de la paz.

¿Por qué se produjo una matanza en la comunidad Amish, que cree en la paz y la prédica?

Simplemente creían que el mundo exterior es peligroso. Esta creencia en el mal atrajo la matanza. Lo más importante es que hablar de paz no es lo mismo que sentirla. El miedo y el descontento abren las puertas al terror. Esos horribles asesinatos tienen una perspectiva más elevada, porque la comunidad quería poner a prueba su fe y su determinación sobre el perdón. Al mismo tiempo, la concentración en la tragedia atrajo la atención del mundo sofisticado hacia una forma de vida más sencilla.

Desastres naturales

¿Cuál es la razón metafísica de las inundaciones?

Las lágrimas dejan fluir la pena del organismo humano. El agua, que es un purificador cósmico, baña al planeta. Una inundación en tu casa indica que es hora de hacer frente a problemas emocionales no resueltos y posiblemente no reconocidos, y liberarlos. Una gran inundación sugiere que hay mucho dolor y otras formas de negatividad en la zona, que necesita ser limpiada y sanada.

¿Cuál es el motivo espiritual de la inundación de Nueva Orleans?

Hay una serie de motivos espirituales para esa devastación.

En el sur profundo de Estados Unidos, Nueva Orleans tiene las cicatrices de la violación, el dolor, la inhumanidad y el odio de la esclavitud. Las lecciones no se han aprendido, de modo que la inundación sirvió a la finalidad de llamar la atención del mundo sobre el hecho de que todavía hay negros pobres y blancos ricos viviendo ahí.

Nueva Orleans era una ciudad hedonista, a la que se sentían atraídas muchas personas que buscaban la gratificación egoísta. La pasión, la alegría, la creatividad y la expresión del jazz de la ciudad de las que tenía fama no bastaban para equilibrar el karma creado durante siglos.

Cuando un individuo es poderoso, egocéntrico y sólo proporciona ayuda, sin recibir nunca nada, está fuera de equilibrio. Lo mismo ocurre con los países y las naciones. Era hora de que los fuertes experimentaran la vulnerabilidad.

Por último, cuando los niños crecen, no deberían seguir dependiendo ciegamente de sus padres empobrecidos para obtener su sustento, y lo mismo ocurre con los gobiernos en bancarrota y sus regiones. Tenéis que aspirar a la autosuficiencia.

¿Por qué ocurrió el tsunami?

El Consejo Intergaláctico empezó a planear este acto de purificación particular hace mucho tiempo. Enviaron una invitación cósmica a los universos para que las almas se encarnaran en una misión de limpieza y sanación en la Tierra. Miles de ellos, al reconocer esta gran oportunidad de servicio, respondieron y, como era de esperar, se encarnaron. Para algunas, esto ofrecía la oportunidad de despejar el karma terrestre; para otras constituyó una promoción espiritual y para unas pocas fue la bendición de experimentar la vida en vuestro planeta durante un breve período. Estas almas especiales aceptaron incorporar a sus campos de energía la negatividad de la lujuria, la codicia, la lucha por el poder, la consciencia de pobreza, etc., que había en la Tierra. En el momento predestinado, el 26 de diciembre de 2004, se reunieron en lugares específicos. Y ese día, una gran ola, magnificada por la Luna llena, se elevó desde los océanos para crear un gran tsunami, llevándose a todas esas personas juntas a la luz y llevándose consigo todas las toxinas. Solamente los que estaban predestinados a morir en ese desastre lo hicieron, y había millones de ángeles esperándolos para darles la bienvenida.

Puesto que muchos de ellos provenían de países más ricos, el mundo entero observó lo que estaba ocurriendo y los corazones se abrieron con compasión, amor, empatía, cooperación, generosidad o el deseo de ayudar. Las vidas de miles de personas más fueron devastadas, al mismo tiempo que experimentaban, aprendían lecciones, pagaban su karma y practicaban la valentía, el altruismo y muchas buenas cualidades.

Ciertamente, la perspectiva espiritual no reduce el horror, la pena y la pérdida que sintieron los seres queridos de esas personas y todo el mundo en el planeta, pero el tsunami cambió más cosas que a las personas y los países directamente afectados. Dado que las víctimas provenían de tantos países, se ofrecieron millones de plegarias sinceras en todas partes del mundo. Éstas se elevaron como una nube, permitiendo que llegara la intercesión desde los reinos superiores. Se os pide que continuéis rezando por vuestro planeta, por las personas y por la naturaleza, como nunca antes lo habíais hecho, porque la Tierra todavía está pasando por su crisis de sanación.

Una situación similar tuvo lugar cuando la princesa Diana murió. El mundo se centró en su pérdida y se produjo una gran pena. Como resultado de las plegarias colectivas y el amor dirigido hacia ella, su espíritu fue capaz de llevarse una gran cantidad energía negativa hacia su luz para que fuera transmutada.

> Una participante en un curso se me acercó para decirme que su hijo había estado en Tailandia con un amigo cuando ocurrió el tsunami. Él sobrevivió, pero su compañero murió. Su hijo pasó cinco días peinando la zona en busca de su compañero y, finalmente, lo encontró. Entonces llevó el cadáver a casa y se lo entregó a sus padres.
>
> Un año más tarde, el hijo de esta mujer estaba enfermo y con muchos achaques y dolores. Ella quería saber si era probable que eso estuviera relacionado y qué le podía decir a su hijo.
>
> Ciertamente, es muy probable que estuviera relacionado. Su hijo pasó por un trauma terrible y el impacto emocional precisa tiempo para pasar por el cuerpo físico. No obstante, podría ayudar que el chico supiera que su compañero que murió tenía un contrato de su alma desde antes de nacer: morir en el tsunami. Por otro lado, el hijo de esta mujer tenía un contrato de su alma de sobrevivir al maremoto y servir a su amigo y a la familia de

éste trayendo su cuerpo de vuelta a casa. Lo hizo de una forma admirable y no hay necesidad de sentir ninguna culpa. Su amigo está donde necesita estar.

¿Los animales formaron parte de la limpieza del tsunami?
La mayoría de los animales, que todavía están en sintonía con la naturaleza, hicieron caso a las sutiles señales de advertencia del tsunami y desaparecieron, partiendo a las tierras más altas, de modo que solamente aquellos que estaban preparados para morir lo hicieron. Los animales no formaban parte de la limpieza porque ellos no eran los que creaban la energía negativa que estaba siendo transmutada.

¿Los animales también estaban aprendiendo lecciones?
Algunos de ellos sí, pero muchos animales estaban sirviéndoos, o enseñándoos cosas.

> Desde Phuket, Tailandia, se informó de una historia sobre algunos elefantes que estaban muy agitados y revoltosos unos veinte minutos antes de que llegara la primera ola del tsunami. Cuatro de ellos, que acababan de regresar de un viaje y todavía no habían sido encadenados, ayudaron a otros cinco a romper sus cadenas. Luego, todos subieron por una montaña y empezaron a bramar. Al darse cuenta de que algo malo estaba ocurriendo, muchas personas los siguieron y se alejaron del peligro cuando las olas llegaron. En cuanto el agua descendió, los animales corrieron hacia abajo desde las alturas y empezaron a recoger niños con sus trompas. Volvieron a correr hacia arriba con ellos. Cuando todos los niños fueron resca-

tados, empezaron a ayudar a los adultos. Después de salvar a cuarenta y dos personas, las extraordinarias criaturas regresaron a la playa y llevaron a cuatro cuerpos hasta arriba. No permitieron que sus cuidadores los montaran hasta haber completado esta tarea, y entonces empezaron a mover los restos.

¿Por qué están teniendo lugar unos terremotos tan devastadores?

Cuando alguien tiembla, libera el miedo desde su interior. Cuando el miedo es contenido dentro de la tierra y penetra profundamente en las rocas y los estratos más profundos del planeta, la tierra tiembla, literalmente, soltando el miedo. Al mismo tiempo, esto causa sufrimiento, confusión y destrucción para todas las personas que están en la zona. En el nivel espiritual, solamente las almas que se apuntan para ser afectadas por el desastre estarán en ese lugar en ese momento.

Algunas personas absorberán parte de ese miedo hacia su esencia y morirán con él para liberar la energía del planeta. Esto puede ser un tema kármico o un servicio espiritual del más alto orden. Otras también tomarán decisiones valientes: experimentar el sufrimiento y la pérdida, la pérdida del hogar, el caos, el desamparo, la vulnerabilidad y la impotencia. Algunas almas desean poner a prueba su fe y otras tendrán la oportunidad de mostrar valentía, compasión o empatía, o de ofrecer sanación.

¿Por qué ocurren desastres en las minas?

La Tierra es vuestra madre y, cuando entráis en ella, debéis honrarla y respetarla. Los humanos han saqueado a la Madre Tierra durante siglos. La han contaminado con sustancias químicas y negatividad. Cuando ella se siente violada o agotada por las exigencias que le hacen, se derrumba. Ése es el motivo espiritual de los desastres en las minas.

¿Cuál es la razón espiritual de que se produzcan huracanes?
El elemento aire tiene que ver con la comunicación. Los huracanes, los vientos huracanados o los tornados existen para recordar a los humanos de todas partes que deben comunicarse unos con otros y con la naturaleza. El viento sopla llevándose a las telarañas, despeja la mente y permite que entren nuevos pensamientos. Los vientos destructivos existen para recordaros que debéis cambiar vuestras creencias y purificar vuestras mentes. Cuando toda una zona es devastada por el poder del aire, el mensaje espiritual es que es necesario un cambio de actitud colectivo.

¿Por qué ocurren los incendios?
El fuego es un poder limpiador que surge cuando hay ira guardada en lo más profundo. Crea el espacio para la transformación. Todos los incendios, desde los forestales hasta los incendios en casas o automóviles, transmutan la energía negativa. El horror y la pérdida que padecen las personas y los animales como resultado de ello es trágico, pero es parte de una limpieza kármica para todos los implicados.

¿Existe una razón metafísica para la existencia de un volcán?
Si un humano tiene un furúnculo, éste se libera con pus y libera venenos físicos, así como una acumulación de la toxina de la ira. Un volcán realiza el mismo servicio para el planeta. El fuego limpia y purifica la zona a muchos niveles.

¿Qué es lo mejor que puede hacer la persona media cuando oye hablar de un desastre?

Si existe una acción directa que puedas realizar, como ofrecer tu tiempo, tu dinero o tu experiencia para ayudar, hazlo.

Si no tienes los medios o no te sientes llamado a actuar, enciende una vela y reza por las almas de las personas afectadas. Visualízalas pasando al otro mundo con facilidad. La oración es increíblemente poderosa, mucho más de lo que la gente cree. Puede servir de ayuda a los que están muriendo porque ayuda a proporcionar una ola de luz, y puede atraer a más ángeles para que apoyen y envuelvan a los que necesitan amor o sanación.

Las oraciones de agradecimiento por la misión especial que los participantes han realizado también ayudan, porque aportan su energía del alma y, al mismo tiempo, atraen más abundancia hacia la Tierra.

VISUALIZACIÓN
PARA AYUDAR A LAS VÍCTIMAS DE DESASTRES

— Enciende una vela.
— Visualiza una luz dorada derramándose sobre la zona afectada y a las almas de los que están muriendo elevándose a través de la luz con sus ángeles a su lado.
— Imagina que los ángeles envuelven, sanan y ayudan a todos los que están heridos, traumatizados o que necesitan ayuda material.

La energía que envíes permitirá que más ayuda espiritual se encamine a la región y a las personas necesitadas.

¿Los ángeles se reúnen para ayudar en el lugar del desastre?
Muchos ángeles se congregan en el lugar de los grandes desastres para ayudar a los que sufren. Crean una inmensa luz para guiar a los espíritus de los muertos en su viaje, y se reúnen para prepararles una bienvenida en el otro lado.

¿Cuáles son las lecciones de un desastre?
Existen muchas y muy variadas lecciones. Estáis en la Tierra para aprender cosas sobre los diversos aspectos del amor, de modo que una catástrofe ofrece oportunidades para el servicio desinteresado, la valentía, la devoción, la fortaleza, la generosidad, la compasión y muchas otras cualidades. Incluso permite que las personas usen su criterio y su discernimiento sobre a quién dar dinero o a quién ayudar. Los que sufren han tenido experiencias demoledoras de pérdida, lo cual a veces los lleva a una búsqueda espiritual o pone a prueba su fe.

Una lección es separarte de la emoción del desastre. A muchas personas esto les resulta muy difícil, pero el desapego te permite transmitir luz espiritual pura a la escena, y eso puede ayudar más de lo que eres capaz de entender.

¿Por qué mueren tantos niños en los desastres?
Las almas de los niños se ofrecen voluntarias a morir en un desastre por varios motivos. Físicamente, ellos son vulnerables y débiles, de modo que son menos capaces de hacer frente a las situaciones. Lo más importante es que esas tragedias son llamadas a despertar. La inocencia pura de los niños llega a los corazones de las masas y fuerza el cam-

bio de una manera que la muerte de un adulto no lo hace. Cuando el alma de un niño sólo necesita una experiencia breve en la Tierra, puede ofrecerse a formar parte de un suceso colectivo que afectará tanto a la humanidad que implicará la acción. La mejor manera en que puedes honrar la vida de uno de esos niños es trabajando para el cambio, si puedes, y si no puedes, usando el poder de tus visualizaciones para ver el defecto que se torna perfecto.

¿Por qué yo? ¿Por qué se dañó mi casa? ¿Por qué salió herido mi ser querido? ¿Por qué estuve ahí para experimentar ese horror?
Porque tu alma ordenó que tuvieras esa experiencia y que aprendieras de ella.

¿Por qué mi vecino, que es una mala persona, no resultó afectado?
Porque, o bien no era el karma de tu vecino, o bien no era el momento adecuado para que tu vecino aprendiera esas lecciones. Bendice a tu vecino.

Sueños

¿Los sueños tienen una finalidad espiritual?
Sí, los sueños actúan como un puente entre la vida de tu espíritu y tu vida física. Algunos de ellos transmiten mensajes de tu mente inconsciente a tu percepción consciente. Otros permiten conexiones con los reinos angélicos u otros aspectos de los planos superiores, con lo que te aportan enseñanzas, sanación o consuelo.

¿Existen diferentes tipos de sueños?

Sí, pero la mayoría de los sueños son mensajes codificados de tu alma para ayudarte a hacer frente a tu vida diaria. Las pesadillas y los sueños recurrentes entran en esta categoría. También hay sueños psíquicos, los cuales son, en realidad, viajes astrales, en los que tu espíritu vuela libremente fuera de tu cuerpo. Éstos incluyen encuentros en los planos interiores, la recepción de información sobre el futuro y sueños sobre vidas anteriores. Luego están los sueños espirituales. Éstos incluyen visiones, encuentros con ángeles o con maestros, y la recepción de símbolos o mensajes de Seres más elevados.

¿Cómo sé si un sueño es en realidad un sueño psíquico?

Normalmente, un sueño psíquico es muy vívido y te despiertas sintiendo que ha ocurrido en realidad. No se desvanece como un sueño normal.

¿Cómo reconozco un sueño espiritual?

Simplemente lo sabes. No tienes ninguna duda.

¿Por qué está codificado el mensaje en un sueño?

La información proveniente de tu alma suele estar relacionada con las emociones. Los humanos reprimen o niegan sus sentimientos porque no pueden o no quieren enfrentarse a ellos en ese momento. Los empujan hasta la mente inconsciente, la cual está sellada para la mente consciente por el censor crítico. Cuando tu Yo Superior quiere atraer a tu estado subyacente hasta tu percepción consciente, intenta pasar por encima del censor convirtiendo el mensaje o los sentimientos en una historia, un juego de palabras o una metáfora, que luego puedes descifrar.

¿Cómo puedo interpretar mis sueños?

Recuerda que cada parte del sueño es un aspecto de ti, con un mensaje que quiere que escuches. Cuando escuches, oigas y reconozcas cada parte, estarás de camino hacia la comprensión de ti mismo y el crecimiento espiritual.

Ejemplo

Si analizas la historia de un sueño en el que una piedra, un perro y una persona que llora tienen un papel, todos ellos están representando aspectos de tu personalidad. Para comprender el mensaje, cierra los ojos y repasa las escenas en tu mente. Luego habla contigo mismo como si tú fueras cada una de las imágenes. Debes ser la piedra y expresar cómo te sientes y qué necesitas cuando eres la piedra. Puedes decir: «Siento que todos me están pisando sin darse cuenta de que estoy ahí. Eso me duele y estoy enfadado. Necesito ser reconocido y percibido». O, «Soy afilado y duro. Hago daño a la gente y quisiera ser más suave. Necesito ser más amable y cariñoso conmigo mismo». El perro podría sentirse feliz, triste, despreocupado, apaleado o ansioso, y está expresando algo importante sobre ti. Y la persona que llora está disgustada, se siente culpable, está asustada, triste, dolida, enfadada o tiene alguna otra de las muchas emociones. Una vez más, sus deseos más profundos deben ser satisfechos.

Y, puesto que todas ellas son distintas partes de ti, sólo tú puedes escuchar a tu sueño, reconocer tus sentimientos y satisfacer tus anhelos. Nadie puede hacerlo por ti. Pero, en cuanto te sanes a ti mismo, los demás se comportarán de una forma más positiva y afirmativa contigo. Los sueños ofrecen una manera maravillosa de aprender sobre ti y crean armonía y equilibrio entre tus diferentes personalidades.

¿Los sueños pueden ayudarme a resolver mis conflictos internos?

Sí. En cuanto tu personalidad esté preparada para resolver un conflicto interno, tu mente inconsciente te presentará un sueño, el cual te permitirá encontrar la respuesta.

Ejercicio para trabajar con las personalidades internas en conflicto:

1. Cuando despiertes, repasa tu sueño con tu mente.
2. Colócate como el mediador.
3. Es posible que necesites que tu ángel, o una figura a la que respetes, como Jesús, Mahoma o Buda, te acompañe y mantenga a las diferentes personalidades que hay dentro de ti, protegidas unas de las otras.
4. Como mediador, habla con las personas de tu sueño, averigua lo que necesitan y lo que quieren decirse unas a otras.
5. Negocia un contrato de comportamiento con ellas.
6. Visualízalas dándose la mano y sonriendo, listas para trabajar en cooperación.

¿Puedo recibir en sueños las respuestas a mis dilemas?

Sí. Pide a los ángeles que te proporcionen un sueño que contenga la solución para el mayor bien de todos. No obstante, cuando recuerdes e interpretes el sueño, debes actuar de acuerdo con la orientación recibida. Si no lo haces, el universo dará por sentado que en realidad no te tomas en serio tus aspiraciones espirituales.

> De una forma bastante inconsciente, estuve prestándole mucho dinero a una amiga a lo largo de los años y ella nunca pudo devolvérmelo. Como

vi que estaba desesperada, le pagué por adelantado un trabajo que ella tenía que hacer para mí. Ella tomó el dinero y luego me dijo que no tenía el tiempo ni la energía para hacer ese trabajo, ¡y que añadiría esa suma a su deuda! Me sentí enfadada y engañada, y supe que esos sentimientos me estaban atando a ella. Mi dilema era: ¿debería insistir en que me pagara, lo cual sería un gran problema para ella, o debía romper la cadena y liberarla de la deuda? ¿Qué era lo espiritualmente correcto? ¿Qué acto enviaría el mensaje correcto al universo? Yo pensaba que le prestaba dinero por compasión, pero, ¿no estaba, en realidad, creando una situación de víctima-perpetrador?

Pedía a los ángeles que me concedieran un sueño que llevara implícita la orientación que necesitaba. Por la mañana, esto fue lo que soñé: «coloqué una pila de ladrillos en la sala de estar de mi vecina. Me di cuenta de que debía retirarlos».

Interpreté esto como. «Debo llevarme la carga de la deuda que yo he colocado sobre mi amiga», de modo que le escribí comentando que la liberaba. ¡Y di gracias a los ángeles por haberme dado esta valiosa lección!

¿Qué puedo hacer para recordar mis sueños?

En cuanto empieces a interesarte por los sueños y te des cuenta del verdadero significado y la importancia que tienen, el recuerdo de tus sueños será más fuerte.

Explicar tus sueños a otras personas te permitirá recordarlos con más frecuencia.

Anótalos. Deja un bolígrafo y un papel junto a tu cama para decirle a tu mente inconsciente que deseas trasladar tus sueños a tu consciencia.

Recuérdate claramente que pretendes hacerlo.

El agua es el elemento de los sueños. Bebe un vaso de agua antes de irte a dormir.

Come ligero, temprano, al anochecer. Las comidas pesadas que se ingieren tarde bloquean las aspiraciones espirituales.

Cuando pongas la cabeza sobre la almohada, pide a tus ángeles que te ayuden con tu trabajo por la noche.

¿Alguien puede interpretar los sueños de otra persona?

Sí y no. Algunas personas están muy dotadas psíquicamente y pueden sintonizar con el significado de los sueños de otras. Aunque algunos de ellos parecen ser muy claros y obvios, todos percibís las cosas de distintas maneras. La mayoría de la gente proyecta sus propias ideas y creencias en los sueños que le presentan. Es más seguro animar al soñador a encontrar su propio mensaje.

Ejemplo

Dos personas sueñan que un canguro está saltando por el desierto. Para una de ellas, este animal significa que es capaz de dar saltos con rapidez y entusiasmo, y el desierto es un lugar plano en el que no hay impedimentos. Este sueño es un mensaje de que su vida o su trabajo está avanzando con rapidez, con energía y fácilmente, y de que no hay nada que esté bloqueando su camino. Para la otra, el canguro es una especie extraña y el desierto es un lugar inhóspito y vacío. Para esa persona, el sueño tiene que ver con sentirse diferente, aislada y sola.

Solamente la persona puede traducir sus propios sueños.

¿Algunos símbolos de los sueños tienen el mismo significado para todos?

Sí, algunos símbolos tienen un significado universal. Al mismo tiempo, es importante que compruebes internamente lo que el símbolo significa para ti.

Conozco a dos terapeutas que trabajan con los sueños. ¿Cómo sé a cuál acudir, si ambos trabajan de una manera tan distinta?

Deja que tu intuición te ayude a decidir cuál es el correcto para ti. Pero recuerda que tu alma quiere que aprendas tus lecciones y crezcas espiritualmente, de modo que te concederá los sueños perfectos del tipo con el que tu terapeuta elegido podrá trabajar.

Solamente sueño cuando estoy de vacaciones. ¿Por qué?

Sueñas todas las noches, pero sólo recuerdas tus sueños cuando tu vida, y especialmente tu mente, está más relajada.

Siempre que voy de vacaciones tengo pesadillas. ¿Por qué?

Si tu vida es muy ajetreada y activa, probablemente no recuerdas tus sueños o sólo recuerdas aquellos que están relacionados con tus situaciones cotidianas. Sin embargo, cuando te relajas durante las vacaciones y tienes tiempo para examinarlos, tu alma aprovecha la oportunidad para empujar tus miedos y creencias inconscientes hacia tu consciencia. Estas energías reprimidas han estado impulsando tus reacciones, a menudo de una forma inapropiada, de modo que es de vital importancia que las pongas por escrito y explores su significado.

¿Cuál es la finalidad de las pesadillas y por qué las tienen las personas? ¿Qué puede uno hacer al respecto?

Una pesadilla revela a la mente consciente los sentimientos temerosos y desagradables que a menudo se han reprimido durante demasiado tiempo. Estas emociones sobre un incidente o una situación que tuvo lugar anteriormente en tu vida adulta, en tu infancia o en una vida anterior están encerradas dentro de ti. En el momento original, eras demasiado vulnerable o indefensa para enfrentarte a lo que estaba ocurriendo. Sin embargo, siempre que las emociones bloqueadas se desencadenan, se expresan a través de una pesadilla. Con frecuencia, es de gran ayuda revivirla mientras imaginas que tienes el poder de enfrentarte a la situación. Luego puedes resolver los sentimientos de una forma que no pudiste hacerlo cuando eras tan vulnerable.

Una pesadilla recurrente indica que una emoción ha estado reprimida dentro de ti durante mucho tiempo y está pidiendo a gritos ser liberada.

Un sueño aterrador también puede ser consecuencia de un encuentro psíquico con otro espíritu en los planes astrales y que te ha producido miedo. En este caso, coloca una fuerte protección alrededor de ti por la noche antes de dormir. Si tienes niños pequeños que necesitan tener acceso a tu energía, declara específicamente que vas a permitirles pasar a través de tu protección pues, de lo contrario, ellos podrían sentirse de lado.

VISUALIZACIÓN PARA OBTENER PROTECCIÓN

— Pide al arcángel Miguel que coloque su capa de protección de color azul intenso sobre ti. Siente que esto ocurre y asegúrate de cerrar la cremallera y ponerte la capucha sobre la cabeza.

— Invoca al Rayo Dorado de Cristo tres veces y siente la luz cayendo sobre ti y extendiéndose.

— Visualiza una esfera de pura luz blanca a tu alrededor, que hace que cualquier ataque rebote en ella.

— Dibuja cruces, o cualquier otro símbolo de protección que resulte significativo para ti, delante de ti, detrás de ti, a ambos lados, arriba y abajo.

Los mensajes de los sueños

Soñé que había dos senderos que ascendían por una montaña. Yo subía con esfuerzo por un sendero muy difícil, lleno de rocas y piedras cortantes. El otro era soleado y fácil, pero para llegar a él había que atravesar un barranco. El mensaje es muy claro y siento que es importante. Para mí, la vida es agobiante, pero, ¿cómo puedo pasar al sendero soleado? Ayudadme. No tengo ni idea de cuál es mi verdadero camino, o de cómo llegar hasta ahí.

Tienes que hacer algunos cambios para encontrar la felicidad. Tu verdadero camino en la vida te será revelado cuando hayas hecho eso.

Estás subiendo por una montaña que simboliza un desafío espiritual, lo cual revela que tienes que tomar un camino más elevado. Para poder acceder a esta nueva forma de vida, tienes que atravesar el barranco. En otras palabras, debes pasar de un estado a otro. Aunque los sueños son mensajes que tu mente inconsciente envía a tu mente consciente, positivamente, puedes enviar de vuelta instrucciones a tu inconsciente para reprogramarlo. Esto se lleva a cabo con visualizaciones que envían instrucciones a través de tu mente inconsciente hasta el ordenador de tu mente.

Éste es un ejercicio que deberías hacer, que indicará a tu alma que has escuchado el mensaje del sueño y que estás preparado para hacer lo que sea necesario para llegar hasta el sendero soleado. En este momento no necesitas saber cuál es tu verdadera vocación. Simplemente acepta que está ahí esperándote.

Ejercicio para trabajar con un sueño

1. Cierra los ojos y relájate.
2. Imagina que estás de vuelta en el sueño, subiendo por la montaña difícil.
3. Llama a tu ángel de la guarda e imagina que estás caminando hasta el borde del barranco.
4. Pide a tu ángel que te ayude a construir un puente fuerte y resistente por encima del desfiladero.
5. Usa tu imaginación para enviar mensajes a tu mente inconsciente. Es posible que haya una tabla ancha que puedas usar para atravesar el vacío. O quizás necesites llamar a un constructor de puentes experto con un equipamiento pesado para que te proporcione la ayuda que necesitas.
6. Cuando el puente esté terminado, da gracias a tu ángel y cruza hacia el sendero fácil.
7. Quizás necesites realizar esta visualización en más de una ocasión para indicar a tu mente interior que estás preparado para el cambio.
8. Mantente abierto a la orientación proveniente del universo acerca del siguiente paso que debes dar.

Soñé que una mujer fuerte me estaba asfixiando. ¿Qué podría significar eso?

Que eres tan precavido en relación con tu salud que no puedes disfrutar de la vida.

Una mujer en un sueño es un aspecto femenino de tu persona. En este caso, tu cuidadora interior se ha tornado excesivamente sobreprotectora. El sueño te está advirtiendo que este aspecto femenino de tu personalidad no te está permitiendo ser fiel a ti mismo. Hay un mensaje adicional. Bajo las leyes espirituales de la Tierra, tu vida externa te devuelve el reflejo de cualquier sentimiento interior. Por tanto, es bastante posible que esa mujer te esté ahogando de alguna manera. Si es así, anímate interiormente para que el reflejo exterior se modifique automáticamente.

Después de este sueño, desperté con una sensación horrible. Una bella flor rosada caía en un lago sereno. Estaba empezando a abrirse cuando, de repente, algo arrastró a la flor hacia las profundidades del agua. Acabo de casarme y amo a mi marido. ¿Algo va a ir mal?

Tienes razón, la flor rosada representa el florecer del amor, y tu relación es muy serena. Ten cuidado con tus motivaciones inconscientes, que podrían hundirte.

El rosa es el color del amor y la flor representa el florecimiento del amor. El agua representa las emociones, así que vigila cuidadosamente cómo expresas tus sentimientos, en caso de que aparezca algo inconsciente que pueda trastornar tu matrimonio.

Ejercicio para explorar un sueño

1. Cierra los ojos y relájate.
2. Imagina que estás de vuelta en el sueño con tu ángel de la guarda protegiéndote.
3. Estás brillando con una luz muy fuerte y proyectándola hacia el agua, de manera que puedes ver exactamente qué es lo que está arrastrando a la flor hacia abajo.
4. Es posible que veas algo simbólico, como un pescado o un pulpo, en cuyo caso imagina que eres capaz de comunicarte con él. Pregúntale cómo se siente, por qué está haciendo eso y qué necesita para dejar de comportarse de ese modo.
5. Otra alternativa es que veas o pienses en una persona, un aspecto de ti como tu niña, o tu bruja interior. O puede que aparezca tu jefe o una situación actual o del pasado. Comunícate con la persona o cosa que sea y negocia una solución en tu mundo interior que luego puedas utilizar en tu vida.

Soñé que tenía dos hijos. El mayor era muy sano, pero el menor era enfermizo. Necesitaba cuidados especiales. En la vida real no tengo hijos. Yo siempre he sido muy sano, pero mi hermano menor siempre estaba enfermo. Ahora que es adulto está bien. Regento un negocio floreciente, pero acabo de iniciar un nuevo proyecto que no va tan bien. ¿Este sueño hace referencia a alguna de estas cosas? Y, ¿qué debería hacer al respecto?

Centra tu atención en tu nuevo proyecto. Es muy prometedor, aunque necesita más ayuda en los primeros años, y sobrevivirá.

Normalmente, en los sueños, los niños representan los proyectos, las ideas o los negocios nuevos, de modo que podría ayudarte imaginar que estás reviviendo el sueño y averiguar qué necesita el niño enfermo. Resulta interesante que, cuando me enviaste tu sueño, recordaras que tu hermano pequeño era enfermizo de niño, pero que ahora que es adulto está sano. Tu Yo Superior ha producido un paralelismo muy claro para que pienses en él. Te ha transmitido el mismo mensaje en dos ocasiones, una vez en el sueño sobre el niño enfermizo y una segunda vez en la metáfora de la salud de tu hermano. ¡Agradece a tus procesos inconscientes que hayan sido tan claros! Ayuda al negocio difícil mientras es nuevo y todo irá bien cuando madure.

Soñé que mi marido y yo íbamos en nuestro automóvil. Mi madre estaba sentada en el asiento trasero y tenía las manos en el volante, sin que nosotros nos diéramos cuenta. No sentí nada cuando desperté, pero las imágenes eran muy vívidas. ¿Cuál es el mensaje? Y, ¿hay algo que yo debería hacer?
Tu madre está influyendo sutilmente en tu matrimonio de una forma inapropiada.

Si tu madre está dirigiendo tu relación, podría ser útil que te desligues de ella, y eso también te permitiría conectar con los sentimientos reprimidos que pudieras tener.

Cuando envías un sentimiento o una emoción a alguien, se crea un cordón psíquico que va desde tu persona hasta el otro individuo. Esa persona también te envía ataduras que, si estás preparada para recibirlos, se atan a tus sistemas energéticos. Os afectaréis mutuamente a nivel inconsciente a través de estos vínculos. Resulta útil retirar todos los vínculos que percibas o veas, porque el amor incondicional no crea ataduras. Entonces liberas a la otra persona para que actúe con más integridad, y tú también eres liberada para llegar ser más madura y tener más poder. En la página 257 encontrarás una visualización para soltar a una persona.

Soñé que estaba nadando en una piscina sucia en la que había cocodrilos. Fue horrible. ¿Qué significa eso? ¿Qué puedo hacer?
Estás en unas condiciones emocionalmente peligrosas. Aléjate de ellas y luego limpia tu vida.

Estás en una situación turbia, por eso es importante que liberes parte de la ira, el dolor, el miedo y otros sentimientos negativos que contaminan tu aura. Cuando tú te purificas, muchos miedos desaparecen. ¿Qué significa un cocodrilo para ti? ¿Te produce miedo, es poco limpio, peligroso, astuto o alguna otra cosa? Si te enorgulleces de ser amable, es posible que no quieras ver tu tendencia oculta a ser como un cocodrilo, así que la proyectas en otras personas, las cuales se comportan mal contigo.

VISUALIZACIÓN PARA PURIFICARTE

La llama Violeta Dorada y Plateada es una poderosa energía transmutadora que ayuda a eliminar los sentimientos y pensamientos oscuros. Invócala para que vaya a ti, luego visualízala rodeando todas las situaciones de tu vida, así como todas las partes de tu cuerpo y las personas de tu entorno.

Soñé que estaba caminando por la calle sin ropa. Desperté muy avergonzado. ¿Podríais comentar esto?
Sí, los sueños en los que estáis desnudos tienen que ver con sentimientos vulnerables y expuestos.

Quizás has compartido un secreto con alguien, le has hablado a la gente de algún aspecto íntimo de tu vida, o te han descubierto diciendo una mentira. Tu sueño está llamándote la atención sobre el hecho de que sientes que tu ser interior vulnerable ha estado abierto.

Soñé que iba al baño en un lugar público. ¿Qué podría significar ese sueño?
Los sueños con lavabos tienen que ver con liberar las emociones o las creencias. En este caso, las has revelado públicamente.

Acabo de empezar un nuevo trabajo, y el segundo día soñé que había un enorme barril lleno de unas manzanas magníficas, pero una de ellas estaba podrida.
Ten mucho cuidado con lo que les cuentas a tus compañeros de trabajo. Uno de ellos no es tan honorable como tú crees.

Tu mente inconsciente capta señales de advertencia con mayor rapidez que tu mente consciente.

Tuve un sueño en el que sentía que yo era muy importante. Lo he analizado de todas las formas que conozco, pero no consigo comprender su significado. ¿Qué más puedo hacer?
Cuando realmente no logras comprender el significado de un sueño, puedes ascender a la montaña de los Maestros mientras duermes o meditas y pedirles que te revelen el sen-

tido con claridad. Realiza la siguiente visualización durante la meditación o antes de dormir:

VISUALIZACIÓN

PARA PEDIR INFORMACIÓN A LOS MAESTROS

— Relájate y respira cómodamente.
— Imagina una montaña alta delante de ti.
— Sube hasta la cima. Incluso si no eres capaz de hacer esto físicamente, en tu mundo interior es posible.
— En la cima hay un bello templo circular.
— Entra con respeto, porque en su interior está uno de los grandes Maestros Iluminados que pueden ayudarte.
— Pide a ese Maestro o Maestra que te transmita un mensaje en tu próximo sueño, que sea totalmente claro y evidente.
— Dale las gracias.
— Baja de la montaña y descansa.

Esa noche, ten papel y un bolígrafo preparados junto a tu cama y espera recibir un mensaje claro en respuesta a tu petición.

Sueños psíquicos

Soñé con un hijo mío que murió el año pasado. En el sueño me decía que estaba bien y feliz. ¿Me podéis explicar esto?
Tu hijo te quería mucho y, cuando murió, quiso tranquilizarte haciéndote saber que estaba bien, así que su espíritu

fue a visitarte. Esto ocurre con frecuencia, pero es menos habitual que alguien recuerde ese encuentro. Debe haberse quedado grabado con mucha fuerza en tu interior.

A menudo sueño que mi abuela, que murió hace varios años, está velando por mí. ¿Realmente lo está haciendo?
Tu abuela está ayudándote desde el mundo de los espíritus.

No conocí a mi abuelo, porque murió antes de que yo naciera, pero a menudo siento que está cerca de mí. ¿Es eso posible?
Sí. Él aparece a menudo para comprobar que estás bien. El hecho de no haberlo conocido no es importante, porque él tiene un vínculo espiritual muy fuerte contigo y te quiere.

Mi amiga soñó que un coro de ángeles estaba cantando por encima de ella y despertó sintiéndose muy feliz y muy bien. ¿Eso ocurrió realmente?
Los ángeles suelen cantar por encima de las personas por la noche. Eso les produce consuelo, las ayuda a establecer contacto con los reinos angélicos y eleva sus frecuencias. Tu amiga es afortunada por poder recordarlo.

Hace cinco años soñé que estaba en un hospital con la pierna escayolada. Fue tan vívido que pude recordar todos los detalles del pabellón en el que me encontraba. Me puse nerviosa pensando que podría ser una premonición, pero cuando transcurrieron unas semanas, me relajé. Tres años más tarde me encontré en el hospital con el que había soñado, con la pierna rota. ¿No es extraño?
Mientras soñabas, te deslizaste hacia un posible suceso futuro, de modo que eso constituyó una premonición. Tu alma te concedió tres años para que cambiaras tu estilo de vida de

manera que no tuvieras que pasar por esa experiencia. Sin embargo, tu forma de vida y tus creencias no se modificaron lo suficiente como para alterar el rumbo de tu futuro.

Soñé con un accidente de avión en el que morían muchas personas. Pude ver muy claramente los restos. Me desperté sintiéndome agitado y enfermo. Para mi conmoción, cuando encendí la televisión al día siguiente, se había producido un accidente aéreo exactamente igual al que yo había visto en mi sueño. ¿Cómo pudo ocurrir esto?

Cuando sueñas, tienes acceso a otras dimensiones y momentos. Viste un suceso que tenía muchísimas emociones adheridas a él, así que captaste algunos de los sentimientos de las personas implicadas. Por eso, lo recordaste con tanta claridad.

Con frecuencia sueño con terremotos y desastres mientras éstos ocurren. Cuando esto sucede, me despierto muy agotado. ¿Por qué?

Puedes sintonizar psíquicamente con esos desastres. Tu espíritu sale de tu cuerpo en una misión de rescate para ayudar a los que han muerto y para ofrecer consuelo a los supervivientes. Despiertas sintiéndote exhausto porque has trabajado mucho.

Cuando estaba enferma, con fiebre, soñé que mi madre estaba sentada junto a mi cama y me acariciaba el cabello. Me dijo que me pondría bien. Me sentí muy aliviada cuando desperté y me di cuenta de que mamá estaba físicamente en otro país. ¿cómo pudo ocurrir esto?

El espíritu no está atado por el tiempo o la distancia, y tu madre sólo estaba a un pensamiento de distancia. En el nivel psíquico, ella está muy conectada a ti, de modo que su espíritu voló hacia ti para consolarte en cuanto sintió que estabas en peligro. Tú recordaste su presencia y la forma en que te acariciaba el cabello como un sueño.

Cuando mis hijos eran pequeños, en ocasiones soñaba que la casa estaba en llamas y que yo no podía sacarlos de ahí. Despertaba presa del pánico. Este sueño dejó de aparecer cuando se hicieron mayores.
Esto te ocurrió en una vida anterior, y los sentimientos de pánico nunca fueron liberados. Los recuerdos inconscientes salieron a la superficie mientras tus hijos eran pequeños. Un sueño como éste también libera algunas de las emociones bloqueadas y ayuda a que te alejes de sus garras.

Tengo varios amigos que son intuitivos. En las semanas anteriores a la muerte de Kennedy todos soñamos que sería asesinado. Ninguno de nosotros pudo señalar el momento o el lugar en que ocurriría. ¿Podríamos haberlo evitado?
Todos sintonizasteis con la energía que se estaba acumulando antes de ese terrible acontecimiento. No obstante, era una muerte predestinada y no podríais haberla evitado.

Si sueño con un desastre o con un accidente, ¿qué puedo hacer?
Podrías advertir a alguien, pero puede que te hagan caso o puede que no. No obstante, siempre puedes rezar por su seguridad y para pedir ayuda para las víctimas. Mantén ese marco hipotético bajo la luz y pide a los ángeles que ayuden a los que mueran a pasar al otro lado sin peligro.

Mi hijo murió cuando era un bebé. En el día en que habría cumplido doce años soñé que un muchacho se acercaba a mí y me sonreía. Parecía radiante y sentí que era él, que me estaba diciendo que se encontraba bien. ¿Tengo razón?

Sí, tu hijo, en forma de espíritu, ha estado creciendo contigo y con tu familia. Su alma eligió continuar experimentando y crecer de esta manera en lugar de hacerlo viviendo en un cuerpo físico. Ciertamente, se encontró contigo en su duodécimo cumpleaños para tranquilizarte haciéndote saber que estaba bien.

Tuve un aborto y perdí a un bebé, y a veces sueño que los dos niños están jugando alegremente en el jardín. ¿Esos podrían ser los espíritus de los dos bebés que perdí? Si es así, ¿cuál es la mejor manera de ayudarlos?

Sí, los espíritus de esos dos niños acuden a ti en tus sueños para recordarte que están bien. Ellos están creciendo contigo en los cuerpos de sus espíritus y evolucionan cuando tu familia y tú aprendéis y experimentáis. Realmente, les ayuda que tú los reconozcas. Por ejemplo, poner un adorno en el árbol de Navidad para ellos, o plantar una flor en su nombre les produce una sensación de pertenencia. La mejor manera de ayudarlos es siendo feliz y ofreciendo oraciones sencillas.

VISUALIZACIÓN
CON ORACIÓN PARA LOS ESPÍRITUS DE LOS NIÑOS

— Enciende una vela para cada espíritu.
— Dales las gracias por haber llegado a tu vida.
— Pide a los ángeles que los envuelvan con su amor.
— Di esta oración: Querido Dios, te pido que bendigas los espíritus de estos niños y que cuides de ellos.
— Imagínalos íntegros, radiantes, sanos y perfectos.

Cuando estaba embarazada de ocho meses soñé que una niña pequeña se acercaba a mí y me decía cuál era su nombre y que ella era mi hija. ¿No es maravilloso? Cuando nació, le puse el nombre que ella me indicó.

Ciertamente, lo es. Debes de haber estado muy abierta y receptiva para permitirle conectar de una forma tan vívida y clara contigo. La vibración del nombre de un bebé es muy importante y atrae muchas lecciones hacia él o hacia ella. Normalmente es transmitido telepáticamente del bebé a la madre.

Juegos de palabras y metáforas en los sueños

¿Por qué algunos sueños contienen juegos de palabras o metáforas?

Los sueños traen a la consciencia del soñador sentimientos o situaciones ocultos. Para que pasen por este censor crítico, el inconsciente los disfraza de metáforas o juegos de palabras.

Soñé que una gallina llevaba puestas unas gafas rosadas. ¿Qué indica eso?

La parte de ti que es una madre-gallina está viendo a tu familia a través de unas lentes de color de rosa.

Me estoy poniendo un par de botas, pero mis pies son demasiado grandes. ¿Qué podría significar eso?

Metafóricamente hablando, eres demasiado grande para tus botas. Esto te está diciendo que debes ser más modesto y más humilde.

En mi sueño, un hombre con el que trabajo está fuera haciendo volar una cometa roja. ¿Esto tiene algún significado?

Hacer volar una cometa puede indicar diversión, pero también sugiere que no hay ninguna base para sus ideas, aunque están llenas de energía, tal como indica el color y el tamaño de la cometa. Esto te recuerda que debes tener cuidado con la exageración.

Soñé que mi nuevo novio estaba comiendo un trozo de tarta de queso mientras yo estaba garabateando con un trozo de tiza. ¿Esto es significativo?

Tu alma está llamándote la atención sobre el hecho de que tu novio y tú sois tan distintos como la tiza y el queso. Puesto que tu Yo Superior tiene en cuenta tu mayor bien, desea que seas consciente de esto para que puedas considerar la viabilidad de tu relación.

En mi sueño, mi hermana tiene un embarazo muy avanzado y está saltando sobre la Luna. En realidad, ella es soltera y es periodista.

Estar embarazada en un sueño tiene que ver con sacar adelante una idea creativa o un proyecto. Este proyecto está bastante avanzado, tal como indica el estado de embarazo avanzado de tu hermana. Estar sobre la Luna da a entender que uno está encantado con lo que está ocurriendo. Cuando sueñas con otra persona, se te está pidiendo que veas las cualidades que proyectas en esa persona. ¿Qué adjetivos usas para describir a tu hermana? ¿Qué representa ella? Esos aspectos de ti están muy complacidos con algo que estás creando. Este sueño en particular no es psíquico, de modo que trata sobre ti y sobre tus procesos internos.

Soñé que un hombre estaba caminando fuera de la casa, completamente dormido, en pijama, y que estaba a punto de cruzar una calle llena de automóviles.

El hombre es tu energía masculina, y representa tu naturaleza extrovertida o tu carrera. Ese aspecto de ti está haciéndote caminar sonámbulo hacia una situación peligrosa.

Mi amiga soñó que podía ver una enorme nube negra encima de mí, con un revestimiento de plata. Últimamente lo he estado pasando mal.

Éste es un sueño psíquico. Tu amiga ha estado muy preocupada por ti y ha recibido un mensaje del mundo espiritual de que pronto te ocurrirán cosas buenas.

En mi sueño, mi novio estaba sosteniendo unas hojas. Me desperté sintiéndome muy nerviosa. ¿Las hojas representan algo importante?

Éste es un juego de palabras. Tu novio está pensando en dejarte* y tú lo has captado, lo cual explica tu nerviosismo.

Sueños recurrentes

¿Por qué algunos sueños son recurrentes?

Los sueños son un método para llevar algo a tu atención consciente. Si no haces nada respecto al mensaje, sino que permaneces inmóvil en la misma situación o los mismos sentimientos, tu alma continuará trayéndotelo hasta que hagas algo al respecto.

---

* (N. de la T.). En inglés, la palabra *leave* significa «dejar» y también significa «hoja».

Cada seis meses, aproximadamente, sueño que una niña pequeña está perdida y sola y nadie puede oír sus gritos pidiendo ayuda. Despierto bastante triste, con un nudo en la garganta. ¿Qué significa esto? Y, ¿qué puedo hacer al respecto?

Tu Yo adulto ha ideado mecanismos para hacer frente a la vida. Tu alma está usando tu sueño para recordarte que tu niña interior todavía se siente perdida y sola. Cuando eras pequeña, en ocasiones creías que no tenías a nadie con quien contar y te sentías muy triste y vulnerable. Cada vez que este viejo sentimiento se desencadena, ese sueño sale a la luz. Cuando eras pequeña no podías hacer nada al respecto. Sin embargo, tu Yo adulto ahora puede prestar atención a los sentimientos de tu niña interior. Ciertamente, es hora de que lo hagas y sanes tu pasado.

Recuerda que, puesto que tu vida exterior refleja tu vida interior, mientras este sueño continúe presentándose, tú atraerás hacia ti a personas a las que no les importan tus necesidades emocionales.

En sueños como éste, no importa si eres un hombre o una mujer; el niño interior puede ser un niño o una niña, que refleje tu energía yang o yin.

Ejercicio para ayudar a tu niño interior

1. Encuentra un lugar en el que puedas estar tranquila y nadie te moleste.
2. Cierra los ojos y vuelve a imaginarte en ese sueño.
3. Esta vez, tu Yo adulto encuentra a la niña pequeña que está perdida y sola.
4. La abrazas y le dices que está a salvo.
5. Le preguntas qué necesita y la escuchas sin censura o interrupción.

6. Usa tu imaginación creativa para satisfacer sus anhelos y tranquilizarla en sus miedos.
7. Dile que siempre que ella te necesite, tú responderás. Este compromiso implica volver a hacer este ejercicio una vez por semana durante un tiempo. Además, vigila tus pensamientos y tus sentimientos y empieza a satisfacer los deseos de tu niña interior.
8. Abre los ojos y abrázate a ti misma.

Sonrío al recordar los sueños recurrentes que solía tener.

Cuando pasé de ver a clientes individuales a trabajar con grupos, dirigía talleres desde mi casa, pero estaba claro que mi alma quería que yo progresara y empezara a hacer cursos más importantes en otros lugares del mundo. Mi primer sueño era con unos búfalos que corrían por mi estudio intentando encontrar la salida. El segundo era que mi jardín estaba lleno de animales salvajes que intentaban escapar hacia el mundo exterior. El tercero era todavía más claro y gráfico. Un gran pez azul saltaba fuera de una pequeña laguna ¡y se abría paso por la tierra seca hacia una laguna más grande! Un pez es un símbolo espiritual para mí, y el azul es el color de la comunicación. Fue este sueño el que finalmente me obligó a expandirme.

En los últimos años, he estado teniendo constantemente el mismo sueño. Salgo de casa para ocuparme de mis negocios y cuando regreso, descubro que me he olvidado de dar de comer a mi perro y a mi gato, y éstos están esqueléticos y hambrientos. Trabajo mucho lejos de casa, pero no tengo animales. ¿Es esto relevante? Por favor, ayudadme a entender esto.

En tu sueño, trabajar lejos de casa indica que no tienes contacto con tu consciencia. En este caso, has abandonado tu necesidad de alimentarte a nivel físico, emocional, mental o espiritual. El gato representa la energía femenina, la parte psíquica, cariñosa, sabia y amorosa de ti. El perro representa la energía masculina, la forma en que te ganas la vida, la manera en que te defiendes y cómo piensas las cosas de una forma lógica. No estás alimentando ninguno de estos aspectos. Sabrás cuándo te has ocupado de ese desequilibrio porque esos sueños no volverán.

Cuando tienes un sueño sobre alguien o algo que se muere de hambre, las preguntas que debes hacerte son: ¿Cómo satisfago mis necesidades emocionales? ¿Estoy comiendo los alimentos correctos? ¿Estoy estimulado mentalmente? ¿Estoy siguiendo alguna práctica espiritual?

A menudo sueño que puedo volar. Soy libre y poderoso. Luego despierto y estoy en la vida normal. ¿Por qué tengo siempre este sueño? Y, ¿qué significa?
Hay tres maneras posibles de interpretar este sueño.

En ocasiones, se trata de un sueño psíquico, en el que estás recordando la experiencia de tu espíritu que vuela fuera de tu cuerpo en su viaje nocturno.

En segundo lugar, puede ser un sueño que es la realización de un deseo, en el cual tu voluntad de ser libre y poderoso te está siendo presentada de forma metafórica. Si, intuitivamente, esto te parece lo correcto, decide lo que tienes que hacer para llegar a tener esa sensación, y empieza a trabajar en esa dirección. Recuerda que las situaciones y las condiciones no te hacen prisionero. Sólo tu mente puede actuar así, y luego tu vida la seguirá.

En tercer lugar, podría tratarse de un sueño sobre una vida anterior. Los que fueron iniciados en la Atlántida tuvieron que aprender a superar la gravedad y a volar para poder entrar en el templo de Poseidón. Además, tenían un inmenso poder. Si te parece correcto, medita sobre la Atlántida y practica ejercicios de visualización y de control mental para empezar a recuperar tu sabiduría y tus poderes superiores.

A veces sueño que estoy a punto de tropezar y caer por un precipicio. ¿Qué significa eso?
Por favor, empieza a ver por dónde vas. Existen problemas que no ves, y las consecuencias podrían ser muy difíciles. A tu alma le gustaría evitarlos.

Éste es el típico sueño de miedo al fracaso. Cuando tienes uno de estos sueños, lo que debes preguntarte es: ¿De qué manera podría tropezar? ¿El desenlace temido sería tan terrible? Esto te recuerda que debes hacer balance de tu vida y decidir lo que puedes o lo que no puedes hacer. Ten cuidado con las trampas. Medita sobre el éxito. Decide qué quieres lograr y visualiza eso positivamente de una forma relajada y feliz.

> Graham rara vez recordaba sus sueños, así que, cuando una noche fue despertado por un sueño muy vívido por tercera vez en varios meses, se sintió desconcertado. Estaba a punto de tropezar y golpearse la nariz.
>
> Hablamos de dónde podría caer en su vida y sobre lo que su nariz representaba para él. Tradicionalmente, la nariz representa la intuición o ser entrometido. Graham se ruborizó cuando le dije esto.

«Ah –dijo– he estado preocupado por mi mujer y he estado revisando su diario para saber qué hace cuando llega tarde a casa. ¿Crees que ésa sería la parte relacionada con la nariz?»

Asentí y le pregunté: «¿Y qué te dice tu intuición que está haciendo tu esposa?»

«Creo que está viendo a alguien, y eso realmente me haría tambalear», respondió de inmediato. Durante un momento, pareció estar sufriendo.

Decidió que este sueño le estaba advirtiendo de que su actitud desconfiada estaba poniendo en peligro su matrimonio. Graham maduró y empezó a tener en cuenta a su mujer y a interesarse por ella. Su relación sobrevivió, posiblemente gracias a que él hizo caso a la advertencia de su sueño recurrente.

Mi sueño recurrente tiene los siguientes elementos: siempre estoy encerrado o encadenado, y hay un guardia cruel en la puerta. Él se niega a dejarme salir y me siento muy frustrado. ¿Qué significa esto? Y, ¿cómo puedo dejar de tener este sueño? Me despierto sintiéndome muy estresado y tenso.

La disciplina en tu vida carece de equilibrio y se ha convertido en control. Tu alma está pidiéndote que te relajes y disfrutes de la vida.

Éste es el sueño de un adicto al trabajo que no se permite la libertad de divertirse, o de una persona que siente que no puede salir de una situación que él mismo ha creado. Sea lo que fuere, no te está ayudando en tu viaje espiritual, de modo que debes tomar decisiones para proporcionarte espacio y divertirte. Disfruta de tu vida.

En mi sueño más frecuente estoy conduciendo un automóvil deportivo demasiado rápido y he perdido el control. ¿Podríais ayudarme a entender este sueño?

Estás corriendo por la vida a una velocidad excesiva. ésta es una advertencia que te está diciendo que debes reducir la velocidad mientras puedas hacerlo. Tómate la vida con más calma antes de que ocurra algo respecto a lo cual no puedas reaccionar.

Ir demasiado rápido y estar fuera de control en un sueño es una advertencia. Puede significar que estás tomando decisiones demasiado apresuradas, o trabajando demasiado, o buscando una relación con demasiada rapidez o haciendo arder la vela en ambos extremos. Esto indica que es hora de que pongas el freno.

Sueños espirituales

Cuando mi padre murió, me sentí abrumado por la pena. Recé pidiendo ayuda y soñé que un coro de ángeles estaba cantando por encima de mi cama. Sentí como si me quitaran el dolor de mi corazón.

Efectivamente, los ángeles cantaron por encima de ti. Ellos oyeron tus plegarias, sintieron tu pena y respondieron con compasión divina. Su amor y la vibración de su música eliminaron tu dolor.

He tenido problemas con el hombro durante años y rezo desde hace mucho tiempo para encontrar ayuda. Después de leer Angel Inspiration *de Diana Cooper, pedí visitar al arcángel Rafael para que me curara mientras dormía. Esa noche soñé que unas manos doradas acariciaban mi cuello. Cuando desperté, el dolor había desaparecido y, desde entonces, estoy bien. ¿Ésa fue realmente una sanación realizada por un ángel?*

Tus plegarias fueron escuchadas. Tu espíritu visitó al arcángel Rafael durante la noche y recibió la gracia. Esto curó tus síntomas físicos.

Soñé que estaba montando en un hermoso unicornio blanco y la sensación era maravillosa. ¿Realmente ocurrió en algún nivel?

Como los ángeles, los unicornios son seres etéricos, a los que normalmente no puedes ver ni oír, a menos que seas clarividente. Sin embargo, puedes encontrarte con ellos en tus sueños. Tu unicornio te ha visitado para llevarte más allá de las ataduras de la comprensión limitada y para recordarte la magia y el misterio que hay en la vida. Esta criatura divina te ayudará a aspirar a una visión más elevada con valentía y dignidad.

Mi madre estaba senil y era bastante desagradable conmigo. No me gustaba. Entonces, una noche, tuve un sueño muy vívido en el cual ella era una mujer hermosa, joven y radiante, que me observaba con mucho amor. Desperté sintiendo que su Yo Superior me había visitado. Me sentí muy especial.

Sí, el Yo Superior de tu madre es un ser hermoso, muy distinto a la personalidad que está mostrando actualmente en la Tierra. Ella no puede expresar físicamente su amor por ti, de modo que su visita te ayudó a comprender cuánto te quiere.

Soñé que estaba nadando con un reducido grupo de delfines. Uno de ellos me miró con tanto amor que pensé que mi corazón se iba a derretir. Luego sentí como si colocaran claves en mi tercer ojo. ¿Es posible que eso realmente ocurriera en otro nivel?

Sí. Tienes gran afinidad con los delfines, que son los guardianes de los mares y que poseen una gran sabiduría antigua. Parte de ella se estaba transmitiendo a tu persona. Al mismo tiempo, tu corazón estaba abierto a su amor.

Soñé que una vieja bruja me ofrecía una amatista. ¿Tiene eso algún significado?

Las brujas son mujeres sabias. Una amatista es la piedra que contiene el poder de trasmutación y la capacidad de elevarse a niveles espirituales más altos. Mientras duermes, se está poniendo en marcha tu sabiduría y te están siendo devueltos tus dones.

Soñé que me estaban mostrando un símbolo de St Germain. ¿Esto podría ser real? Y, ¿qué debo hacer con él?

Sí, St Germain es un iluminado. Estuviste con él mientras dormías y él te impartió enseñanzas. El símbolo es una llave que abre parte de tu mente. Si puedes, dibújalo y míralo con frecuencia, para que pueda realizar su trabajo a nivel inconsciente.

Hace unos años, desperté de un sueño muy vívido en el que un hombre joven se encuentra con un monje tibetano, el cual le entrega un pergamino de la Atlántida mientras muere. Le dice a Marcus que su destino es hacer que lo traduzcan y lo difundan por el mundo entero. El sueño tiene lugar en el Himalaya.

Lo anoté cuidadosamente, porque sabía, sin lugar a dudas, que me estaban dando la primera parte de una novela espiritual. También es interesante porque yo nací en el Himalaya. Un año más tarde, estaba con mi hija en la India durante las vacaciones y nos encontramos en el escenario del sueño. Tuvo que pasar un año más y varios viajes antes de que el resto de la historia me fuera revelado. Con el tiempo, se convirtió en *The Silent Stones*, la primera novela de mi trilogía.

Soñé que caminaba hasta un árbol en el fondo de mi jardín y que había unas hadas que bailaban alrededor de él. Ellas no me vieron, pero me quedé ahí y las observé absorto durante un rato. Luego desperté. ¿Eran reales?
Has visto hadas en el fondo de tu jardín. En tu estado onírico, pudiste estar en contacto con su mundo. Ahora sabes que realmente están ahí, vibrando en una frecuencia que la mayoría de vosotros no puede ver. Asegúrate de que tu jardín esté libre de sustancias químicas y que sea acogedor para ellas, y ellas responderán haciendo que tu espacio resulte hermoso.

Unas últimas palabras

Espero que *Respuestas de los ángeles* te haya ayudado a ver la vida desde una perspectiva más elevada y más benevolente. Es posible que haya respondido a algunas de tus preguntas, pero estoy segura de que hay muchas más. Tu ángel de la guarda está muy cerca de ti y dispuesto a responder a tus preguntas. Por favor, recuerda que debes preguntar y luego tranquilizar tu mente para que tu ángel pueda grabar la información en ti.

Tus ángeles pueden ayudarte en todos los ámbitos de tu vida, de modo que sintoniza con su energía y ten la certeza de que ellos te apoyarán. Ahora ha llegado el momento de que avances con confianza.

Lista de ejercicios,
visualizaciones y oraciones

Índice

CONSÚLTALO CON LOS ÁNGELES

Todos nosotros tenemos ángeles que nos guían y nos acompañan. Popularmente se les conoce como «Ángeles de la guarda». Presentes en todos y cada uno de los aspectos de nuestras vida, los ángeles son seres de luz, manifestaciones de lo divino que esperan que los acojas en la simplicidad y la pureza del corazón, en los brazos del niño mágico que hay dentro de ti. Cada uno de los ángeles que aparecen en estas cartas corresponde a una virtud a la que podrás apelar cuando te halles en dificultades. A través de los ejercicios que te propone Jack Lawson aprenderás a contactar con los mensajeros celestiales. Cuando te halles en dificultades o se te presenten problemas que no sabes cómo resolver, podrás consultar con ellos. Siempre te darán buenos consejos.

LOS MENSAJES DE LOS ÁNGELES

En este libro encontrarás luminosos mensajes proceden-
tes de una realidad superior que expresan la sabiduría del
corazón y hechizan por su conmovedora belleza. El librito contiene una explicación de las palabras de los ángeles,
que pueden servir como pautas durante la jornada o como
mensaje inspirador con motivo de una festividad. La sabiduría de los ángeles puede cambiarte la vida por su sencilla
belleza.

¡Disfruta de un sabio entretenimiento que además proporciona un aire nuevo, inspirador y creativo a cada celebración con las cartas de los ángeles más bellas del mercado!